劳动法和社会保障法
案例教程

主　编　张　霞　王海波

中国民主法制出版社

图书在版编目(CIP)数据

劳动法和社会保障法案例教程/张霞,王海波主编
.—北京:中国民主法制出版社,2022.7
高等学校法律实务系列教材.第三辑
ISBN 978-7-5162-2871-5

Ⅰ.①劳… Ⅱ.①张… ②王… Ⅲ.①劳动法—案例—中国—高等学校—教材②社会保障—行政法—案例—中国—高等学校—教材 Ⅳ.①D922.505②D922.182.35

中国版本图书馆 CIP 数据核字(2022)第 121445 号

图书出品人:刘海涛
责 任 编 辑:逯卫光

书名/劳动法和社会保障法案例教程
作者/张霞 王海波 主编

出版·发行/中国民主法制出版社
地址/北京市丰台区右安门外玉林里 7 号(100069)
电话/(010)63055259(总编室) 63058068 63057714(营销中心)
传真/(010)63055259
http:// www.npcpub.com
E-mail:mzfz@npcpub.com
开本/16 开 787 毫米×960 毫米
印张/20 **字数**/297 千字
版本/2022 年 9 月第 1 版 2022 年 9 月第 1 次印刷
印刷/三河市宏图印务有限公司

书号/ISBN 978-7-5162-2871-5
定价/63.00 元

总序

为了贯彻落实《教育部、中央政法委员会关于实施卓越法律人才教育培养计划的若干意见》的文件精神，全面推进法律硕士专业学位研究生教育综合试点改革工作，充分发挥国家大学生校外实践基地的育人功能，持续深化法学专业实践教学改革，不断提高法学专业学生的实践创新能力，我们组织法学专家与法律实务部门专家共同编写了高等学校法律实务系列教材。

本套系列教材共分为三辑：第一辑包括《宪法案例教程》《行政法案例教程》《刑法案例教程》《民法案例教程》《经济法案例教程》《刑事诉讼实务教程》《民事诉讼实务教程》《法律文书实务教程》8部教材；第二辑包括《商法案例教程》《刑事诉讼法案例教程》《民事诉讼法案例教程》《刑法（总论）案例教程》《公证与律师制度实务教程》《行政诉讼实务教程》6部教材；第三辑包括《法理学案例教程》《中国法律史案例教程》《行政诉讼法案例教程》《劳动法和社会保障法案例教程》《知识产权法案例教程》《环境保护法案例教程》《国际法案例教程》《国际私法案例教程》《国际经济法案例教程》《法律职业伦理案例教程》10部教材。

本套教材以案例研析和实务操作为主题，以高等学校和实务部门的共同开发为特点，以培养学生的法律实践应用能力为目标，以逐步形成适应应用型、复合型法律人才培养需要的法律实务教材体系。教材的编写力求遵循以下原则。一是理论与实践相结合，突出实践性：即教材内容要强化法学理论和原理的综合应用，强调实践和应用环节，侧重实践能力培养，为学生的知识、能力、素质协调发展创造条件；二是立足现实，追踪前沿：即教材内容要最大限度地反映本专业领域的最新学术思想和理论前沿，吸收本专业领域的最新实务经验和研究成果，具有前瞻性；三是全面覆盖，突出重点：即教材既要整体反映本专业知识点，又要彰显案例和实务操作领域的规律和重点，以避免与理论教材之间的内容重复。

本套教材的编写力求满足以下要求。一是立足基础，突出应用：即立足基本知识，不作系统讲解，着重法律应用，突出应用性和实务特色；二是表述准确，言简意明：即基本概念阐释清晰准确，知识要点讲解言简意赅；三是篇幅适中，便于使用：即控制每部教材的篇幅字数，均衡各章之间的权重，不宜畸轻畸重；四是知识案例，融会贯通：即将知识讲授与案例评析有机结合，真正做到以案说法，突出案例与知识的互动。

本套教材的编写是高等院校与法律实务部门之间深入合作和大胆尝试的结果，无论是教材内容，还是编写体例，肯定还存在诸多有待完善提高的地方，使用效果也有待教学实践的评估与检验。我们将及时总结经验，不断修订提高。同时，也期待着法学界和法律实务部门的各位同人能够提出宝贵的意见和建议。

教材编委会

2022 年 3 月 26 日

目录

第一编

劳动关系的确立

CHAPTER 1

第一章

事实劳动关系的确认

凌泽鸿与重庆轮船(集团)有限公司劳动合同纠纷案[①]

▶【案情简介】> > >

再审申请人(一审原告、二审上诉人):凌泽鸿。

委托代理人:谢云碧。

被申请人(一审被告、二审被上诉人):重庆轮船(集团)有限公司。住所地:重庆市渝中区解放东路127—129号第4层1号房。

法定代表人:黄利文,该公司董事长兼总经理。

再审申请人凌泽鸿因与被申请人重庆轮船(集团)有限公司(以下简称轮船公司)船员劳动合同纠纷一案,不服湖北省高级人民法院(以下简称二审法院)(2013)鄂民四终字第00009号民事判决,向法院申请再审。法院依法组成合议庭对本案进行了审查,现已审查终结。

凌泽鸿申请再审称:1. 轮船公司严重损害凌泽鸿的劳动权利和身心健康。凌泽鸿与轮船公司于1990年签订了五年期(从1990年1月1日至1995年1月1日)劳动合同,但凌泽鸿实际工作时间为两年(包括上船担任水手和在公司江阴办事处担任调度员),轮船公司于1993年1月1日将凌泽鸿调往其宜宾分公司担任水手(不再担任调度员),但宜宾分公司不接纳。凌泽鸿于1990年到轮船公司工作时的检查身体表、就业培训班学员登记表、考核成绩鉴定表等材料证明凌泽鸿当时是公司员工。凌泽鸿离开轮船公司后,轮船公司以同音字"凌

---

① 凌泽鸿与重庆轮船(集团)有限公司劳动合同纠纷申请再审民事裁定书,中国裁判文书网,http://wenshu.court.gov.cn/content/content? DocID = c8ce3017 - fa42 - 498e - 9199 - d62049cba2e8,2015 - 11 - 04。

泽红”制作假的职工升级报批表等材料;凌泽鸿因找不到证据,于2010年3月9日在重庆市朝天门街道社保平台(非凌泽鸿的户籍地)才查到其档案并开始诉讼,后又在其户籍地再次调出档案;凌泽鸿的户口至今挂靠在轮船公司,长期遭受严重不公平的对待而致残,于2006年2月开始领取280元最低生活保障费,但从未领取过失业救助金。2. 凌泽鸿于1998年9月1日至3日签订的《重庆市再就业服务机构国有企业下岗职工托管协议书》(以下简称《协议书》),为甲乙丙三方合同,但该合同当事人为甲丙两方,乙方再就业服务机构并不存在,凌泽鸿为取得4000元奖励金来维持生活才被迫在协议书上签字,该下岗协议依法应为无效。3. 二审法院收到凌泽鸿的上诉状后,将全部证据材料删除,于2013年3月5日开庭时再次要求凌泽鸿复印证据材料,后又调解无果。综上所述,一、二审判决认定事实与适用法律错误,故凌泽鸿申请再审。

轮船公司提交意见认为:二审判决认定事实清楚,适用法律正确,审理程序合法。凌泽鸿的再审申请应予以驳回。

法院认为:本案为船员劳动合同纠纷。根据凌泽鸿的再审申请,本案再审的重点是:凌泽鸿与轮船公司解除劳动合同关系是否合法;轮船公司是否严重损害凌泽鸿的劳动权利和身心健康;二审法院审理程序是否违法。

根据一、二审判决查明的事实,凌泽鸿于1990年经招录进入重庆市水上运输公司工作,该公司于1991年与轮船公司合并,此后凌泽鸿成为轮船公司的员工。1998年6月23日,轮船公司获重庆市交通局批准成立轮船公司再就业服务中心,负责该公司下岗职工的托管和日常工作等。同年8月20日,轮船公司、轮船公司再就业服务中心、凌泽鸿签订《协议书》,约定托管期限、托管期间三方的权利与义务等事宜。同日,凌泽鸿向轮船公司再就业服务中心递交《自愿解除托管申请》,载明:其自愿申请一月之内解除托管关系,与单位脱离劳动关系,自谋出路。同日,凌泽鸿向轮船公司递交《职工辞职审批表》,载明:其自愿一月内解除托管协议,与原企业解除劳动关系。轮船公司再就业服务中心同意凌泽鸿的申请,并于同年9月5日向其送达了《解除托管通知书》,载明:自1998年10月1日起解除托管。轮船公司批准了凌泽鸿的辞职申请,并于同年9月8日作出重轮总劳(1998)207号《关于解除凌泽鸿劳动合同的通知》。对于一、二审判决查明的上述基本事实,凌泽鸿在再审申请中除认为轮船公司再就业服务中心不是《协议书》的一方当事人外,没有提出其他异议。虽然《协议书》上没有轮船公司再就业服务中心的签章,但并不能由此否定凌泽鸿与轮船公司直接协商解除劳动合同的事实。

《中华人民共和国劳动法》第二十四条规定："经劳动合同当事人协商一致，劳动合同可以解除。"本案没有证据证明凌泽鸿与轮船公司之间存在欺诈、威胁等违法解除劳动合同的事实。凌泽鸿主张轮船公司严重损害其劳动权利和身心健康，但没有提供充分证据予以证明。凌泽鸿诉请法院确认轮船公司与其解除劳动合同关系无效，并判令轮船公司补发自1998年9月至2012年5月的工资及各种社会保险费缺乏事实和法律依据，一、二审判决不予支持并无不当。

二审期间，二审法院于2013年3月5日收到凌泽鸿代理人谢云碧提交的9份证据复印件后向其出具了收条。凌泽鸿称二审法院收到其上诉状后删除其全部证据材料，没有事实依据。

▶【案件焦点】>>>

本案的争议焦点之一就是原告凌泽鸿是否为本公司的员工，两者之间是否存在事实劳动关系，劳动者是否为公司的员工，以及劳动关系是否合法，直接关系到员工的合法权益是否能得到保障。本案中，凌泽鸿在与公司协商解除合同关系后，二者之间的雇佣关系是否存在成了案件审理的重中之重。

▶【学理分析】>>>

事实劳动关系是相对书面劳动合同所调整的劳动关系而言，它是指劳动关系双方当事人在建立劳动关系或变更劳动关系时，不符合劳动合同成立的形式要件，但双方在实际工作中已经形成隶属性的劳动关系状态。具体是指用人单位与劳动者没有订立或续订书面合同，但双方实际履行了劳动权利义务而形成的劳动关系。

《中华人民共和国劳动合同法》拓宽了对劳动合同形式的法律规制，不仅将没有书面劳动合同而主体合格、内容合法、意思表示真实、程序合法的劳动关系纳入事实劳动关系，而且拓宽了事实劳动关系的外延，将主体不合格的劳动关系纳入其中，纠正了以往将主体不合格的劳动关系作为民事雇佣关系不纳入劳动法调整范围的错误做法。

事实劳动关系的认定，一般应具备下列条件：第一，用人单位向劳动者支付劳动报酬；第二，劳动者付出劳动是用人单位业务的组成部分或劳动者实际接受用人单位的管理约束；第三，允许劳动者以用人单位员工的名义工作；第四，劳动者在用人单位工作必须达到一定的期限。

农民工的劳动关系确立一直是当前员工身份、劳动关系确立的重要组成部分，直接关系到农民工的合法权益以及社会的稳定。关于农民工与用人单位签订的劳务协议或劳务派遣协议，能否视为劳动合同，应当区别对待。用人单位直接招用农民工的，凡符合《劳动和社会保障部关于确立劳动关系有关事项的通知》（劳社部发〔2005〕12 号）第一条规定的，双方劳动关系成立，应当签订劳动合同。在此情形下，用人单位与农民工签订的劳务协议，实质上是劳动者与用人单位确立劳动关系、明确双方权利义务的协议，因此，尽管名称不符，也应视同为劳动合同。通过劳务派遣形式使用农民工的，实际用人单位（用工单位）应与劳务派遣单位签订劳务派遣协议，劳务派遣单位与农民工之间形成劳动关系，劳务派遣单位应当与农民工签订劳动合同。劳务派遣单位与农民工签订的协议，实质上仍为劳动合同。

事实劳动关系，归根结底也是一种现实的用工行为，在缺少劳动合同的条件下，事实劳动关系下的用工行为，还会产生为了保护劳动者设定双倍工资制度和无固定期限劳动合同制度，作为保护事实劳动关系人的特殊劳动合同制度，两者之间是紧密联系的。

►【法条链接】> > >

劳动和社会保障部关于确立劳动关系有关事项的通知

一、用人单位招用劳动者未订立书面劳动合同，但同时具备下列情形的，劳动关系成立。

（一）用人单位和劳动者符合法律、法规规定的主体资格；

（二）用人单位依法制定的各项劳动规章制度适用于劳动者，劳动者受用人单位的劳动管理，从事用人单位安排的有报酬的劳动；

（三）劳动者提供的劳动是用人单位业务的组成部分。

二、用人单位未与劳动者签订劳动合同，认定双方存在劳动关系时可参照下列凭证：

（一）工资支付凭证或记录（职工工资发放花名册）、缴纳各项社会保险费的记录；

（二）用人单位向劳动者发放的“工作证”、“服务证”等能够证明身份的证件；

(三)劳动者填写的用人单位招工招聘“登记表”、“报名表”等招用记录；

(四)考勤记录；

(五)其他劳动者的证言等。

其中,(一)、(三)、(四)项的有关凭证由用人单位负举证责任。

三、用人单位招用劳动者符合第一条规定的情形的,用人单位应当与劳动者补签劳动合同,劳动合同期限由双方协商确定。协商不一致的,任何一方均可提出终止劳动关系,但对符合签订无固定期限劳动合同条件的劳动者,如果劳动者提出订立无固定期限劳动合同,用人单位应当订立。

用人单位提出终止劳动关系的,应当按照劳动者在本单位工作年限每满一年支付一个月工资的经济补偿金。

五、劳动者与用人单位就是否存在劳动关系引发争议的,可以向有管辖权的劳动争议仲裁委员会申请仲裁。

中华人民共和国劳动合同法实施条例

第八条 劳动合同法第七条规定的职工名册,应当包括劳动者姓名、性别、公民身份号码、户籍地址及现住址、联系方式、用工形式、用工起始时间、劳动合同期限等内容。

第三十三条 用人单位违反劳动合同法有关建立职工名册规定的,由劳动行政部门责令限期改正;逾期不改正的,由劳动行政部门处2000元以上2万元以下的罚款。

CHAPTER 2

第二章

返聘制度的确定

滕小玲与杭州春天贸易有限公司劳动争议案[①]

►【案情简介】> > >

原告:滕小玲。

被告:杭州春天贸易有限公司,住所地:杭州市西湖区莫干山路583号。

法定代表人:钟吉林,总经理。

委托代理人:陈凌芬,浙江宏昊律师事务所律师。

原告滕小玲诉被告杭州春天贸易有限公司劳动争议一案,法院于2016年4月20日立案受理后,依法由审判员杨志敏独任审判,于同年6月7日公开开庭进行了审理。原告滕小玲、被告的委托代理人陈凌芬到庭参加诉讼。本案现已审理终结。

原告起诉称:原告于2005年3月1日进入被告处工作,并签订了书面的劳动协议,从事公司的销售业务。2011年12月31日原告已到退休年龄,办理了退休手续。由于原告对公司业务上的精通,被告于2012年2月1日继续返聘了原告,并重新签订了返聘协议,有效期至2017年12月31日。2016年2月14日,因被告将公司转让给他人经营,被告无理由辞退了原告。故请求判令:被告按政策支付原告辞退补偿金52000元。

被告答辩称:1. 原、被告之间不存在劳动合同关系,而是劳务聘用合同关系。原告已于2011年12月31日办理退休手续,其退休后与被告签订的是《聘用退休人员协议书》而非劳动合同。2. 被告无须向原告支付经济补偿金。首

---

① 滕小玲与杭州春天贸易有限公司劳动争议一审民事判决书,中国裁判文书网,http://wenshu.court.gov.cn/content/content? DocID=69a0cc2a-4f42-4bad-b9f5-a5c97a267ad2,2016-08-03。

先,《劳动办公厅对〈关于实行劳动合同制度若干问题的请示〉的复函》(劳办发〔1997〕88号)中明确规定,离退休人员聘用协议的解除不能依据劳动法第二十八条执行,即无须支付经济补偿金。其次,双方签订的《聘用退休人员协议书》第九条明确约定,受聘期间协议解除时,被告不需要支付原告经济补偿金。双方签订的《解除聘用协议》中也约定被告仅需向原告发放工资、加班费、奖金即可,而未约定需向原告支付任何补偿金。因此,原告向被告主张补偿金没有合同和法律依据,不应予以支持。3. 被告与原告之间已不存在任何性质的权利义务纠纷。双方于2016年2月28日签订的《解除聘用协议》第三条约定,"本协议履行后,甲乙双方之间即也不存在任何性质的权利义务纠纷"。从双方解除劳务聘用的情况来看,同年2月25日,原告发邮件给被告表示已完成工作交接;28日,双方签订《解除聘用协议》;3月22日,被告将原告剩余的工资、加班费、奖金全部支付至原告银行账号;至此,双方已履行完成《解除聘用协议》约定事项,双方之间已不存在任何性质的权利义务纠纷。在此情况下,原告仍起诉要求支付补偿金,显然违背了上述事实。

综上所述,被告认为,原告的诉讼请求没有事实和法律依据,请求驳回原告的全部诉请。

经审理查明:原告系退休人员,已经依法享受基本养老保险待遇。原告退休后,被告返聘了原告。双方于2015年1月28日补签《聘用退休人员协议书》,其中约定协议期限自2012年2月1日起至2017年12月31日止;受聘期间,协议中止或解除的,被告不需要支付原告经济补偿金。2016年2月28日,双方签订《解除聘用协议》,约定聘用合同关系于协议签订之日解除,被告发放原告工资、加班费、奖金,双方之间即不存在任何性质的权利义务纠纷。原告于同年4月15日申请劳动仲裁,仲裁委以主体不适格为由不予受理。原告不服诉至法院,要求判如所请。

上述事实有聘用退休人员协议书、解除聘用协议、庭审笔录在案佐证。

法院认为:原告主张的请求权基础是劳动关系,劳动关系有别于劳务关系。劳动关系受劳动法、劳动合同法的保护,劳务关系则受民法通则的保护。已经依法享受基本养老保险待遇的退休人员不是劳动关系的适格主体,其与用工单位形成的是劳务关系,本案中原、被告双方签订的亦是劳务合同,故原告的诉请所依据的请求权基础不存在,其诉请该法院不予支持。

▶【案件焦点】> > >

现实社会中存在大量返聘制度行为,尤其是主要基于经验的行业,而事实上,返聘行为在劳动法中属于劳动关系还是劳务关系,一直存在大量的争议,也是案件审理的重点和难点。对于返聘行为主要还是基于用人单位与被聘人员之间签订的劳动协议的性质进行判断,返聘行为一定是返聘的已经享受退休待遇的劳动者,因此返聘行为是劳动者与用人单位形成的劳务关系。

▶【学理分析】> > >

一、退休人员与聘用单位之间的法律关系

劳动者一般是指达到法定年龄,具有劳动权利能力和劳动行为能力,以从事某种社会劳动活动而获得收入为其主要生活来源,依据法律或劳动合同的规定,在用人单位从事相关劳动活动并获取相关劳动报酬的自然人。在劳动者达到一定年龄后,其身体健康、劳动技能等各方面都有下降,发生劳动风险的机会则有上升,已不适合继续从事劳动,故在达到一定年龄后就应该强制退休。在强制退休之后,为保护退休人员的利益使其生活有保障,国家建有离退休制度,可领取养老保险金。就法定退休年龄各国规定不一,有的国家(如美国)没有退休制度,只要劳动者身体健康许可,均可以继续工作。我国由法律直接规定退休年龄,根据《劳动和社会保障部办公厅关于企业职工"法定退休年龄"涵义的复函》(劳社厅函〔2001〕125 号)规定,"国家法定的企业职工退休年龄",是指国家法律规定的正常退休年龄,即:"男年满 60 周岁,女工人年满 50 周岁,女干部年满 55 周岁"。该规定为法律的强制性规定,不允许更改或违反。之所以这样规定,主要是考虑到劳动者年老后劳动能力下降,虽然法律承认劳动者退休后仍能够发挥余热,但其已不再具备劳动法意义上的"劳动者"资格。从社会保险关系上看也是如此,员工退休后即无须继续缴纳社保,并开始享受养老保险待遇,一般而言,社保机构不接受一个退休员工一面享受养老保险,一面又继续购买工伤保险(当然,我们国家有些地区允许购买工伤保险)。

因此,企业聘用退休人员的,不成立劳动关系,不受《中华人民共和国劳动法》及其他劳动法规调整,只成立民法意义上的劳务关系。

二、聘用退休人员的风险

退休人员在退休后,已依法退出劳动领域,不具备劳动法律法规所规定的劳动者主体资格，即享有退休待遇并在社保机构领取退休工资、报销医疗费用、因病亡故的可领取抚恤金。退休人员被用人单位聘用后，双方建立的关系不属于《中华人民共和国劳动法》和《中华人民共和国劳动合同法》调整的范畴，不能适用劳动法、劳动合同法的相关规定，双方即使发生争议也不适用《中华人民共和国劳动法》和《中华人民共和国劳动合同法》的规定。故《中华人民共和国劳动法》和《中华人民共和国劳动合同法》有关对劳动者的保护也不适用：

(1)依法参加和组织工会的权利(《中华人民共和国劳动法》第七条)。

(2)与用人单位签订劳动合同，确立劳动关系、明确双方权利和义务的权利(《中华人民共和国劳动法》第十六条)。

(3)劳动合同的期限及试用期的特别规定(《中华人民共和国劳动法》第二十条、第二十一条)。

(4)劳动合同的终止、解除的条件及限制、经济补偿(《中华人民共和国劳动法》第二十三条至第二十六条、第二十八条、第二十九条、第三十一条、第三十二条)。

(5)劳动者的工作时间和休假(《中华人民共和国劳动法》第四章)。

(6)最低工资保障(《中华人民共和国劳动法》第四十八条)。

(7)参加社会保险的权利及享有社会保险待遇(《中华人民共和国劳动法》第七十二条、第七十三条)。

(8)通过劳动争议调解、仲裁、诉讼方式解决争议(《中华人民共和国劳动法》第十章)。

三、如退休人员被聘用的，退休人员和聘用单位之间基于此种劳务关系，故聘用单位不需要为退休人员缴纳社保，可随时解除聘用协议，并不给予经济补偿

因而，聘用单位对于退休人员的责任而言主要是两个方面：一是劳务报酬，二是工伤的处理。至于退休人员非因工所受到的意外伤害，可以通过其他途径来解决，如交通事故。聘用退休人员的工资报酬、医疗待遇、福利待遇、解除劳务关系等方面的争议在实务中一般不大，主要风险是发生工伤后如何处理争议较大，对于聘用单位的风险也较大。

四、聘用退休人员发生工伤的处理方式

聘用退休人员在聘用期间发生工伤的处理，各地做法不完全一致。

1. 明确不适用《工伤保险条例》，聘用人员不享受工伤保险待遇，在聘用协议中约定处理,没有约定的参照工伤保险标准处理。

这种观点认为,退休人员与聘用单位之间形成的是劳务关系,不是劳动法意义上的劳动关系,明确聘用人员不能享受工伤保险待遇,如北京。此观点是目前我国司法界的主流观点。

2. 聘用单位按照人身损害标准赔偿。这种观点认为,退休人员与聘用单位之间形成的是雇佣关系,而不是劳动法意义上的劳动关系,应按照人身损害赔偿处理,如重庆。《工伤保险条例》调整的是用人单位与劳动者之间的劳动关系,适用该条例的前提是存在劳动关系,因此雇佣关系不适用工伤保险。

人身损害赔偿责任较为严格,用人单位即使对其雇员在从事雇佣活动中遭受的人身损害没有过错,也要承担赔偿责任。雇员只要证明其在从事雇佣活动中受到损害,其举证责任即已完成,不管退休人员是否对负伤有过错,只要是在工作期间发生伤害的,用人单位都应该承担责任。另外,与工伤保险赔偿标准相比,人身损害赔偿标准明显加重了企业的责任。例如:工伤保险由社保基金承担,人身损害赔偿由聘用单位承担;人身损害中的伤残补偿与死亡补偿标准高于工伤中的标准;人身损害赔偿包括精神损失,工伤赔偿则不包括。

3. 按照工伤保险处理。

这种观点认为,退休人员与聘用单位之间形成的是一种特殊劳动关系,虽不能直接适用《中华人民共和国劳动法》,但可以参照《中华人民共和国劳动法》的相关规定执行,故发生因工负伤的可按照工伤保险或参照工伤保险处理,如上海。

《最高人民法院行政审判庭关于超过法定退休年龄的进城务工农民因工伤亡的,应否适用〈工伤保险条例〉请示的答复》规定,用人单位聘用的超过法定退休年龄的务工农民,在工作时间内、因工作原因伤亡的,应当适用《工伤保险条例》的有关规定进行工伤认定。《最高人民法院行政审判庭关于离退休人员与现工作单位之间是否构成劳动关系以及工作时间内受伤是否适用〈工伤保险条例〉问题的答复》中,明确离退休人员受聘于现工作单位,现工作单位已经为其缴纳了工伤保险费,其在受聘期间因工作受到事故伤害的,应当适用《工伤保险条例》的有关规定处理。《国务院法制办对〈关于重新进入劳动生产领域的离休人员能否享受工伤保险待遇的请示〉的复函》中明确:离退休专业技术人员受聘工作期间,因工作发生职业伤害的,应由聘用单位参照工伤保险的相关待遇标准妥善处理。如《广州市聘用企业退休职工若干规定》第十条第二款规定:“退休职工在受聘期间因工伤残、死亡的，其医疗费、护理费、补助费、丧葬费、抚恤费等项劳动保险待遇，由聘用单位按现行职工因工伤亡的有关规定负担全部费用。”持此种观点的一般允许退休人员可以在当地上工伤保险，如果上工伤保险的，由社保部门按照工伤保险处理，若聘用单位未给予退休人员上工伤保险的，则由聘用单位参照工伤保险予以赔偿。

综上所述，第一种和第三种观点没有实质性区别，其区别在于当地是否允许退休人员上工伤保险，第二种观点理由不是很充分，支持的人不多。在《最高人民法院关于审理劳动争议案件适用法律若干问题的解释》（现已失效）颁布之后，退休人员因工负伤的主流观点是参照工伤保险来处理的。正常劳动关系因工负伤的赔付由社保机构按照国家标准赔付，而退休人员因工负伤的在不能上工伤保险的情形之下，只能由聘用单位参照工伤保险的标准进行赔付。就此而言，聘用退休人员比聘用一般正常的劳动者，聘用单位的责任要大。

五、聘用退休人员的风险防范

对于退休人员聘月的风险防范主要是通过协议、商业保险等方式来进行。

（一）协议

《劳动部关于实行劳动合同制度若干问题的通知》第十三条规定：“已享受养老保险待遇的离退休人员被再次聘用时，用人单位应与其签订书面协议，明确聘用期内的工作内容、报酬、医疗、劳动待遇等权利和义务。”故此，在协议中一般要明确以下几个方面：

1. 退休人员已经享有退休待遇，有退休工资，不需要缴纳社保，也不需要聘用单位进行补偿。

2. 退休人员因病由社保报销医疗费，与聘用单位无关，因病亡故的与聘用单位无关。

3. 聘用单位可随时解除聘用协议，并不给予经济补偿。

4. 发生工伤补偿方式。

5. 报酬要明确统一，如需要约定奖金、加班费、补助、补贴等福利待遇需要在协议中明确。

因劳务关系的规定多为法律的强制性规定，一般不允许过于不公平。故此，即使聘用协议中约定聘用单位发生工伤不承担责任的，也不排除法院以该条款不公平，从保护聘用人员的角度在判决时要求聘用单位承担一定的责任，承担责任的方式可能为以上的一种，亦可能是法院酌情判决聘用单位承担部分责任。

（二）商业保险

综上所述，聘用退休人员因工负伤一般是参照工伤保险由聘用单位承担赔偿责任，而有些地方又不允许退休人员上工伤保险，故为防范聘用单位的风险免除聘用单位的责任，可由聘用单位为退休人员投人身意外伤害商业保险，以避免聘用单位应该承担的风险。《国务院法制办对〈关于重新进入劳动生产领域的离休人员能否享受工伤保险待遇的请示〉的复函》中要求："有条件的聘用单位在符合有关规定的情况下，可为聘请的离退休专业技术人员购买聘期内的人身意外伤害保险。"但在实务中，商业保险投保时限制性条件较多（如有的保险公司要求体检等），索赔时手续烦琐、除外责任多，索赔成功一般比较难。

仅靠聘用协议的约定，恐怕还不能完全防范所有的风险，一些意外情况尚不能避免。故，在协议履行过程中需要进行防范，即一旦发现退休人员身体状况或情形不大好而不适合所在的劳动岗位时，应及时解除聘用协议。这既是对聘用单位的保护，也是对退休人员的保护。

综上所述，聘用退休人员还是有一定的风险，特别是随着退休人员的年龄逐年增长，风险也就越大。上述的协议、商业保险只能解决一部分责任，完全防范恐怕还不能做到。

返聘制度反映了我国用工条件发生的新变化，也适应了老龄化导致的用工问题，一些特殊行业和岗位可以实现更好的技术创新和企业的可持续发展，是可供探索的重要形式。

▶【法条链接】> > >

劳动部关于实行劳动合同制度若干问题的通知

13. 已享受养老保险待遇的离退休人员被再次聘用时，用人单位应与其签订书面协议，明确聘用期内的工作内容、报酬、医疗、劳保待遇等权利和义务。

CHAPTER 3

第三章

劳务与劳动关系的区别

柴永革与阜新矿务局八道壕煤矿破产清算组劳动争议案[①]

▶【案情简介】> > >

再审申请人(一审原告、二审上诉人):柴永革。

被申请人(一审被告、二审上诉人):阜新矿务局八道壕煤矿破产清算组。住所地:辽宁省黑山县八道壕镇内。

负责人:何川,该清算组组长。

委托代理人:杨东阳,该清算组工作人员。

再审申请人柴永革因与被申请人阜新矿务局八道壕煤矿破产清算组(以下简称煤矿清算组)劳动争议一案,不服辽宁省高级人民法院于2015年10月8日作出的(2015)辽民一终字第413号民事判决,向法院申请再审。法院依法组成合议庭进行了审查,现已审查终结。

柴永革向法院申请再审称:1. 柴永革系阜新矿业(集团)有限责任公司(原阜新矿务局)八道壕煤矿(以下简称八道壕煤矿)工人,2002年1月1日参加工作。2012年9月17日其因工受伤,住院治疗140天。2013年9月5日被认定为工伤,阜新市劳动鉴定委员会鉴定结论不详,于2014年6月20日由煤矿清算组与辽宁省劳动鉴定委员会办公室再次鉴定为八级伤残。2014年4月煤矿清算组发放八道壕煤矿员工个人信息汇总表,其中没有记录伤残级别,并且在信息反馈单第五项要求柴永革领取破产清算期生活费和经济补偿金。由于同年7

---

① 柴永革与阜新矿务局八道壕煤矿破产清算组劳动争议申请再审民事裁定书,中国裁判文书网,http://wenshu.court.gov.cn/content/content?DocID=c3ca528a-402c-4ea9-bf12-22a9b8fcff21,2016-11-08。

月15日柴永革才知道伤残鉴定为八级，并于11月3日在工伤管理科领取一次性伤残补助金，于同年9月12日在煤矿清算组领取一次性伤残就业补助金、一次性伤残医疗补助金。但柴永革2012年9月至2014年6月没有享受停工留薪期的待遇。按照工伤前应发平均工资5199元、工伤后应发工资1905元的标准，煤矿清算组应当给付柴永革2012年9月至2014年6月（18个月）的停工留薪期工资共计63102元。2. 柴永革工龄为13年，因其在2012年9月至2014年4月期间依法享受停工留薪期工资待遇，故计算解除劳动合同经济补偿金的标准也应当以工伤前的月平均工资5199元为标准，因此，柴永革的经济补偿金应当为67587元，因煤矿清算组已支付24765元，故其应当再支付42822元。3. 请求判令煤矿清算组按照个人缴纳8%、企业缴纳20%的标准补缴柴永革13年的基本养老保险费。

综上所述，柴永革依据《中华人民共和国民事诉讼法》第二百条第（一）项、第（六）项及第（十一）项规定申请再审，请求依法再审改判。

煤矿清算组提交意见称：原判决认定事实清楚，适用法律正确，煤矿清算组已经依法支付了柴永革相应款项。本案不应当支持柴永革的再审申请。

法院认为，本案争议的焦点问题为如下几个方面：

1. 关于柴永革是否有新的证据推翻原判决的问题。柴永革在再审申请中所提交的证据为：辽宁省锦州市中级人民法院（2008）锦民三破字2—2号裁定书、（2008）锦民三破字2—3号公告、（2008）锦民三破字2—6号民事裁定书、中办发11号文件、八道壕煤矿企业机读档案登记资料，欲证明煤矿清算组应当按照5199元的标准支付其解除劳动关系的经济补偿金。对于上述证据，煤矿清算组认为均不属于新的证据，不同意质证。法院经审查认为：第一，除“八道壕煤矿企业机读档案登记资料”外，上述证据均为一、二审期间煤矿清算组已提供的证据，不属于申请再审中的新的证据，柴永革亦未依据其提交的该证据指明原判决错误之所在。第二，《中华人民共和国民事诉讼法》规定的“新的证据”是足以推翻原判决的新的证据，而柴永革提交的“八道壕煤矿企业机读档案登记资料”虽然从时间上看系形成于原判决生效之后，但该证据仅能证明八道壕煤矿的工商登记情况。柴永革未明确该证据是否能够证实其有关主张，也无法显示出该份证据与其申请再审主张之间具有何种关联性。因此，柴永革提交的上述证据无法证实原判决存在错误进而推翻原判决，其此项申请事由不符合《中华人民共和国民事诉讼法》第二百条第（一）

项规定,法院对此不予支持。

2. 关于煤矿清算组应否补足经济补偿金差额 42822 元的问题。《中华人民共和国劳动合同法》第三十六条规定:"用人单位与劳动者协商一致,可以解除劳动合同。"第四十七条第一款规定:"经济补偿按劳动者在本单位工作的年限,每满一年支付一个月工资的标准向劳动者支付。六个月以上不满一年的,按一年计算;不满六个月的,向劳动者支付半个月工资的经济补偿。"该条第三款规定:"本条所称月工资是指劳动者在劳动合同解除或者终止前十二个月的平均工资。"经审查,柴永革于 2012 年 9 月 17 日受伤后再未参加工作,故其解除劳动合同前 12 个月的平均工资应如实计算或经双方协议确认。经进一步审查,煤矿清算组按照柴永革在 2013 年 4 月至 2014 年 3 月期间的实际工资数额,计算出其解除合同前 12 个月的月平均工资为 1905 元,并以此为标准计算了柴永革按 13 年工龄应得经济补偿金总额 24765 元。2014 年 6 月 6 日,柴永革在《破产企业职工领取经济补偿金审批表》上签字并领取了上述全部经济补偿金。根据该审批表所载内容,柴永革在领取一次性经济补偿金后即与企业解除了劳动关系。法院认为,柴永革签字并领取经济补偿金之行为表明其与煤矿清算组就经济补偿金问题达成了一致,并据此协商解除了双方之间的劳动合同,属于双方当事人对自身权利的处分,应受到法律保护。对于柴永革所提出的增加 42822 元经济补偿金的请求,其应当提供证据证明其之前的签字及领取行为存在有关撤销情形;否则,应当承担举证不能之后果。经审查,虽然柴永革认为应当按照其受伤前的月平均工资 5199 元为基数计算,但考虑到柴永革自工伤后至八道壕煤矿开始继续清算程序期间均未参加工作,故原审法院以其实际收入为准在客观上更为公平合理。况且,经法院逐月比对柴永革自行提交的其本人 2007 年至 2014 年 4 月"锦州商业银行工资明细账"发现,煤矿清算组确认的柴永革在 2013 年 4 月至 2014 年 3 月期间的工资数额要高于柴永革银行流水显示的对应月工资。因此,柴永革既无证据证明其于 2014 年 6 月 6 日同意解除合同和领取经济补偿金系其意思表示不真实而为之,亦无证据表明双方约定之经济补偿金计算标准显失公平。据此,原判决未予支持柴永革此项主张不存在适用法律错误的问题,其此项再审申请不能成立。

3. 关于柴永革主张停工留薪期内工资差额的诉求应否支持的问题。柴永革主张应当按照其受伤前标准发放 2012 年 9 月至 2014 年 6 月期间的工资。对此,法院考虑到柴永革自 2012 年 9 月 17 日受伤之日起直至与煤矿清算组解除劳动关系之前，一直未参加工作，煤矿清算组在其没有提供劳动的情况下，依然按月支付了其基本工资的事实，而柴永革在长期、持续领取基本工资时并未对相应的工资数额提出异议。尤其是柴永革在领取前述一次性经济补偿金并解除劳动关系时，亦未对之前领取的伤后工资提出过任何异议。基于以上事实，法院认为原判决对于柴永革所主张的停工留薪期工资差额未予支持的认定并无不当，原判决在此问题上并不存在适用法律错误的问题。

4. 关于柴永革主张的缴纳基本养老保险费应否支持的问题。法院认为，依据《中华人民共和国劳动法》第一百条有关"用人单位无故不缴纳社会保险费的，由劳动行政部门责令其限期缴纳；逾期不缴的，可以加收滞纳金"的规定以及《中华人民共和国社会保险法》第六十三条第一款有关"用人单位未按时足额缴纳社会保险费的，由社会保险费征收机构责令其期限缴纳或补足"的规定可知，征缴基本养老保险、基本医疗保险等社会保险费是社会保险部门的法定职权。据此，柴永革在本案中所提出的此项主张属于有关行政机关的行政职责范围，因此，原判决对此未予支持并不存在适用法律错误的情形，柴永革的此项再审申请亦不能成立。

5. 关于原判决是否存在遗漏或超出当事人诉讼请求的问题。在法院组织的询问中，柴永革对其再审申请中主张的原判决存在《中华人民共和国民事诉讼法》第二百条第（十一）项的问题未能予以明确，不能说明原判决是否存在超出或遗漏其诉讼请求的问题。且经审查，原判决并不存在该项事由所规定的情形，因此，柴永革的此项再审申请法院不予支持。

综上所述，柴永革的再审申请不符合《中华人民共和国民事诉讼法》第二百条第（一）项、第（六）项及第（十一）项规定。法院依照《中华人民共和国民事诉讼法》第二百零四条第一款规定，裁定如下：

驳回柴永革的再审申请。

▶【案件焦点】> > >

劳动关系和劳务关系是我国劳动行为划分的基本形式，两者之间存在本质的区别，在福利待遇、日常管理、行为模式、用工形式上都有一定的区别。从司法实践的角度进行区别，是重要的形式，劳动关系和劳务关系直接影响的是劳动者的薪酬待遇，劳务关系只受民法典调整，劳动法、劳动合同法不调整。

▶【学理分析】> > >

一、劳务关系概念

劳务关系是指两个或两个以上平等主体依据民事法律规范而形成的关于一方向另一方提供劳务的权利义务关系。

二、劳动关系与劳务关系的区别

法律依据方面存在区别：劳动关系由劳动法、劳动合同法、劳动争议调解仲裁法、社会保险法等多部法律法规调整，很多都是强制性规定，双方必须遵照执行。劳务关系主要由民法典等法律法规调整，双方是一种平等的民事关系主体，合同内容由双方协商确定。

合同的形式不同：主体方面存在区别劳动关系中用工主体的一方只能是用人单位（包括企业、个体经济组织和民办非企业单位等组织以及国家机关、事业单位、社会团体），个人不能作为用工主体；另一方只能是劳动者个人。而劳务关系中可能是两个平等主体，也可能是两个以上的平等主体；可能是法人之间的关系（如劳务外包），也可能是自然人之间的关系（如家庭保姆），还可能是法人与自然人之间的关系（如保险代理员）。

关系方面存在区别：劳动关系两个主体之间不仅存在财产关系即经济关系，还存在着人身关系，即行政隶属关系。劳动者除提供劳动之外，还要接受用人单位的管理，服从其安排，遵守其规章制度等。而劳务关系两个主体之间只存在财产关系，或者说是经济关系，即劳动者提供劳务服务，对方支付劳务报酬，彼此之间不存在行政隶属关系，各自独立、地位平等。这是劳动关系与劳务关系最基本、最明显的区别。劳务关系中双方不存在隶属关系。劳动关系中劳动者只能跟一个用人单位建立劳动关系（非全日制用工除外），而劳务关系中双方均可和其他主体建立多个劳务关系。

报酬支付方面存在以下区别。

内容不同：劳动关系中报酬包括工资、社保、加班费；劳务关系中为劳务费。

支付方式不同：劳动报酬是持续的、定期的支付，一般是按月支付；劳务费一般是一次性结算或者分期支付。

报酬标准不同：工资受劳动合同和劳动法的约束，工资不得低于当地最低工资和企业集体合同的标准；而劳务关系当事人之间的报酬计算完全由双方协商确定。

劳动过程的关注点不同:劳动关系中用人单位对劳动者的劳动持管理态度;劳务关系中用工方对劳动者的劳动持消费态度。

三、劳务法律关系的认定

在司法实践中,使用人的确定仍是一个难点。在很多情况下,所谓的使用人作为组织者自己也参与劳动,且仅仅是比别人多拿一些工资。此时,究竟如何认定案件使用人较为困难。对此,可从以下方面对使用人进行认定:一是是否提供了劳务;二是接受劳务一方是否因为提供劳务而受有利益;三是提供劳务者是否接受了指示、控制、管理或者监督;四是提供劳务是否违反接受劳务一方明示或可得推知的意思。

▶【法条链接】> > >

中华人民共和国民法典

第一千一百九十二条第一款 个人之间形成劳务关系,提供劳务一方因劳务造成他人损害的,由接受劳务一方承担侵权责任。接受劳务一方承担侵权责任后,可以向有故意或者重大过失的提供劳务一方追偿。提供劳务一方因劳务受到损害的,根据双方各自的过错承担相应的责任。

中华人民共和国劳动合同法

第三条 订立劳动合同,应当遵循合法、公平、平等自愿、协商一致、诚实信用的原则。

依法订立的劳动合同具有约束力,用人单位与劳动者应当履行劳动合同约定的义务。

中华人民共和国劳动法

第二条第一款 在中华人民共和国境内的企业、个体经济组织(以下统称用人单位)和与之形成劳动关系的劳动者,适用本法。

劳动和社会保障部关于确立劳动关系有关事项的通知

一、用人单位招用劳动者未订立书面劳动合同,但同时具备下列情形的,劳动关系成立。

(一)用人单位和劳动者符合法律、法规规定的主体资格;

(二)用人单位依法制定的各项劳动规章制度适用于劳动者,劳动者受用人单位的劳动管理,从事用人单位安排的有报酬的劳动;

(三)劳动者提供的劳动是用人单位业务的组成部分。

二、用人单位未与劳动者签订劳动合同，认定双方存在劳动关系时可参照下列凭证：

（一）工资支付凭证或记录（职工工资发放花名册）、缴纳各项社会保险费的记录；

（二）用人单位向劳动者发放的“工作证”、“服务证”等能够证明身份的证件；

（三）劳动者填写的用人单位招工招聘“登记表”、“报名表”等招用记录；

（四）考勤记录；

（五）其他劳动者的证言等。

其中，（一）、（三）、（四）项的有关凭证由用人单位负举证责任。

CHAPTER 4

第四章

业余兼职行为的合法性

刘博强与福清市音西凯仕捷装饰材料店装饰装修合同纠纷案①

▶【案情简介】> > >

原告:刘博强,男,1970 年 7 月 22 日出生,汉族,住福建省顺昌县,现住福清市。

委托诉讼代理人:林瑞,福清市法律援助中心指派律师。

被告:福清市音西凯仕捷装饰材料店(个体工商户),住福建省福清市。

经营者:何雪玉,女,1978 年 12 月 12 日出生,汉族,住福建省福清市。

委托诉讼代理人:王庆明,男,1977 年 10 月 1 日出生,系何雪玉丈夫。

原告刘博强与被告福清市音西凯仕捷装饰材料店(以下简称凯仕捷材料店)劳动争议纠纷一案,法院于 2016 年 7 月 20 日立案后,依法适用普通程序,于 2016 年 9 月 6 日、11 月 4 日两次公开开庭进行了审理。原告刘博强及其委托诉讼代理人林瑞、被告凯仕捷材料店的委托诉讼代理人王庆明到庭参加诉讼。本案现已审理终结。

刘博强向法院提出诉讼请求:1. 凯仕捷材料店应支付业务提成 26 万元;2. 凯仕捷材料店应支付未签订书面劳动合同的两倍工资差额 217338 元,庭审中变更为 214771 元;3. 凯仕捷材料店应支付经济补偿金 59274 元,庭审中变更 58574 元。事实和理由:1. 2013 年 5 月其受聘被告担任业务员,约定工资按业

① 刘博强与福清市音西凯仕捷装饰材料店装饰装修合同纠纷一审民事判决书,中国裁判文书网,http://wenshu.court.gov.cn/content/content? DocID = 612ce2c0 - e949 - 452b - bc0e - a7630170331d,2017 - 05 - 02。

绩的10%提成计算。2014年8月起原告不再承接新的业务，只负责对之前业务进行跟单。前期被告依约支付业务提成，但2015年3月起未如约支付。经其催讨，并先后向工商局、司法所、劳动监察大队等相关部门反映、举报被告拖欠工资情况，同年9月被告再次支付部分业务提成。但其自2013年5月起1年多时间为促成“瑞鑫别墅”（位于福清瑞鑫大酒店后面）装饰工程业务，做了大量工作的被告至今未付。经原告催讨，被告以各种理由推托拒绝。2. 原告受聘于被告担任业务员后，即受被告的管理，双方约定原告有相对自由的工作时间，无须打卡签到，双方存在劳动关系。被告依法应支付与原告工资及业务提成相应的未签订书面劳动合同的两倍工资差额及经济补偿金。福清市劳动争议仲裁委员会对本案事实认定及适用法律存在错误。

综上所述，请求支持原告的诉讼请求。

凯仕捷材料店辩称：1. 2013年5月起原告开始帮被告介绍业务，没有底薪，按客户成交金额的10%提成给原告，客户没有成交就没有提成，即原告促成业务的标准是将客户带到店里，客户与被告签订合同（在被告提供的订单上签字），并实际消费店里销售的整木产品才算，被告按客户消费金额向原告支付业务提成，被告已向原告支付全部业务提成。原告所称的“瑞鑫别墅”装饰业务，当时很多业务员都在跟单，并非原告一人，该客户确有到店，也有向客户报价，但由于原告跟单未成，最后没有与被告签订合同，是与福州新南方建材市场凯仕捷店签单，被告没有从该业务中获益，故原告主张被告支付该业务提成26万元没有依据。2. 被告与原告不存在劳动关系，是业务关系。原告为被告介绍业务是兼职，其同时为多家店做业务，不存在被告管理原告或者同意原告为其他店做业务的事宜，其提出的第二项、第三项诉讼请求没有事实依据。请求驳回原告的诉讼请求。

经审理查明，2013年5月至2014年8月刘博强为凯仕捷材料店介绍业务，双方约定按客户实际消费产品金额的10%作为业务提成，没有底薪。业务促成以刘博强介绍的客户到凯仕捷材料店提供的订货单上签字，并实际购买该店的整木产品为准。刘博强主张刚开始时其为凯仕捷材料店全职服务，自2013年11月起经凯仕捷材料店同意后也为其他店做业务，若达成业务，其他店也会支付相应业务提成，但主要是给凯仕捷材料店工作。凯仕捷材料店主张刘博强始终兼职为多家店同时做业务，不存在经其同意或者对刘博强进行管理的问题。

凯仕捷材料店于2013年8月23日,2014年4月21日、6月9日、6月18日、7月1日、11月13日,2015年9月11日经银行转账向刘博强支付2000元、2000元、3750元、1000元、2000元、4160元、4960元。此外刘博强主张还预支13000元。上述共计32870元。2014年11月13日,刘博强在凯仕捷材料店领款凭证上填写“收到业务费4160元,已扣除2014年所有预支款13000元,含欠条”。

关于双方是否存在劳动关系以及“瑞鑫别墅”装饰工程业务情况,刘博强主张双方自2013年5月起建立劳动关系,入职时约定工作时间相对自由并自己掌握,不用到被告店上班,上下班不用考勤。从2013年5月至2014年8月其为促成“瑞鑫别墅”业务做了大量工作,当时王庆明提出要将该业务与福州红星美凯龙凯仕捷店合作,若能签约也计算其业务提成,最终该客户与福州红星美凯龙凯仕捷店签约,该店店长刘海英在电话中证实该业务与被告合作,被告分40%利润。对此,刘博强提供了领款凭证、银行流水、报备表、广告牌、设计图、业务计划文件夹、电子邮件、别墅照片、微信截图、施工图、报备资料等复印件以及电话清单、手机录音记录截图、电话录音、12××5诉求件等为证。关于“瑞鑫别墅”装修金额260万元,其根据与刘海英及原被告店店长林小英录音中“刘博强:我们现在的初预算是200多万吧?刘海英:差不多,差不多”“刘博强:200多万。林小英:楼梯还有门还没有算”的内容确定。凯仕捷材料店对领款凭证、银行流水、刘博强与王庆明电话录音以及12××5诉求件的真实性无异议,对其他证据不予认可,并主张双方系业务关系,不存在劳动关系;刘博强跟单“瑞鑫别墅”业务未成功,最终该客户与福州新南方建材市场凯仕捷店签约,其未提出将该业务与福州凯仕捷店合作,与其他凯仕捷经销商不存在合作关系,也没有从中获益。

因凯仕捷材料店未支付上述费用,刘博强向福清市工商局以及通过便民呼叫中心12××5向福清市人力资源与社会保障局、司法局、公安局等投诉反映,凯仕捷材料店受调查后不认可存在劳动关系及拖欠“瑞鑫别墅”业务提成26万元的事实。之后,其又向福清市劳动争议仲裁委员会申诉,该仲裁委员会驳回其申诉请求。刘博强不服仲裁裁决,遂提起本案诉讼。

审理中,福清市人力资源与社会保障局劳动监察大队出具《情况说明》,主要内容是根据2015年5月刘博强反映,凯仕捷材料店负责人王庆明接受该大队调查称,刘博强在该店兼职业务员,双方不存在劳动关系,“瑞鑫别墅”业务刘博强未跟单到位，致该业务未成交，最终由福州总公司介入洽谈成功并达成交易，与福清凯仕捷店无关。该大队还与福州总公司相关负责人联系，该负责人未就“瑞鑫别墅”利润分成作出说明。此外，针对刘博强在12××5平台反映，该劳动行政部门回复称“鉴于上述情况，凯仕捷装饰与刘博强的用工关系为劳务关系”。

以上事实有刘博强提交的身份证、工商登记信息、仲裁裁决书及送达回证、领款凭证、银行流水、工商投诉告知书、12××5诉求件等，法院调取的福清市人力资源与社会保障局劳动监察大队情况说明以及当事人的陈述为证，经法院审查核实，予以确认。

法院认为，双方对是否建立劳动关系有争议，对此刘博强应对劳动关系存在的积极主张承担举证证明责任。根据《中华人民共和国劳动合同法》规定，建立劳动关系，应当订立书面劳动合同，即书面劳动合同是双方存在劳动关系的最直接体现。在无书面劳动合同的情况下，应结合案件相关情况予以认定。依日常生活经验，用人单位向劳动者通常按月支付工资，在数额及时间上一般较为固定。而刘博强主张的工资支付记录即银行流水并不符合工资支付的特征，其自行填写的领款凭证内容亦说明领取业务费，这与庭审查明的刘博强为凯仕捷材料店介绍业务，在业务促成时按客户消费金额的10%支付业务提成的事实能相互印证，因此上述被告支付的款项应是支付居间业务提成费用。此外，刘博强在为被告介绍业务的同时，也为他人介绍业务，上下班无签到签退等考勤，工作时间自行掌握，且被告否认刘博强受其管理或者经其同意向他人介绍业务；除了被告不予认可的报备表等证据外，刘博强又不能提出其他足以证明受被告管理的有效证据佐证，因此刘博强主张工作受被告管理依据不足。刘博强提交的其他证据可证明其为促成业务确实做了相关工作，但无法证明与被告存在劳动关系。综上事实，并根据《劳动和社会保障部关于确立劳动关系有关事项的通知》的相关规定，刘博强提供的证据不足以证明其上述事实主张，应承担不利的后果，即不足以认定双方存在劳动关系。因此，刘博强基于双方劳动关系诉请被告支付未订立书面劳动合同的两倍工资差额214771元、经济补偿金58574元，不予支持。关于“瑞鑫别墅”业务提成26万元问题，刘博强为促成该业务确实付出劳动，但从诉讼前劳动行政部门对刘博强投诉的调查情况，以及刘博强与王庆明电话录音内容看，被告对刘博强主张均不予认可。刘博强对被告在接受调查时关于该业务经福州总公司介入洽谈成功的陈述，主张成功签约的是被告还是福州其他店未明确，从庭审查明看，该别墅客户最终并未与被告订立合同及购买产品，被告也否认系其要求与福州的凯仕捷经销商合作，并从中获益或者分享利润，刘博强对此亦不能提出足以反驳的相反证据，故依约其请求被告支付该业务提成证据不足。刘博强提交的其他录音证据的真实性，因相对方未出庭佐证且被告有异议而无法确认。即便录音为真实，仅刘海英提到利润四六分成，且遭到被告否认，该情况在诉讼前劳动行政部门调查时也未得到证实，而其他如福州凯仕捷总公司“邱总”不仅未提到与被告合作并分享利润事宜，还说明与被告无关，原被告店店长林小英也只说建议性给一点，否认利润四六分成的事实，上述证据不足以认定被告因该项目获益的具体情况。况且，刘博强据以主张的上述录音内容中也未明确该装修工程成交额为260万元。故刘博强诉请被告支付该业务提成26万元的事实依据不足，不予支持。

▶【案件焦点】> > >

兼职行为在当前主要是高校学生的用工行为，由于学生法律意识较差，且对薪酬的要求比较低，因此用工单位尤其是一些技术含量较低的企业更喜欢学生的兼职行为。当前我国只存在一些学生兼职行为的法律规范，但是缺乏成系统的法律规定，学生兼职行为存在较多的法律空白。

▶【学理分析】> > >

首先，根据劳动合同法第三十九条第(四)项规定，劳动者同时与其他用人单位建立劳动关系，对完成本单位的工作任务造成严重影响，或者经用人单位提出，拒不改正的，用人单位可以解除劳动合同。这条规定可以理解为：用人单位虽然招用与其他用人单位尚未解除或者终止劳动合同的劳动者，但并没有给其他用人单位造成损失的，法律是不加以干涉的，劳动者与其他用人单位建立的劳动关系就可以合法存在。因此，是否允许兼职的存在，劳动合同法把决定权让渡给了用人单位，即用人单位可以按照需要对员工进行处罚或纠正，解除劳动者的劳动合同，当然也可以不予追究。

其次，劳动合同法第九十一条规定，“用人单位招用与其他用人单位尚未解除或者终止劳动合同的劳动者，给其他用人单位造成损失的，应当承担连带赔偿责任”。可以看出，法律虽然不禁止劳动者与多个用人单位建立劳动关系，但是也不提倡和支持。

最后,根据劳动合同法第五章关于非全日制用工的有关规定,在后订立的劳动合同不影响先订立的劳动合同的履行情况下,非全日制劳动者可以与多个用人单位建立多个非全日制的劳动关系。

因此,劳动合同法实质上承认了兼职劳动关系的客观存在,对兼职劳动关系是一种不提倡也不禁止的态度。

根据我国劳动合同法第三十九条第(四)项规定,劳动者同时与其他用人单位建立劳动关系,对完成本单位的工作任务造成严重影响,或者经用人单位提出,拒不改正的,用人单位可以解除劳动合同。可见,兼职劳动的存在必须以不侵犯原用人单位的利益为前提,劳动者从事兼职劳动必须受到以下几个方面的限制。

其一,"劳动义务"和"忠实义务",这是劳动者最基本的两项义务,是劳动法律关系建立目的的必然要求。因此,劳动者必须根据劳动合同以及相关法律的规定,对用人单位承担提供劳动的义务,并衷心维护用人单位的合法权益,否则为违法兼职。劳动法应具体明确用人单位在劳动者因为从事兼职劳动而违背劳动义务和忠实义务时,可采取的具体措施,如停止支付工资、要求其停止兼职活动、承担损害赔偿责任直至解除劳动合同等。

其二,限制某些类型的兼职。目前,我国公务员法、公司法中规定了禁止劳动者兼职的一些情形,例如,禁止国家公务员进行兼职;禁止担任公司、企业的董事、经理等高级经理人员兼任同类企业的职务;用人单位与劳动者在双方自愿的基础上,可对竞业禁止加以约定,违反该约定就应承担违约责任。我们应严格执行这些限制性制度条款,依法对兼职劳动加以约束和规范,以保证公平竞争。对兼职劳动是否应该受到法律保护,长期以来,我国法学界存在较大争议。肯定者认为,从经济、社会角度看,兼职均利大于弊。首先,兼职促进"人尽其才,物尽其用",合理优化劳动力资源配置,实现人才资源共享,有利于社会资源节约和效用最大化。对劳动者,兼职增加了劳动机会和劳动收益,还有利于劳动者提高素质。其次,兼职劳动符合社会多样化的发展趋势。一个劳动者固定服务一个雇主或用人单位,是传统劳动形式的常态模式。然而,随着社会发展,劳动者与生产资料相结合的形式变得多样,劳动形式发生了改变。然而,不赞成或者反对法律保护兼职劳动的也大有人在。他们提出兼职劳动弊病很多,例如,易使劳动者权益受损害;干扰了劳动市场秩序;可能导致劳动者享受多重社会保险待遇或者用人单位之间负担不公问题。这种观点主张,我国劳动者一般只能维持一种单一的劳动关系时，该劳动关系才能受到劳动法律的保护；兼职劳动者从事了两种或多种职业，形成了两重或多种劳动关系的，只有第一种劳动关系才能完整地受到法律保护，形成劳动法律关系，其他劳动关系难以符合劳动法律关系的属性，兼职劳动关系由于缺乏法律依据难以获得法律保护。还有人倾向于将兼职劳动界定为劳务关系而非劳动关系。

否定兼职为劳动关系的理由不充分。社会已经发展到多元化的时代，依传统劳动法理论将在社会新环境下出现的新现象或新问题予以消灭的做法，并不妥当。至于兼职劳动可能存在的种种弊端，通过合理管理是可以克服的。仅以节约资源、促进就业、提高效率来衡量，兼职均是值得肯定的。

其三，"兼职"到底是劳动关系还是劳务关系。根据劳动合同法第三十九条第(四)项规定，劳动者同时与其他用人单位建立劳动关系，对完成本单位的工作任务造成严重影响，或者经用人单位提出，拒不改正的，用人单位可以解除劳动合同。上述条款虽然授予用人单位单方解除兼职劳动者劳动合同的权利，但是也颠覆了劳动关系的唯一性原则，即一个劳动者可以与两个甚至多个单位同时建立劳动关系。现实生活中，劳动者在与一方建立劳动关系的同时，利用业余时间、下岗或停薪留职期间，又到其他单位兼职的现象并不鲜见。但是兼职属于劳动关系还是劳务关系，实践中却存在争议。笔者认为，兼职有广义和狭义之分。广义的兼职是指与某一用人单位建立劳动关系的劳动者，在劳动关系未解除或终止的情况下到其他用人单位工作；狭义的兼职则是指劳动者在不脱离本职工作的情况下，利用业余时间从事第二职业。对于广义的兼职，如果劳动者是全职为新的用人单位提供劳动义务，并且同时具备以下三个基本条件，则应视作建立劳动关系：用人单位和劳动者符合法律、法规规定的主体资格；用人单位依法制定的各项劳动规章制度适用于劳动者，劳动者受用人单位的劳动管理，从事用人单位安排的有报酬的劳动；劳动者提供的劳动是用人单位业务的组成部分。上述说法，从最高人民法院的有关规定中也可以得到印证。根据有关规定，企业停薪留职人员、内退人员、下岗待岗人员以及放长假人员，到新的用人单位工作的，只要具备了劳动关系的三个基本特征，就可以认定为劳动关系。但是对于狭义的兼职，即劳动者是在有本职工作从事的情况下，利用业余时间为其他单位工作的，即使具备劳动关系的三个基本特征，由于不具备全日制工作的特征，仍然不应认定为通常情况下的劳动关系。对于这类兼职，如符合劳动合同法第六十八条关于"以小时计酬为主，劳动者在同一用人单位一般平均每日工作时间不超过四小时,每周工作时间累计不超过二十四小时的用工形式”的规定,应当认定为非全日制用工;如果不具备非全日制用工特征,则应当认定为劳务关系。本案中,刘博强虽然在兼职当中接受某购物中心的管理,提供的劳动也是购物中心工作的组成部门,但是由于其只是利用业余时间到商场从事导购工作,不具备全日制工作与非全日制用工的特征,因此,此种兼职仍然属于劳务关系。对于劳务关系引发的争议,不适用劳动合同法的有关规定,应当按照民事争议来处理。

▶【法条链接】> > >

高等学校国际学生勤工助学管理办法

第一条 为规范高等学校国际学生勤工助学活动,提升教育对外开放水平,根据《中华人民共和国出境入境管理法》《中华人民共和国外国人入境出境管理条例》《普通高等学校学生管理规定》《学校招收和培养国际学生管理办法》等规定,制定本办法。

第二条 实施学历高等教育的高等学校(以下简称学校)适用本办法。

第三条 本办法所称勤工助学,是指国际学生在学校的组织和管理下,利用课余时间,通过劳动取得合法报酬,用于改善学习和生活条件的实践活动,不包括学校按照教学计划组织国际学生参加教学实习和社会实践。

第四条 国际学生校内外勤工助学活动按照学有余力、自愿申请、扶困优先、遵纪守法的原则,在学校统一领导、统筹安排下进行。学校应当制定相关实施细则,明确本校国际学生勤工助学具体办法及内部相应职能部门的权责。

第五条 国际学生校内外勤工助学,原则上每周不超过 8 小时,每月不超过 40 小时。寒暑假期间,原则上每周不超过 16 小时,每月不超过 80 小时。

第六条 学校不得安排或授权学生参加有毒有害和危险的生产作业,且须确保从事勤工助学活动的国际学生已购买覆盖勤工助学活动的保险。

第七条 国际学生校内勤工助学,岗位设置应以校内教学助理、科研助理、行政管理助理和学校公共服务等为主。岗位设置既要满足学生需求,又要避免占用正常学习时间。国际学生校内勤工助学活动的薪酬支出由学校统筹安排。

中华人民共和国劳动争议仲裁法

第二条 中华人民共和国境内的用人单位与劳动者发生的下列劳动争议,适用本法:

(一)因确认劳动关系发生的争议;

(二)因订立、履行、变更、解除和终止劳动合同发生的争议;

(三)因除名、辞退和辞职、离职发生的争议;

(四)因工作时间、休息休假、社会保险、福利、培训以及劳动保护发生的争议;

(五)因劳动报酬、工伤医疗费、经济补偿或者赔偿金等发生的争议;

(六)法律、法规规定的其他劳动争议。(学生兼职不适用仲裁法,职工兼职适用)

中华人民共和国企业劳动争议处理条例

第二条 本条例适用于中华人民共和国境内的企业与职工之间的下列劳动争议:

(一)因企业开除、除名、辞退职工和职工辞职、自动离职发生的争议;

(二)因执行国家有关工资、保险、福利、培训、劳动保护的规定发生的争议;

(三)因履行劳动合同发生的争议;

(四)法律、法规规定应当依照本条例处理的其他劳动争议。

CHAPTER 5

第五章

试用期员工的权益保障

谢景林与深圳百丽商贸有限公司劳动合同纠纷案[①]

▶【案情简介】> > >

再审申请人(一审原告、二审上诉人):谢景林,男,汉族,住广东省云浮市郁南县。

被申请人(一审被告、二审被上诉人):深圳百丽商贸有限公司珠海分公司。住广东省珠海市。

负责人:郑海清,该公司经理。

委托代理人:李志祥,系该公司经理。

再审申请人谢景林因与被申请人深圳百丽商贸有限公司珠海分公司(以下简称珠海百丽公司)劳动合同纠纷一案,不服广东省中山市中级人民法院民事判决,向法院申请再审。法院依法组成合议庭对本案进行了审查,现已审查终结。

谢景林申请再审称:"我于2012年12月2日入职珠海百丽公司,于中山市优越城百货商场(以下简称优越城百货)上班,同年12月15日被珠海百丽公司违法辞退。一、二审判决采信与珠海百丽公司有利害关系的证人证言,而对我所提交的资料和陈述不予认定,在未查清本案事实的情况下对我的诉请不予支持,有失公平公正,故请求依法对本案进行再审。"

珠海百丽公司提交意见称:谢景林的再审申请缺乏事实与法律依据,请求予以驳回。

---

① 谢景林与深圳百丽商贸有限公司珠海分公司劳动合同纠纷申诉、申请民事裁定书,中国裁判文书网,http://wenshu.court.gov.cn/content/content? DocID = faaca371 - 6a60 - 4b1c - 8fb3 - 2fbecafdd2e8,2015 - 06 - 26。

法院认为:本案系劳动合同纠纷。谢景林于2012年12月2日入职珠海百丽公司,任营业员。双方在劳动合同中约定试用期为2012年12月2日至2013年3月1日。谢景林入职时,珠海百丽公司向其明确了《员工手册》上规定的有关行为规范。试用期内,珠海百丽公司以谢景林违反《员工手册》规定的行为规范、不符合该公司的录用条件为由,于2012年12月15日与其解除劳动关系。根据《最高人民法院关于审理劳动争议案件适用法律若干问题的解释》(法释〔2001〕14号,现已失效)第十三条的规定,因用人单位作出的开除、除名、辞退、解除劳动合同、减少劳动报酬、计算劳动者工作年限等决定而发生的劳动争议,用人单位负举证责任。一审期间,珠海百丽公司申请了该公司及优越城百货的员工作为证人出庭作证,4位证人的证言相互印证,基本证明了谢景林违反珠海百丽公司行为规范的事实。谢景林虽主张上述证人与珠海百丽公司存在利害关系、证言不实,但其用以反驳上述事实的证据只有其本人的自述材料。《最高人民法院关于适用〈中华人民共和国民事诉讼法〉的解释》(法释〔2015〕5号)第一百零八条第一款、第二款规定:“对负有举证证明责任的当事人提供的证据,人民法院经审查并结合相关事实,确信待证事实的存在具有高度可能性的,应当认定该事实存在。对一方当事人为反驳负有举证证明责任的当事人所主张事实而提供的证据,人民法院经审查并结合相关事实,认为待证事实真伪不明的,应当认定该事实不存在。”从本案双方当事人举证情况来看,珠海百丽公司已提交了基本证据证明谢景林违反珠海百丽公司行为规范这一事实的高度可能性,谢景林提交的自述材料尚不足以动摇上述待证事实的高度可能性。因此,原审判决据此认定珠海百丽公司以谢景林在试用期间不符合录用条件为由,解除与谢景林的劳动关系不属于违法解除,并对谢景林的诉讼请求不予支持,并无不当。

▶【案件焦点】> > >

用人单位为了保障新入职人员能满足公司发展需要,一般都会根据用工时间确定一个相对较为固定的试用期。那么,新入职人员达到何种标准才能正式入职?用工单位是否会利用试用期侵犯新入职人员的合法权益?

▶【学理分析】> > >

我国学术界对试用期的解释包括以下几种:贾俊玲教授认为试用期作为一段特殊的履行期限,提供给了职工和用人单位一个作出继续进行或者终止劳动合同的考量期。郑尚元教授也从双方考验的角度,认为试用期应当是提供给双方当事人共同感知的期间,在此期间,双方通过初步履行,感受彼此的真实情况和适格程度。王全兴教授、周昌湘教授的观点也与此极为相近。在国外的立法领域中,德国法中的观点就属于双方考验。

目前,关于试用期的法律属性有以下几种分类:(1)预约说。将试用期看成是劳动合同的一种预约,预约也是一种契约,用来约定将来订立一定契约。(2)契约说。郑尚元教授认为试用期是一种无名契约,通过此种实验性质的期限来判断劳工的适格能力。(3)停止条件说。试用期是劳动合同所附停止条件,约定试用期后劳动合同处于暂停状态,只有当试用期满双方同意继续履行时劳动合同才继续。(4)解除条件说。试用不合格时解除条件成就,试用合格时试用工成为正式用工,劳动关系处于稳定状态。有的学者完全赞同此种观点,认为企业要有充分的用工自主权,试用不合格必然导致用人单位解除合同,这是无可厚非的。在劳动关系设立之初通过试用期进行甄选,能在相当程度上降低用人单位的用工风险,让用人单位选拔任用适合自己的人员,以此来平衡劳资关系双方的利益。这也中和了一味强调的对劳动者倾斜保护的原则。但也有学者认为,该学说过度强调用人单位试用期内解除劳动合同的主导权,带有单方解除之片面理解。

当前,对劳动合同的试用期存在以下不同观点。第一种观点认为:劳动合同的试用期指的是用人单位与劳动者之间约定的实行试用期的合同条款。试用期,是包括在劳动合同期限内的,此时用人单位与劳动者之间的劳动关系还处在一个非正式的状态。然后在这个试用期的期间内,用人单位对劳动者是否符合岗位及单位要求来进行考核,而劳动者则对用人单位是否合适自己要求进行了解的一种期限。第二种观点认为:劳动合同的试用期是当事人双方在劳动合同中约定的试用工作。期限,即是指用人单位和劳动者二者为互相了解是否符合各自需要而约定的一定期限的一种考察期。在试用期开始时,劳动合同立即发生效力,但是用人单位可以另行保留解雇权,一旦在试用期期间用人单位发现劳动者有不适格的情形,那么就可以与该不适格的劳动者解除劳动关系。第三种观点认为:劳动合同的试用期是劳动者与用人单位在劳动合同中约定的试用工作的期限,即是指用人单位和劳动者二者为互相了解是否符合各自需要而约定的一定期限的一种考察期。如果在试用期间或者结束时,用人单位发现劳动者并不符合职位的要求,则可以取消劳动合同。第四种观点认为:试用期是雇主评价试用劳动者的能力是否符合和达到职务的要求和标准,然后考量是否正式地签订劳动合同,并且有暂定性和实验性的特点。

一、试用期的特殊规定

(一)试用期员工生病,不能随意辞退

虽然劳动合同法第三十九条第一款规定了劳动者在试用期间被证明不符合录用条件的,用人单位可以解除劳动合同,但这是指劳动者不符合用人单位招工时要求的条件和标准,如相关职业技能考察、考核不合格、绩效考核不合格等,并不包括因病住院治疗、不能提供劳动的情形。试用期员工仍适用劳动合同法第四十二条第(三)项“患病或者非因工负伤,在规定的医疗期内的”规定。据此,公司在试用期劳动者的医疗期内解除劳动关系,属于违法辞退行为。

(二)劳动者在试用期享有的权利

第一,劳动者在试用期享有依法获得劳动报酬的权利。我国劳动合同法第七条规定:“用人单位自用工之日起即与劳动者建立劳动关系。用人单位应当建立职工名册备查。”

第二,试用期约定不能超过法定期限。具体为:劳动合同期限3个月以上不满1年的,试用期不得超过1个月;劳动合同期限1年以上不满3年的,试用期不得超过2个月;3年以上固定期限和无固定期限的劳动合同,试用期不得超过6个月。同一用人单位与同一劳动者只能约定一次试用期。试用期包含在劳动合同期限内。

第三,劳动者在试用期享受社会保险权。劳动合同法第三十八条规定:“用人单位有下列情形之一的,劳动者可以解除劳动合同:(一)未按照劳动合同约定提供劳动保护或者劳动条件的;(二)未及时足额支付劳动报酬的;(三)未依法为劳动者缴纳社会保险费的……”根据第四十六条规定,劳动者依照本法第三十八条规定解除劳动合同的,用人单位应当向劳动者支付经济补偿。根据以上规定,及时为劳动者缴纳社会保险是用人单位的法定义务。试用期用人单位存在不履行法定义务行为的,劳动者可以提出解除劳动关系。

第四,劳动者在试用期享有拒绝解约权。试用期内,用人单位动辄辞退员工的做法,是一种明显的违法行为。虽然劳动合同法作出了劳动者在试用期间被证明不符合录用条件的,用人单位可以解除劳动合同的规定,但并非说用人单位可以任意为之,而是要在提供不符合录用条件的证据后方可解约。而且双方一旦因此发生争议,因用人单位作出开除、除名、辞退、解除劳动合同、减少劳动报酬等决定而发生劳动争议的，由用人单位负举证责任。

二、试用期注意事项

为了规范用工行为，试用期间应注意以下几个方面。

其一，限定能够约定试用期的固定期限劳动合同的最短期限，并且在劳动法规定试用期最长不得超过六个月的基础上，根据劳动合同期限的长短，将试用期细化。具体规定是：

劳动合同期限在三个月以上的，可以约定试用期。也就是说，固定期限劳动合同能够约定试用期的最低起点是一个月。

劳动合同期限一年以上不满三年的，试用期不得超过二个月；三年以上固定期限和无固定期限的劳动合同试用期不得超过六个月。这是针对用人单位不分情况，一律将试用期约定为六个月，劳动合同法所采取的具体措施。

需要说明的是，劳动合同期限长短不是约定试用期的唯一参照。

实践中，很多工作本来不需要过长的试用期，比如装卸工、建筑工等。但有些用人单位动辄规定试用期为三五个月，甚至半年，恶意用足法定试用期限上限，这加重了劳动关系的不平等性，增加了劳动者的职业不确定性和经济负担。这就提醒劳动合同双方当事人，特别是劳动者一方在约定试用期时将技术含量的因素考虑进去。对用人单位来说，在合理时间内依然不能判断劳动者是否能胜任，就应当承担因此而带来的风险。

其二，同一用人单位与同一劳动者只能约定一次试用期。这就涉及对劳动合同中试用期性质的理解，试用期是指用人单位对新招收的职工进行思想品德、劳动态度、实际工作能力、身体情况等进行进一步考察的时间期限。在录用劳动者时的试用期内，这些情况已经基本搞清楚了。

其三，为杜绝用人单位短期用工现象，不能所有劳动合同都可约定试用期。以完成一定工作任务为期限的劳动合同或者劳动合同期限不满三个月的，不得约定试用期。在征求意见过程中，相当多的意见建议将可约定试用期的劳动合同的期限修改为一年以上。

其四，劳动合同仅约定试用期或者劳动合同期限与试用期相同的，试用期不成立，该期限为劳动合同期限。

三、试用期的劳动者权利

(一)试用期是一个约定的条款

试用期是一个约定的条款，如果双方没有事先约定，用人单位就不能以试用期为由解除劳动合同。

劳动合同双方当事人即用人单位和劳动者必须就试用期条款充分协商,取得一致,试用期条款才能成立。合同是双方当事人意思表示一致的结果,是在互利互惠基础上充分表达各自意见,并就合同条款取得一致后达成的协议。因此,任何一方都不得凌驾于另一方之上,不得把自己的意志强加给另一方,更不得以强迫命令、胁迫等手段签订劳动合同试用期条款。

(二)劳动者在试用期间应当享有全部的劳动权利

劳动合同法限定了试用期的约定条件,劳动者在试用期间应当享有全部的劳动权利。这些权利包括取得劳动报酬的权利、休息休假的权利、获得劳动安全卫生保护的权利、接受职业技能培训的权利、享受社会保险和福利的权利、提请劳动争议处理的权利以及法律规定的其他劳动权利。还包括依照法律规定,通过职工大会、职工代表大会或者其他形式,参与民主管理或者就保护劳动者合法权益与用人单位进行平等协商的权利。不能因为试用期的身份而加以限制,与其他劳动者区别对等。

(三)劳动合同双方当事人权利义务的大体平等

劳动合同法关于试用期的规定体现了劳动合同双方当事人权利义务的大体平等。如关于劳动合同的解除中规定,劳动者在试用期内可以通知用人单位解除劳动合同;劳动者在试用期期间被证明不符合录用条件的,用人单位也可以解除劳动合同。

(四)变相的试用期

有的用人单位为了规避法律,约定试岗、适应期、实习期,这些都是变相的试用期,其目的无非是将劳动者的待遇下调,以方便解除劳动合同。为了保护劳动者的合法权益,应当明确这些情形按照试用期对待。

(五)试用期的工资

劳动合同法对试用期劳动者工资水平作出了保障:劳动者在试用期的工资不得低于本单位同岗位最低档工资或者劳动合同约定工资的百分之八十,并重申试用期工资不得低于用人单位所在地的最低工资标准。

(六)试用期内须缴纳社会保险

根据劳动合同法第十九条第四款规定,试用期包含在劳动合同期限内。而在劳动合同期限内,用人单位为劳动者办理缴纳社会保险等五险一金是法定义务。试用期内不为员工缴纳社会保险费,这种实践中用人单位的习惯性做法必须纠正。

(七)只签订单独的试用期合同违法

司法实践中一些用人单位为了避免与劳动者订立劳动合同,往往在招用劳动者时与劳动者签订一个单独的试用合同,在试用期合同期满后再决定是否正式聘用该劳动者。其目的往往是规避法律,在试用期使用廉价劳动力,方便解除劳动合同。而劳动合同法第十九条规定,劳动合同仅约定试用期的,试用期不成立,该期限为劳动合同期限。

(八)试用期内解除劳动合同的限制

根据劳动合同法第39条规定,劳动者有下列情形之一的,用人单位可以解除劳动合同:

(1)在试用期间被证明不符合录用条件的;(2)严重违反用人单位的规章制度的;(3)严重失职,营私舞弊,给用人单位造成重大损害的;(4)劳动者同时与其他用人单位建立劳动关系,对完成本单位的工作任务造成严重影响,或者经用人单位提出,拒不改正的;(5)因本法第二十六条第一款第一项规定的情形致使劳动合同无效的;(6)被依法追究刑事责任的。

除上述情形外,用人单位不得在试用期内解除劳动合同。

▶【法条链接】> > >

中华人民共和国劳动合同法

第十九条 劳动合同期限三个月以上不满一年的,试用期不得超过一个月;劳动合同期限一年以上不满三年的,试用期不得超过二个月;三年以上固定期限和无固定期限的劳动合同,试用期不得超过六个月。

同一用人单位与同一劳动者只能约定一次试用期。

以完成一定工作任务为期限的劳动合同或者劳动合同期限不满三个月的,不得约定试用期。

试用期包含在劳动合同期限内。劳动合同仅约定试用期的,试用期不成立,该期限为劳动合同期限。

第二十条 劳动者在试用期的工资不得低于本单位相同岗位最低档工资或者劳动合同约定工资的百分之八十,并不得低于用人单位所在地的最低工资标准。

第二十一条 在试用期中,除劳动者有本法第三十九条和第四十条第一项、第二项规定的情形外，用人单位不得解除劳动合同。用人单位在试用期解除劳动合同的，应当向劳动者说明理由。

中华人民共和国劳动法

第三十二条 有下列情形之一的，劳动者可以随时通知用人单位解除劳动合同：

（一）在试用期内的；

（二）用人单位以暴力、威胁或者非法限制人身自由的手段强迫劳动的；

（三）用人单位未按照劳动合同约定支付劳动报酬或者提供劳动条件的。

中华人民共和国劳动合同法实施条例

第十条 劳动者非因本人原因从原用人单位被安排到新用人单位工作的，劳动者在原用人单位的工作年限合并计算为新用人单位的工作年限。原用人单位已经向劳动者支付经济补偿的，新用人单位在依法解除、终止劳动合同计算支付经济补偿的工作年限时，不再计算劳动者在原用人单位的工作年限。

第十四条 劳动合同履行地与用人单位注册地不一致的，有关劳动者的最低工资标准、劳动保护、劳动条件、职业危害防护和本地区上年度职工月平均工资标准等事项，按照劳动合同履行地的有关规定执行；用人单位注册地的有关标准高于劳动合同履行地的有关标准，且用人单位与劳动者约定按照用人单位注册地的有关规定执行的，从其约定。

第十五条 劳动者在试用期的工资不得低于本单位相同岗位最低档工资的80%或者不得低于劳动合同约定工资的80%，并不得低于用人单位所在地的最低工资标准。

CHAPTER 6

第六章

临时工劳动角色的定位

李婷婷与彩虹彩色显像管总厂、彩虹集团公司劳动争议纠纷案①

▶【案情简介】>>>

再审申请人(一审原告、二审被上诉人):李婷婷,女,汉族。

委托代理人:刘安亚,陕西渭阳律师事务所律师。

被申请人(一审被告、二审上诉人):彩虹彩色显像管总厂。住所地:陕西省咸阳市秦都区彩虹路1号。

法定代表人:仵德刚,该厂厂长。

委托代理人:郭晓燕,女,汉族。

委托代理人:郭小军,男,汉族。

一审被告:彩虹集团公司。住所地:北京市海淀区信息路11号。

法定代表人:郭盟权,该公司总经理。

委托代理人:郭晓燕,女,汉族。

委托代理人:郭小军,男,汉族。

再审申请人李婷婷因与被申请人彩虹彩色显像管总厂(以下简称彩虹厂)、一审被告彩虹集团公司劳动争议纠纷一案,不服咸阳市中级人民法院(2013)咸民终字第01105号民事判决,向法院申请再审。法院依法组成合议庭审查了本案。现已审查终结。

---

① 李婷婷与彩虹彩色显像管总厂、彩虹集团公司劳动争议纠纷再审民事裁定书,中国裁判文书网,http://wenshu.court.gov.cn/content/content? DocID = 34983ac7 - 78da - 43bd - b50a - 128663c3bbfb,2014 - 10 - 09。

李婷婷申请再审中辩称:“原一、二审判决认定我的诉讼请求无证据支持,从而驳回我要求彩虹厂支付各项费用的诉讼请求错误。1. 欠薪 1010 元。我 1983 年 6 月进厂,工厂规定先干活后发工资,干够一个月后才给发工资。2003 年 12 月我被提前辞退,彩虹厂没有补发拖欠我离厂时的一个月工资 1010 元。2. 欠付失业保险金 30720 元。我进厂工作后,每月都由彩虹厂代扣缴纳了失业保险金,至 2003 年 12 月已交纳了 18 年,根据《失业保险条例》第十七条、第十八条的规定,即按陕西省最低工资标准 1280 元/月 ×24 个月,共应补发 30720 元。3. 欠付企业年金 34560 元。彩虹厂 2003 年 83 号《关于一次补差性企业年金实施方案》第二条第一款规定享受年金的对象包括长临工,1983 年 4 月 12 日彩虹厂与安村大队签订的临时工协议书第二条规定‘对长临工,甲方应长期使用,不得无故辞退,直到退休年龄’,第五条规定‘工资待遇按国家规定标准支付,其他津贴、福利待遇都与甲方同工种工人同等对待’。但在执行协议时,彩虹厂没有把我与甲方同工种工人同等对待,提前辞退我,没有给我发放企业年金,根据当时给在职职工发放标准,应给我补发 34560 元(160 元/月 ×216 个月工龄)。4. 欠发养老金 114660 元。二审判决认定我为彩虹厂职工,并于 2012 年 9 月补办了养老统筹手续,但未补发我离厂到补办退休手续期间的退休工资,共计 114660 元(980 元/月 ×117 个月)。彩虹厂没有办理退休证,请予以补办。综上,请求再审本案,判决彩虹厂支付我欠薪 1010 元、失业保险金 30720 元、企业年金 34560 元、补发养老金 114660 元,四项共计 180950 元,并补办退休证。”

彩虹厂提交意见称:2003 年 12 月,李婷婷与彩虹厂解除劳动关系,此后彩虹厂对李婷婷不负有任何义务。李婷婷申请再审主张的各项费用,依据其所处时代的法律规定,已超过劳动仲裁申请期限和诉讼时效期间。请求驳回李婷婷的再审申请。

法院认为:1983 年 4 月 12 日,彩虹厂因建厂征地与安村大队签订《关于征用土地使用长期临时工的协议书》,据此协议李婷婷于同年 6 月与彩虹厂建立了劳动关系,2003 年 12 月终止劳动关系。其间,1991 年 6 月 25 日彩虹厂与安村经联社签订的《长期临时工协议书》第十二条约定“此协议从签订之日起执行,原长临工协议予以作废”。1999 年 11 月 18 日,彩虹厂与安村经联社签订第三份《长期临时工协议书》(以下简称长临工协议),该协议第四条约定“长临工女满 50 周岁的应该终止劳动合同”,第五条约定“凡符合第四条终止劳动合同的,企业给予一次性生活补助费”,第十二条约定“此协议从签订之日起执行,原长临工协议废止”。据上,1983 年 4 月 12 日的长临工协议已经废止,不能作为处理本案的依据,且李婷婷依据 1999 年 11 月 18 日长临工协议第五条约定已于 2003 年 12 月领取一次性生活补助费 17406 元,2006 年 2 月领取企业年金 18429.57 元。根据 1999 年 11 月 18 日长临工协议约定,李婷婷已到终止劳动合同的年龄,不存在提前辞退的事实。2003 年 8 月 15 日《陕西省失业保险条例实施办法》施行,同年 12 月彩虹厂实施企业年金,此时李婷婷已经退职,李婷婷以 1983 年 4 月 12 日长临工协议约定主张失业保险金和企业年金,缺乏事实及法律依据。关于欠薪 1010 元的问题,李婷婷 2003 年 12 月与彩虹厂终止劳动关系,2013 年 1 月 28 日申请仲裁,被咸阳市劳动人事争议仲裁委员会以已超过劳动仲裁时效,决定不予受理。关于是否拖欠养老金 114660 元的问题。经查,李婷婷与彩虹厂是以长临工身份形成的劳动关系,双方之间的长临工协议并未约定支付退休工资事项,故其要求彩虹厂按其离职时的月工资支付其养老保险金 114660 元并办理退休证,证据不足。本案一审期间,李婷婷已一次性补缴养老保险费 31441.41 元,已经办理完社会养老参保。原一、二审已判决彩虹厂负担 31441.41 元的 80% 付给李婷婷。

▶【案件焦点】>>>

临时工是用工单位在用工紧张时采取的一种临时手段,随着招工困难以及企业发展需要,逐渐形成了一种独特的用工行为,临时工的福利待遇由于没有相关法律的法律规制,存在诸多问题,临时工的角色定位成为学理研究的关键。

▶【学理分析】>>>

一、临时工的缘起

中国社科院研究员石秀印表示,“临时工”曾是我国计划经济体制下,区别于当时的长期固定工而言的一种用工形式,一般是指企事业单位临时聘用的短期工人,也包含事业单位、国有企业里的非在编人员。在劳动合同法实施后,法律意义上已无临时工、正式工之区分,只有合同期限长短之分,用人单位用工必须与劳动者签订劳动合同,不能以临时岗位为由拒签。如果是在临时岗位用工可以在劳动合同期限上有所区别,比如,选择与劳动者签订“以完成一定工作任务为期限的劳动合同或非全日制用工合同”。

二、完善临时工制度相关建议

首先，严格执行劳动合同法的有关规定，签署劳动合同、约定合同期限，同时增加企业的违约成本，加大惩罚力度。其次，针对目前临时工以劳动派遣形式遭滥用的情况，国家应进一步明确，哪些岗位是辅助性的可以使用临时工，临时使用期限定在多长时间之内。最后，还应明确政府机构中哪些领域不可以雇佣临时性用工。最近黑龙江省出台了行政执法规范条例（征求意见稿），拟规定临时工等不得成为行政执法人员，这种做法值得推广。

现实中，面对在编员工与临时工同工不同酬应该怎么办？下面就跟大家讲讲这个问题。

武某是寿光市某管理处一名负责后勤的职工，工作已经8年。看到其他同事休带薪年休假，武某也鼓足勇气向单位领导提出休假申请，但领导却说，享受休假的都是单位正式在编职工，是正式工的福利待遇，武某只是单位聘用的临时工，没有享受年休假的资格。就此，武某向当地人力资源和社会保障部门反映。

人社部门指出，单位的做法是错误的。首先，劳动合同法第二条第二款规定：国家机关、事业单位、社会团体和与其建立劳动关系的劳动者，订立、履行、变更、解除或者终止劳动合同，依照本法执行。因此，武某虽然没有所谓的正式编制，但其与单位间已经构成了劳动关系，属于单位的一名劳动者。其次，根据劳动部办公厅《对〈关于临时工等问题的请示〉的复函》的规定，劳动法施行后，所有用人单位与职工全面实行劳动合同制度，各类职工在用人单位享有的权利是平等的。因此，过去意义上相对于正式职工而言的临时工名称已经不复存在。用人单位如在临时岗位上用工，应当与劳动者签订劳动合同并依法为其建立各种社会保险，并享受有关保险福利待遇，但在劳动合同期限上可以有所区别。因此，单位领导所谓“临时工”不享受正式工福利待遇的说法已没有法律依据。最后，根据《职工带薪年休假条例》第二条规定，机关、团体、企业、事业单位、民办非企业单位、有雇工的个体工商户等单位的职工连续工作1年以上的，享受带薪年休假。单位应当保证职工享受年休假。国家制定带薪年休假条例的目的是平等保护各类职工的休息休假权利，充分调动广大职工的工作积极性，条例对各类用人单位实行广覆盖，因为休息权是我国宪法规定的公民权利，所以劳动者应当平等享有作为劳动者，完全有权享受年休假。

▶【法条链接】> > >

最高人民法院关于审理劳动争议案件适用法律问题的解释(一)

第一条 劳动者与用人单位之间发生的下列纠纷,属于劳动争议,当事人不服劳动争议仲裁机构作出的裁决,依法提起诉讼的,人民法院应予受理:

(一)劳动者与用人单位在履行劳动合同过程中发生的纠纷;

(二)劳动者与用人单位之间没有订立书面劳动合同,但已形成劳动关系后发生的纠纷;

(三)劳动者与用人单位因劳动关系是否已经解除或者终止,以及应否支付解除或者终止劳动关系经济补偿金发生的纠纷;

(四)劳动者与用人单位解除或者终止劳动关系后,请求用人单位返还其收取的劳动合同定金、保证金、抵押金、抵押物发生的纠纷,或者办理劳动者的人事档案、社会保险关系等移转手续发生的纠纷;

(五)劳动者以用人单位未为其办理社会保险手续,且社会保险经办机构不能补办导致其无法享受社会保险待遇为由,要求用人单位赔偿损失发生的纠纷;

(六)劳动者退休后,与尚未参加社会保险统筹的原用人单位因追索养老金、医疗费、工伤保险待遇和其他社会保险待遇而发生的纠纷;

(七)劳动者因为工伤、职业病,请求用人单位依法给予工伤保险待遇发生的纠纷;

(八)劳动者依据劳动合同法第八十五条规定,要求用人单位支付加付赔偿金发生的纠纷;

(九)因企业自主进行改制发生的纠纷。

第二条 下列纠纷不属于劳动争议:

(一)劳动者请求社会保险经办机构发放社会保险金的纠纷;

(二)劳动者与用人单位因住房制度改革产生的公有住房转让纠纷;

(三)劳动者对劳动能力鉴定委员会的伤残等级鉴定结论或者对职业病诊断鉴定委员会的职业病诊断鉴定结论的异议纠纷;

(四)家庭或者个人与家政服务人员之间的纠纷;

(五)个体工匠与帮工、学徒之间的纠纷;

(六)农村承包经营户与受雇人之间的纠纷。

第三条 劳动争议案件由用人单位所在地或者劳动合同履行地的基层人民法院管辖。

劳动合同履行地不明确的,由用人单位所在地的基层人民法院管辖。

法律另有规定的,依照其规定。

第四条 劳动者与用人单位均不服劳动争议仲裁机构的同一裁决,向同一人民法院起诉的,人民法院应当并案审理,双方当事人互为原告和被告,对双方的诉讼请求,人民法院应当一并作出裁决。在诉讼过程中,一方当事人撤诉的,人民法院应当根据另一方当事人的诉讼请求继续审理。双方当事人就同一仲裁裁决分别向有管辖权的人民法院起诉的,后受理的人民法院应当将案件移送给先受理的人民法院。

第五条 劳动争议仲裁机构以无管辖权为由对劳动争议案件不予受理,当事人提起诉讼的,人民法院按照以下情形分别处理:

(一)经审查认为该劳动争议仲裁机构对案件确无管辖权的,应当告知当事人向有管辖权的劳动争议仲裁机构申请仲裁;

(二)经审查认为该劳动争议仲裁机构有管辖权的,应当告知当事人申请仲裁,并将审查意见书面通知该劳动争议仲裁机构;劳动争议仲裁机构仍不受理,当事人就该劳动争议事项提起诉讼的,人民法院应予受理。

中华人民共和国劳动法

第二条第一款 在中华人民共和国境内的企业、个体经济组织(以下统称用人单位)和与之形成劳动关系的劳动者,适用本法。

中华人民共和国劳动合同法

第四条 用人单位应当依法建立和完善劳动规章制度,保障劳动者享有劳动权利、履行劳动义务。

用人单位在制定、修改或者决定有关劳动报酬、工作时间、休息休假、劳动安全卫生、保险福利、职工培训、劳动纪律以及劳动定额管理等直接涉及劳动者切身利益的规章制度或者重大事项时,应当经职工代表大会或者全体职工讨论,提出方案和意见,与工会或者职工代表平等协商确定。

在规章制度和重大事项决定实施过程中,工会或者职工认为不适当的,有权向用人单位提出,通过协商予以修改完善。

用人单位应当将直接涉及劳动者切身利益的规章制度和重大事项决定公示,或者告知劳动者。

第十九条 劳动合同期限三个月以上不满一年的，试用期不得超过一个月；劳动合同期限一年以上不满三年的，试用期不得超过二个月；三年以上固定期限和无固定期限的劳动合同，试用期不得超过六个月。

同一用人单位与同一劳动者只能约定一次试用期。

以完成一定工作任务为期限的劳动合同或者劳动合同期限不满三个月的，不得约定试用期。

试用期包含在劳动合同期限内。劳动合同仅约定试用期的，试用期不成立，该期限为劳动合同期限。

中华人民共和国民法典

第五十四条 自然人从事工商业经营，经依法登记，为个体工商户。个体工商户可以起字号。

第五十五条 农村集体经济组织的成员，依法取得农村土地承包经营权，从事家庭承包经营的，为农村承包经营户。

第五十六条 个体工商户的债务，个人经营的，以个人财产承担；家庭经营的，以家庭财产承担；无法区分的，以家庭财产承担。

农村承包经营户的债务，以从事农村土地承包经营的农户财产承担；事实上由农户部分成员经营的，以该部分成员的财产承担。

第二编

特殊劳动关系

CHAPTER 1

第一章

高校实习生的劳动权益保护

冯浩彬与中山市凯辰电子有限公司劳动合同纠纷案①

▶【案情简介】> > >

原告:冯浩彬,男,1992 年 8 月 11 日出生,汉族,住广东省中山市。

被告:中山市凯辰电子有限公司,住所地:广东省中山市。

法定代表人:陈从发,该公司总经理。

委托代理人:卢亚楠,该公司员工。

原告冯浩彬诉被告中山市凯辰电子有限公司(以下简称凯辰电子公司)劳动合同纠纷一案,法院于 2015 年 2 月 25 日立案受理后,依法由审判员李惠楠适用简易程序,于同年 4 月 23 日公开开庭进行了审理。原告冯浩彬,被告凯辰电子公司的委托代理人卢亚楠到庭参加诉讼。本案现已审理终结。

原告冯浩彬诉称:

1. 原告冯浩彬从入职时起与被告凯辰电子公司存在事实劳动关系。(1)原告冯浩彬具备劳动关系的主体资格。原告冯浩彬入职时已年满 21 周岁,符合《中华人民共和国劳动法》规定的就业年龄,具备与用工单位建立劳动关系的行为能力和责任能力。原劳动部《关于贯彻执行〈中华人民共和国劳动法〉若干问题的意见》第四条仅规定了公务员和比照实行公务员制度的事业组织和社会团体的工作人员以及农村劳动者、现役军人和家庭保姆不适用《中华人民共和国劳动法》,并未将在校学生排除在外。因此,即使原告冯浩彬是学生身份也并不限制原告作为普通劳动者加入劳动力群体。原劳动部《关于贯彻执行〈中

---

① 冯浩彬与中山市凯辰电子有限公司劳动合同纠纷一审民事判决书,中国裁判文书网,http://wenshu.court.gov.cn/content/content?DocID=68461e14-06c2-4970-8adf-d8481e37d3ea,2015-08-19。

华人民共和国劳动法〉若干问题的意见》第十二条规定:“在校生利用业余时间勤工助学,不视为就业,未建立劳动关系,可以不签订劳动合同。”该规定仅适用于在校生勤工助学的行为,并不能由此否定在校生的劳动权利,推定出在校生不具备劳动关系的主体资格。

综上所述,法律并无明文规定在校生不具备劳动关系的主体资格,故原告冯浩彬能够成为劳动关系的主体。

(2)原告冯浩彬在被告凯辰电子公司劳动的行为不属于原劳动部《关于贯彻执行〈中华人民共和国劳动法〉若干问题的意见》第十二条规定的情形,该条规定仅针对的学生仍以在校学习为主、不以就业为目的利用业余时间进行社会实践打工补贴学费、生活费的情形,勤工助学或者实习时,不需要明确岗位、报酬、福利待遇等。但本案中,原告冯浩彬的情形显然不属于勤工助学或者实习。因原告冯浩彬入职时已完成了全部学习任务,并明确向被告凯辰电子公司表达了求职就业的愿望,从被告凯辰电子公司在仲裁时提供的工资表可以看出,原告冯浩彬入职起就已为被告凯辰电子公司付出了劳动,被告凯辰电子公司每月也已向原告冯浩彬支付劳动报酬,并且从被告凯辰电子公司在仲裁时提供的考勤记录看,被告凯辰电子公司需要对原告冯浩彬进行管理,这完全符合劳动关系的本质特征。

(3)实习是以学习为目的到相关单位参加社会实践,没有工资,不存在由实习生与单位明确岗位、报酬、福利待遇等情形。但本案中,原告冯浩彬入职就已向被告凯辰电子公司表达了求职就业的愿望并进行了入职登记,从被告凯辰电子公司在仲裁时提供的工资表可以看出,被告凯辰电子公司也明确了原告冯浩彬的岗位、报酬、福利待遇,并且每月向原告冯浩彬发放工资,因此,原告冯浩彬在被告凯辰电子公司劳动并非实习而应属于就业,适用《中华人民共和国劳动合同法》。

(4)根据《中华人民共和国劳动合同法》第七条“用人单位自用工之日起即与劳动者建立劳动关系”的规定,原告冯浩彬与被告凯辰电子公司之间存在事实的劳动关系,被告凯辰电子公司应支付原告冯浩彬未签订劳动合同的双倍工资差额。

2. 根据《中华人民共和国劳动合同法》第三十八条的规定,被告凯辰电子公司未依法为原告冯浩彬参加社会保险,原告冯浩彬有权以此为由向被告凯辰电子公司提出解除双方的劳动关系,并要求被告凯辰电子公司支付经济补偿金。

现原告冯浩彬起诉，请求判令：(1)被告凯辰电子公司支付原告冯浩彬2014年3月11日至10月31日期间未签订劳动合同的加倍工资37400元、2014年10月的工资3500元及解除劳动关系的经济补偿金4300元，以上合计45200元；(2)被告凯辰电子公司承担本案的诉讼费用。

被告凯辰电子公司辩称：

1. 原告冯浩彬2014年2月以高校实习生到被告凯辰电子公司实习为由进入被告凯辰电子公司提供劳务。原告冯浩彬是某技术学院未毕业的学生，到被告凯辰电子公司的主要目的是以提供劳务来获得实践经验，完成学校要求其交付的实习报告(实习报告已经提交给原告冯浩彬的学校)。被告凯辰电子公司每月支付原告冯浩彬实习期间的劳务费1800元，因此原告冯浩彬与被告凯辰电子公司之间是劳务关系并非劳动关系，不适用《中华人民共和国劳动合同法》。

2. 原告冯浩彬在取得毕业证前仍属于在校学生，不是《中华人民共和国劳动法》规定的广义合法劳动者，其为被告凯辰电子公司提供劳动，双方之间形成的是劳务关系不是劳动关系。根据原劳动部《关于贯彻执行〈中华人民共和国劳动法〉若干问题的意见》第十二条规定"在校生利用业余时间勤工助学，不视为就业，未建立劳动关系，可以不签订劳动合同"，被告凯辰电子公司在原告冯浩彬毕业之前可以不与原告冯浩彬签订劳动合同。

综上所述，原告冯浩彬作为尚未毕业的在校学生与普通的劳动者并不完全等同，原告冯浩彬进入被告凯辰电子公司后并未有与被告凯辰电子公司建立劳动关系的意思表示，事后双方也未办理入职手续及签订书面的劳动合同，双方不存在确立劳动关系的形式要件。原告冯浩彬的实习报告已经由被告凯辰电子公司为其提供证明并提交给原告冯浩彬的学校，原告冯浩彬在被告凯辰电子公司的行为视为其完成学业考核内容的实践行为，该行为与劳动关系中劳动者向用人单位提供的劳动有别。因此，被告凯辰电子公司不应为原告冯浩彬参加社会保险，也无须支付原告冯浩彬未签订劳动合同的加倍工资。原告冯浩彬的诉讼请求理据不足，应予驳回。

经审理查明：冯浩彬于2014年2月11日进入凯辰电子公司任平面设计师，入职时为全日制学生未获得专科毕业证书。同年6月30日，冯浩彬正式获得某技术学院(计算机应用技术)专科毕业证书。冯浩彬在职期间未与凯辰电子公司就实习问题签订正式书面协议。

2014年11月26日，冯浩彬申请仲裁，请求裁决凯辰电子公司支付其2014年3月11日至10月31日期间未签订劳动合同的加倍工资16800元、2014年10月的工资2200元及解除劳动关系的赔偿金2100元。2015年1月30日，中山市劳动人事争议仲裁委员会作出中劳仲案字(2014)4809号仲裁裁决，终局裁决如下："一、凯辰电子公司支付冯浩彬2014年10月工资565.38元及2014年8月1日至10月20日期间未签订劳动合同的加倍工资4725元，以上合计5290.38元；二、驳回冯浩彬其余的仲裁请求。"冯浩彬不服上述仲裁裁决，于2015年2月25日持上述意见诉至法院。凯辰电子公司未自收到上述仲裁裁决之日起三十日内向中山市中级人民法院申请撤销上述仲裁裁决。

冯浩彬的工资为计时工资，需要考勤，其试用期即2014年2月至4月每月上班26天、每天上班8小时的工资为1350元/月，试用期满后即从2014年5月起每月上班26天、每天上班8小时的工资为2100元/月。凯辰电子公司提交的2014年冯浩彬工资明细表反映冯浩彬2014年7月至9月的应发工资分别为1999.04元、2100元、2059.62元，冯浩彬确认上述应发工资数额。

凯辰电子公司尚未支付冯浩彬2014年10月的工资。冯浩彬称其多次向凯辰电子公司申请购买社会保险，但凯辰电子公司拒绝为其购买社会保险，且凯辰电子公司实际支付给其的工资待遇与入职时约定的工资待遇不符，其于2014年10月31日提交离职申请表，但凯辰电子公司未对其离职申请作出审批，其于同年11月1日离职，其2014年10月除周日外其余时间均出勤，要求凯辰电子公司支付其同年10月工资3500元及违法解除劳动关系的赔偿金4300元。

凯辰电子公司对此不予确认，认为其曾多次要求冯浩彬签订劳动合同，但冯浩彬一直不同意与其签订劳动合同，导致其无法为冯浩彬购买社会保险，冯浩彬也没有向其提交过辞职申请，冯浩彬自2014年10月20日之后就没有到公司上班，凯辰电子公司曾多次通知冯浩彬回来上班但冯浩彬均不接听电话，因冯浩彬超过3天未到公司上班，其对冯浩彬作出自动离职处理，冯浩彬2014年10月的工资为565.38元，并提交10月冯浩彬考勤记录表、厂规厂纪及通知为证。冯浩彬确认该考勤记录表，不确认厂规厂纪及通知，表示其没有看过厂规厂纪及通知。经查，上述考勤记录表显示冯浩彬2014年10月出勤7天，最后出勤时间为同年10月20日。厂规厂纪显示有"若员工未获批假，擅自离开公司者，按公司旷工制度处理，一月累计超过3天，公司不予发放其所有工资，视为自动离职”的内容。通知显示，凯辰电子公司于2014年11月1日以冯浩彬自10月21日起无故旷工超过3天以上为由对其作出按自动离职处理。又，冯浩彬未提交任何依据证明其在凯辰电子公司最后工作至2014年10月31日，亦未提交任何依据证明其于2014年10月31日向凯辰电子公司申请离职后于同年11月1日离职，也未提交任何依据证明其向凯辰电子公司提出解除劳动关系的原因。

法院认为：

1. 原劳动部《关于贯彻执行〈中华人民共和国劳动法〉若干问题的意见》第十二条规定：“在校生利用业余时间勤工助学，不视为就业，未建立劳动关系，可以不签订劳动合同。”在校学生实习一般是指高等教育院校尚未毕业的在校生，根据学校的教学需要，由学校安排到机关和企事业单位等参加社会实践，以巩固补充课堂知识，其是学校教学的延伸，一般不视为就业，实习学生与单位不成立劳动关系。本案中，冯浩彬入职时为未取得毕业证书的全日制在校学生，尚未完成学业并取得学历证明，其身份隶属于学校，接受学校的职业技术理论培训，其在校期间到凯辰电子公司任平面设计师仅作为参与社会实践的活动，系学校对其教学培训的延伸，其不属于《中华人民共和国劳动法》规定的劳动者范畴，并未与凯辰电子公司形成劳动关系，故冯浩彬于2014年6月30日正式毕业之前与凯辰电子公司之间不属于劳动关系，冯浩彬诉求2014年3月11日至6月30日期间未签订劳动合同的加倍工资理据不足，法院不予支持。

又，冯浩彬于2014年6月30日已取得毕业证书，自7月1日起在凯辰电子公司工作，接受凯辰电子公司的管理，遵守凯辰电子公司的各项规章制度，双方形成管理与被管理的隶属关系，凯辰电子公司按月支付冯浩彬劳动报酬，双方形成有偿劳动，双方之间自2014年7月1日起形成事实的劳动关系。

2. 关于冯浩彬2014年10月的工资问题。冯浩彬2014年2月至4月每月上班26天、每天上班8小时的工资为1350元/月，2014年5月起每月上班26天、每天上班8小时的工资为2100元/月，经冯浩彬确认的考勤记录表显示冯浩彬2014年10月出勤7天，故冯浩彬2014年10月的工资数额为565.38元（2100元/月÷26天/月×7天）。凯辰电子公司尚未支付冯浩彬2014年10月工资系事实，根据《中华人民共和国劳动法》第三条、第五十条的规定，凯辰电子公司应支付冯浩彬2014年10月工资565.38元。

3. 关于冯浩彬的离职时间问题。虽然冯浩彬主张其在凯辰电子公司最后工作至2014年10月31日，但未提交任何依据，而经其确认的2014年10月冯浩彬考勤记录表显示其最后出勤时间为2014年10月20日，故法院对冯浩彬的该主张不予采信，认定冯浩彬在凯辰电子公司工作至同日后离职。

4. 关于冯浩彬未签订劳动合同的加倍工资问题。双方自2014年7月1日起建立劳动关系，根据《中华人民共和国劳动合同法》第十条、第八十二条及《中华人民共和国劳动合同法实施条例》第六条规定，凯辰电子公司最迟应于2014年8月1日前与冯浩彬签订劳动合同，但凯辰电子公司既未在此日期前与冯浩彬签订劳动合同，也未及时与冯浩彬终止劳动关系，且冯浩彬在凯辰电子公司最后工作至2014年10月20日，故凯辰电子公司应支付冯浩彬2014年8月1日至10月20日未签订劳动合同的加倍工资4725元（2100元+2059.62元+565.38元）。

5. 关于冯浩彬解除劳动关系的经济补偿金问题。首先，冯浩彬主张其多次向凯辰电子公司申请购买社会保险，但凯辰电子公司拒绝为其购买社会保险，且凯辰电子公司实际支付给其的工资待遇与入职时约定的工资待遇不符，其于2014年10月31日提交离职申请表，但凯辰电子公司未对其离职申请作出审批，其于11月1日离职，即冯浩彬主动提出解除双方的劳动关系。其次，虽然凯辰电子公司未为冯浩彬参加社会保险系事实，但冯浩彬未提交任何依据证明其在凯辰电子公司最后工作至2014年10月31日，而经冯浩彬确认的考勤记录表显示其最后出勤时间为2014年10月20日，即冯浩彬自10月21日起没有到凯辰电子公司工作，即使双方对参加社会保险存在争议也不影响冯浩彬继续正常工作或者办理相关的离职手续，冯浩彬未提交任何依据证明其于2014年10月31日向凯辰电子公司申请离职后于同年11月1日离职，也未提交任何依据证明其向凯辰电子公司提出解除劳动关系的原因，根据《最高人民法院关于民事诉讼证据的若干规定》第二条，冯浩彬对其上述主张负有举证责任而举证不能应承担不利的法律后果，故法院对冯浩彬的上述主张不予采信。因此，冯浩彬并不符合获得经济补偿金或者赔偿金的条件，冯浩彬诉求解除劳动关系的经济补偿金缺乏事实依据，法院不予支持。

▶【案件焦点】>>>

高校学生毕业实习成为高校教育考核学生理论学习的重要手段，部分高校学生在实习阶段就开始了确定用工行为，当前高校学生实习行为，能不能作为企业试用期，成了值得思考的关键点。学生的实习如果与用人单位签订了相关的劳动合同和劳动协议，就可以作为用人单位的试用期，但是如果没有相关的协议，应该被认定为正常的教学实践行为。

▶【学理分析】> > >

大学实习生可以分为三种类型：就业型实习、培训型实习和勤工俭学型实习。前一种可以成立劳动关系，受劳动法律保护，后两种不属于劳动关系，不受劳动法保护。实习生可以和实习单位签订实习协议，其中可以约定保护实习生权益的条款，实习协议对双方均具有法律约束力。

就业型实习是指已经达到法定劳动年龄的大学生，为今后在某用人单位工作而在该岗位进行了解锻炼实习，可以认为这种实习大学生与单位之间存在劳动关系。在就业型实习情况下，大学生往往会与实习单位签订实习协议。用人单位为见习者提供必要的工作、生活条件，发放不低于当地最低工资标准的见习工资。见习之前，见习单位应和参加见习的高校毕业生签订就业见习协议，明确见习期限、岗位职责、见习待遇、见习计划安排，以及见习单位和见习人员的权利义务。见习期间，见习单位应指定专人加强对见习人员的工作指导，努力提高见习质量。高校毕业生见习期间由见习单位和地方政府提供基本生活补助。见习期满，见习单位应为见习人员出具见习证明。高校毕业生在同一单位见习时间一般为3—12个月。见习期间或期满后被见习单位正式录用的，单位应及时与高校毕业生签订劳动合同，缴纳社会保险。见习时间可作为工龄计算。见习单位应能够为参加见习的高校毕业生提供部分基本生活补助，并办理人身意外伤害保险。

作为学校教学计划的一部分，由学校统一安排到实践部门进行的实习，为培训型实习。培训型实习，应当看作是教学的延伸，通过实习积累经验，提升学生的技术能力，不能视为就业。为获得生活费用和学习费用，在校生个人利用业余时间进行的勤工俭学活动，可以被称为勤工俭学型实习。这种实习活动，大学生与其服务的单位之间没有劳动关系。原劳动部《关于贯彻执行〈中华人民共和国劳动法〉若干问题的意见》第十二条指出，在校生利用业余时间勤工助学，不视为就业，未建立劳动关系，可以不签订劳动合同。

随着市场经济体制逐渐成熟，社会竞争较过去更为激烈。用人单位对于高校毕业生的考察不局限于理论知识储备，还要求其具有较强的实践能力。实习作为积累实务经验的有效途径,逐渐成为高校人才培养计划的重点。但由于我国劳动立法并未明确实习生的法律地位,加之实习单位权责不明等原因,导致实习生权利受到侵害时,没有有效的救济途径。在此背景下,积极探索和构建高等院校学生在实习期间的权益保障体系势在必行。

一、通过立法确立实习生的法律地位

(一)目前学界关于实习生法律地位的主要观点

要判断实习生是否为劳动者,可以从是否与用人单位构成劳动关系这一前提入手。

1. 劳动关系肯定说认为,实习生与用人单位之间形成了事实劳动关系,所以,实习生理所当然是法律意义上的劳动者。理由如下:其一,高等院校实习生年龄均超过16周岁且智力健全,具有劳动权利能力和行为能力。其二,实习生需要遵守用人单位的规章制度,接受用人单位的管理,形成了一定的从属关系。笔者认为,该观点忽略了实习生的学生身份,大部分实习生是在学校的安排下进入实习单位,学生在实习期间仍然要接受学校的管理和教育,这种实习实质上具有"延伸教育"的性质,这与劳动关系有本质上的区别。

2. 劳动关系否定说认为,实习生不宜认定为劳动者。理由如下:其一,原劳动部《关于贯彻执行〈中华人民共和国劳动法〉若干问题的意见》第十二条规定:"在校生利用业余时间勤工助学,不视为就业,未建立劳动关系,可以不签订劳动合同。"其二,高等院校实习生的主要身份是学生,在实习期间依然要接受学校的管理。笔者认为,一方面,该观点过分强调实习生的学生身份,但忽略了其具有的劳动者属性;另一方面,实习与勤工助学存在区别,勤工助学是指学生在学校组织下利用课余空闲时间劳动获得一定数额的报酬,用于改善学习和生活条件,因此,不能对"勤工助学"进行任意的扩大解释,并据此来说明大学生不具有劳动者的资格。

实习生二元法律地位的构建结合上述观点可知,实习生具有学生与劳动者的双重属性,无论单纯依靠哪一种身份都不能使其在遭受人身损害时得到合适的救济。若仅仅认定实习生的学生身份,则只能依据一般侵权寻求保护,而诉讼难、赔偿慢等都会成为实习生维权路上的障碍;若将实习生与劳动者同等对待,将会大大挫伤用人单位接受实习生的积极性并增加实习单位的负担。基于此,必须根据实习生的特点,构建实习生二元法律地位,赋予其一种"准劳动者"的身份并建立与之相适应的保护制度。

（二）赋予实习生二元法律地位的途径

1. 劳动法中增设“实习生”专章或相关法条。（1）在劳动法第三章劳动合同和集体合同中，增设有关“实习协议”的条款，规定实习单位与实习生应当订立实习协议，协议条款参照劳动合同，至少需要包括：实习期限，主要实习内容，实习安全保护，实习保险的购买，实习终止条件等。（2）在劳动法第八章职业培训中，增设“实习生”上岗培训条款，对实习生上岗培训作出强制性要求。（3）在劳动法第九章社会保险和福利中，增设为实习生购买实习生人身损害责任保险的条款。

2. 为实习生设立全国性法律，对实习生的保护可以设立其他配套的法律法规。例如：参照《工伤保险条例》设立《实习生保险条例》，或者设立《高等学校学生实习与毕业生就业见习条例》对实习生的“准劳动者”地位予以法律确认，同时，可在条例中对整个实习过程进行规范，以更全面地保护实习生的合法权益。建立实习生人身损害预防制度是我国工伤保险体系中重要的一环，强调了“预防先于赔偿”的新理念，要求用人单位及其职工更加重视工伤的预防工作，从源头上减少工伤事故和职业病的发生。面对实习生人身损害事故频发，伤害事故发生后又难以保障的现状，实习生人身损害预防制度的建立势在必行。

二、高校对实习生的管理义务

（一）学校对实习生人身损害的预防措施

学校是实习生实习工作的重要参与者、组织者和管理者之一，其应当从以下各方面入手加强实习生人身损害的预防工作。

1. 设立专门的实习管理部门。学校应当组织建立专门的实习管理部门，对学生实习进行统一的组织管理。实习管理部门应当积极与实习单位共同制订详细的实习计划、实习生安全保障规范以及实习期间的管理、考核规范等。

2. 加强实习生安全教育。学校应当对劳动安全、劳动保护和相关用人单位的规章制度进行系统的介绍，强调实习的纪律性和严肃性，对违反安全纪律的危害性作充分的说明和展示。让学生充分重视实习安全问题，从源头上减少人身损害事故的发生。

3. 加强日常管理。学校应当安排实习指导老师带队或者定期走访实习单位，监督检查实习内容落实情况。学校应当加强实习指导老师的业务培训，并且建立实习管理档案，让实习指导工作落到实处。

4. 建立实习单位监管机制。实习单位的选择对实习生的安全保障尤为重要,因此学校应当谨慎选择实习单位并建立监管机制。在考察和回访中,协助实习单位对实习环境进行完善。对不符合要求的实习单位,经沟通仍拒不改正的,应当立即停止合作。

(二)实习单位对实习生人身损害的预防措施

实习单位是实习活动的主要承担者,也是人身损害事故的主要发生地,其应当从以下各方面着手。

1. 加强职前培训。实习单位应对高校实习生给予针对性、应用性强的培训,至少包括安全意识教育和岗位操作技能培训。与学校的安全教育培训不同,用人单位的安全意识教育主要是针对实务安全,岗位操作技能培训则侧重于生产工作过程中的危险和隐患,培养学生良好的操作习惯,真正做到防患于未然。

2. 改善实习环境。在硬件上,实习单位应当为实习生实习工作提供必要的劳动条件和安全的劳动环境。在软件上,实习单位应安排经验丰富、责任心强的技术管理人员担任实习指导老师,全面跟踪负责实习生的工作。

三、实习生人身损害责任保险运行模式构建

(一)实习生人身损害责任保险概述

1. 实习生人身损害责任保险的性质。根据保险标的不同进行划分,实习生人身安全责任保险应当属于责任保险,对实习单位、学校依法应承担的赔偿责任进行保障,以此弥补实习生损失;根据保险人不同进行划分,该保险应当属于商业保险,由投保人出资,向具有资格的保险公司购买;根据实施方式不同划分,该保险应当属于强制保险,由于实习生处于弱势地位,所以强制购买才可以构成对实习生最稳妥的保护。

2. 实习生人身损害责任保险的正当性。责任保险是对实习生正当权益保障的基础。以实习单位、学校的赔付责任为标的投保,是为了降低单位及学校的风险,促使其承担对实习生的保障责任。选择商业保险作为实习生人身损害责任保险的形式具有合理性和可行性。一方面,社会保险存在着保障水平低、保障范围有限的问题,相比之下,商业保险把赔付责任分散到保险公司,使责任承担得到保障。另一方面,商业保险灵活性更高,学校及实习单位可以根据实习时间的长短、保险额度等因素选择合适的险种。只有实习生人身损害责任保险成为一种强制险,才能对实习安全起到强有力的保障作用。由于实习生法律地位尴尬,其人身安全受损后的救济处于不确定的状态。所以,新型保险应当属于强制险,即不为实习生投保,实习单位就不得用其为工。

(二)实习生人身损害责任保险的购买

1. 投保主体

(1)学校、实习单位承担投保责任。一方面,实习是学校人才培养方案的要求,是教学的一部分,学校在实习中担当着管理者和组织者的角色,因此其应当履行安全保障的义务在学界和司法实践中已经达成一种共识。另一方面,实习生完成了实习单位的工作,实习单位在获利的同时亦应负担风险。此外,若实习生赔付额度较大,学校和单位承担的压力也较大,购买保险是减轻风险的有效途径。

(2)实习生无须承担投保责任。其一,学生为完成专业学习已缴纳学费,而实习是教学计划的一部分。其二,学生在实习中提供了劳动,应当获得基本的安全保障。其三,学生处于弱势地位,根据倾斜保护原则,无须缴纳职业劳动风险的保险费用。

(3)政府应当建立实习生人身安全保障基金。制订实习计划是高等院校创新高校人才培养机制的选择。同时,教育法中明确指出国家建立以财政拨款为主、其他多种渠道筹措教育经费为辅的体制,保证国家举办的学校教育经费的稳定来源。所以,政府应当建立实习生人身安全保障基金,以弥补资金运行的不足。

2. 承保主体

教育部通过竞争性谈判的方式,选择多家信誉度较高、赔付能力较强并且支持异地赔付的保险公司组成共保体。在共保体中选择一家保险公司作为主承保人,由其收取投保费用并出具保单,再由主承保人将所收取的保费与其他保险公司通过自由协商进行分配。保险理赔情形发生后,主承保人负责处理并告知其他共保方按比例分摊赔款。

3. 投保程序

(1)集中实习。①学校先行垫付实习生人身安全责任保险的全部保费;②学校与实习单位签订实习协议,并约定各自投保比例,然后由实习单位向学校清偿应缴纳的保费;③投保费用收取后,实习生方可上岗实习;④若协商不成,则学校应当选择其他实习单位,直至协商一致,完成投保。

(2)分散实习。由于分散实习学校的管理难度较大,由学校统一购买保险难以实现,故既可以由学生直接与实习单位沟通,选择为其购买保险的单位实习,也可以由实习生利益权衡之下,选择自己心仪的单位实习,而自行缴纳保费。但需要强调的是,分散实习的学生也必须购买保险后才能上岗,否则实习单位需要承担不购买保险的不利后果。此外,学校有过错的,同样需要承担责任。

4. 不为学生购买保险的后果

(1)学校不为学生购买保险的后果。教育行政部门应当主动对高等院校投保情况进行监督。如果学校违反了强制投保的规定,不仅要承担实习生发生意外后所产生的一切费用,而且要将违规情况计入绩效考核之中,并对直接负责的主管人员依法给予处分;构成犯罪的,依法追究刑事责任。

(2)实习单位不为学生购买保险的后果。因实习生的工作地点、方式和目的均与劳动者相差无几,故对于实习生的保护可以参考《工伤保险条例》。若实习单位拒绝购买保险,则要承担实习生发生意外后所产生的一切费用。

(3)若双方均未购买保险。为了更大程度地保障实习生权益,若双方均未购买保险,则应由学校和实习单位对实习生人身损害的赔偿费用承担连带责任。

(三)保险理赔

1. 赔偿范围

可参照《工伤保险条例》第十四条、第十六条和第十七条对工伤保险赔付范围的规定,在此不再赘述。

2. 理赔原则

实习人身损害赔偿应当适用无过错责任原则。职业危险属于有高度危险来源的危险,因此,在工伤认定中,不追究是否存在过错,只对伤害情况进行客观认定。学生实习也是一种职业劳动,学生实习劳动伤害也是由职业危险带来的,因此也应当适用无过错责任原则。即在学生实习中,不论过错存在与否,只要学生出现人身损害均可以认定为实习劳动伤害。

3. 伤残鉴定

(1)申请人:由于实习生在实习过程中和实习单位的联系最为密切,故实习单位应当是申请鉴定第一责任人;而学校作为实习活动的组织者和管理者,理应为第二责任人;若前两者均不申请伤残鉴定,则实习生及其家长有权利申请鉴定。

(2)鉴定主体:实习生受伤后可向司法鉴定机构申请鉴定,鉴定费用应从保险费用中支出。

(3)鉴定期限:可参照《工伤保险条例》,自安全事故伤害发生之日或被诊断鉴定为职业病之日起,学校的申请期限为30日内,实习单位的申请期限为45日内,学生的申请期限为1年内。

▶【法条链接】>>>

中华人民共和国职业教育法

第八条 国务院建立职业教育工作协调机制,统筹协调全国职业教育工作。

国务院教育行政部门负责职业教育工作的统筹规划、综合协调、宏观管理。国务院教育行政部门、人力资源社会保障行政部门和其他有关部门在国务院规定的职责范围内,分别负责有关的职业教育工作。

省、自治区、直辖市人民政府应当加强对本行政区域内职业教育工作的领导,明确设区的市、县级人民政府职业教育具体工作职责,统筹协调职业教育发展,组织开展督导评估。

县级以上地方人民政府有关部门应当加强沟通配合,共同推进职业教育工作。

第九条 国家鼓励发展多种层次和形式的职业教育,推进多元办学,支持社会力量广泛、平等参与职业教育。

国家发挥企业的重要办学主体作用,推动企业深度参与职业教育,鼓励企业举办高质量职业教育。

有关行业主管部门、工会和中华职业教育社等群团组织、行业组织、企业、事业单位等应当依法履行实施职业教育的义务,参与、支持或者开展职业教育。

第十条 国家采取措施,大力发展技工教育,全面提高产业工人素质。

国家采取措施,支持举办面向农村的职业教育,组织开展农业技能培训、返乡创业就业培训和职业技能培训,培养高素质乡村振兴人才。

国家采取措施,扶持革命老区、民族地区、边远地区、欠发达地区职业教育的发展。

国家采取措施,组织各类转岗、再就业、失业人员以及特殊人群等接受各种形式的职业教育,扶持残疾人职业教育的发展。

国家保障妇女平等接受职业教育的权利。

第四十三条 职业学校、职业培训机构应当建立健全教育质量评价制度,吸纳行业组织、企业等参与评价，并及时公开相关信息，接受教育督导和社会监督。

县级以上人民政府教育行政部门应当会同有关部门、行业组织建立符合职业教育特点的质量评价体系，组织或者委托行业组织、企业和第三方专业机构，对职业学校的办学质量进行评估，并将评估结果及时公开。

职业教育质量评价应当突出就业导向，把受教育者的职业道德、技术技能水平、就业质量作为重要指标，引导职业学校培养高素质技术技能人才。

有关部门应当按照各自职责，加强对职业学校、职业培训机构的监督管理。

CHAPTER 2

第二章

非全日制用工的界定

蒋云与衡阳市德润食品有限公司劳动争议纠纷案[①]

▶【案情简介】>>>

申请再审人(一审原告、二审上诉人):蒋云。

委托代理人:罗春华,湖南南舫律师事务所律师。

被申请人(一审被告、二审上诉人):衡阳市德润食品有限公司。住所地:衡阳市黄茶岭正街30号。

法定代表人:阳菲平,该公司董事长。

委托代理人:谢浩,湖南俊彦律师事务所律师。

被申请人(一审被告、二审被上诉人):衡阳市德胜食品有限公司。住所地:衡阳市人民路98号。

法定代表人:阳菲平,该公司董事长。

委托代理人:汤建中,该公司员工。

申请再审人蒋云与被申请人衡阳市德润食品有限公司(以下简称德润公司)、衡阳市德胜食品有限公司(以下简称德胜公司)劳动争议纠纷一案,衡阳市雁峰区人民法院于2012年4月9日作出(2011)雁民一初字第558号民事判决。蒋云、德胜公司均不服,提起上诉。衡阳市中级人民法院于同年11月12日作出(2012)衡中法民三终字第118号民事判决,已经发生法律效力。蒋云仍不服,向法院申请再审。法院于2013年12月19日作出(2013)湘高法民申字

① 蒋云与衡阳市德润食品有限公司、衡阳市德胜食品有限公司劳动争议纠纷案,中国裁判文书网,http://wenshu.court.gov.cn/content/content? DocID = a9df8c9f - 88ad - 4216 - 93dd - f3aff3e65e97,2014-09-22。

第764号民事裁定,本案提审。法院依法组成合议庭,公开开庭审理了本案。申请再审人蒋云及其委托代理人罗春华,被申请人德润公司的委托代理人谢浩,被申请人德胜公司的委托代理人汤建中到庭参加诉讼。本案现已审理终结。

2011年7月29日,一审原告蒋云起诉至衡阳市雁峰区人民法院称,蒋云是原衡阳市食品总公司(以下简称食品公司)的下岗职工。2005年10月,食品公司改制。2007年7月18日,蒋云与食品公司解除劳动关系,但食品公司欠蒋云自1997年1月至2003年12月的工资等。2007年12月25日,食品公司改制成立德胜公司。2009年4月20日,德胜公司投资设立德润公司,后蒋云由德胜公司推荐到德润公司工作,但一直未签订劳动合同。每天工作12小时,3年来周六、周日和法定节假日均不例外,属于生产性的值班,除负责全厂的保安外,还有与生产经营紧密联系且不可缺少的内容。请求德胜公司和德润公司:1. 支付双倍工资36300元;2. 支付加班费50410.34元;3. 支付经济补偿金2475元;4. 支付赔偿金62785.34元;5. 支付违法中止劳动关系赔偿金4950元;6. 支付防暑、防寒以及交通费3724元;7. 支付2011年3月至同年7月22日工资8250元;8. 支付食品公司解除劳动关系时欠发在岗工资11601元,补偿少算的5940元;9. 缴纳2011年3月1日至退休时的社会保险费,补缴1995年起共12年的基本医保金;10. 德胜公司发给生活费至退休日;11. 两被告承担连带责任;12. 全部仲裁费用由被告负担。

一审被告德胜公司口头答辩称,蒋云与德胜公司不存在用工与被用工劳动关系,只有公司与股东关系,故德胜公司不应承担责任。德胜公司与德润公司之间相互独立,不存在劳务派遣关系。蒋云的诉讼请求没有事实和法律依据,依法应予驳回。

一审被告德润公司口头答辩称,蒋云诉请的加班工资没有事实依据,其他诉请没有法律依据;德润公司不是承担不规范用工应承担赔付责任的义务人。蒋云请求项目计算方式错误。依照法律规定,德胜公司与德润公司之间也不存在连带赔偿责任。

衡阳市雁峰区人民法院一审查明,蒋云原系食品公司职工(后下岗)。2007年7月18日,蒋云与食品公司签订《置换全民(集体)身份自愿解除劳动关系协议书》。同年12月25日,德胜公司成立,蒋云系其股东之一,并持有7.4万元的股份,且其人事档案、社保手续均在该公司(基本养老保险金缴至2011年5

月、医保费缴至2011年3月)。双方未签订劳动合同,但公司每月给蒋云发800元生活费。

2009年4月20日,德胜公司与他人合股成立德润公司。合作合同约定,德胜公司占股权53%,公司法人代表杨其生出任德润公司法人代表。其他管理人员和员工由各股东按比例推荐,其中德胜公司上岗人数可占75%。蒋云等22人由德润公司以"原食品公司员工"名义招聘到德润公司工作。招聘表中标明,蒋云的职务为执勤和水、电维护员,日工作时间为12小时。蒋云于2009年12月28日进入德润公司工作,月薪1650元,但其2010年4月30日以前的工资未发。德润公司也未与其签订劳动合同。德胜公司于2011年1月16日对德润公司财务处下达书面通知,内容为"我公司股东蒋云同志与(于)2011年2月到退养年龄,请你处于2011年3月起停发其在岗工资"。德润公司又于同年3月14日书面通知蒋云,要求蒋云离岗到原推荐单位报到。同年4月29日,蒋云以德胜、德润两公司为被申请人,向衡阳市劳动争议仲裁委员会(简称仲裁委)提出仲裁申请,要求德胜、德润两公司连带承担支付其双倍工资、加班费、经济补偿金、赔偿金、防暑防寒及交通费和有关社保费及住房公积金等。同年7月15日,仲裁委作出衡市劳仲委(2011)第105号《仲裁裁决书》。裁决解除蒋云与德润公司的劳动关系;德润公司因未与其签订合同支付给蒋云的双倍工资差额12600元;德润公司补发蒋云2009年12月28日至2010年4月30日的工资6600元。因蒋云不服该裁决而酿成纠纷。

衡阳市雁峰区人民法院一审认为,依法用人单位与劳动者之间建立或解除劳动关系,均应遵循合法、公平、自愿、协商一致、诚实信用原则。蒋云与德润公司建立劳动关系,是其双方自愿行为,德胜公司只起推荐作用。德胜公司以公司股东会决议为由,并以通知的形式要求德润公司停发蒋云的在岗工资,实质是命令德润公司终止或解除与蒋云的劳动关系。德润公司是独立法人,也是独立用人单位,但其在处理与蒋云的劳动关系中,借德胜公司的通知而单方通知蒋云离岗,两公司的做法于法无据,故依法应承担法律责任。蒋云与德润公司存在劳动关系。但因双方发生争议后,劳动关系已经终止,故对双方的劳动关系应予解除。由于德润公司与蒋云建立劳动关系后,一直未签订劳动合同,作为用人单位已违反《中华人民共和国劳动合同法》第十条规定,应当承担该法实施条例第八十二条所规定的民事责任。但依据该法实施条例的第六十六条规定,计算两倍工资应从满一月的次日起至德润公司发出通知日止。同时,德润公司应补发给蒋云2009年12月28日至2010年4月30日的工资。德润公司单方终止与蒋云劳动关系是因德胜公司的通知而起，故该公司应依据该法第四十八条和第八十七条的规定，给蒋云支付赔偿金。但支付赔偿金和经济补偿只能取其中一项，故对蒋云要求经济补偿的请求，不予支持。蒋云要求德润公司支付加班工资的请求，因没有事实和法律依据，不予支持。蒋云要求德润公司、德胜公司补付防暑、防寒、交通费及住房公积金等项目均不属劳动争议范围，不予审查。蒋云要求德胜公司补缴或返还养老保险金和医疗保险费等请求，应基于双方是否构成劳动关系为前提。食品公司改制后成立德胜公司，蒋云在德胜公司入了股，双方形成了公司与股东关系无疑，但双方一直未签订劳动合同即未建立劳动关系，仲裁裁决书中虽有事实劳动关系之说，但并未在仲裁主文中明确确认，也未说明理由，故该部分请求蒋云应先进行劳动关系确认，在本案不作处理。

综上所述，依照《中华人民共和国劳动法》第七十九条、《中华人民共和国劳动合同法》第七条、第十条、第四十七条第一款、第八十二条第一款、第八十七条，《中华人民共和国劳动合同法实施条例》第六条、第二十条的规定，判决如下："一、解除蒋云与衡阳市德润食品有限公司的劳动关系；二、衡阳市德润食品有限公司补发蒋云2009年12月28日至2010年4月30日的工资6600元；三、衡阳市德润食品有限公司支付蒋云赔偿金4950元；四、衡阳市德润食品有限公司支付蒋云双倍工资差额款24750元；五、驳回蒋云的其他诉讼请求。上述给付义务，限衡阳市德润食品有限公司在判决书生效之日起十日内付清，逾期按《中华人民共和国民事诉讼法》第二百二十九条之规定，加倍支付迟延履行期间的债务利息。本案一审案件受理费10元，由衡阳市德润食品有限公司负担。"

蒋云不服上诉称："1. 我与德胜公司存在劳动关系，德胜公司应为我缴纳社会保险费，原审认定我与德胜公司不存在劳动关系与事实不符；2. 我加班，德润公司应当支付加班费；3. 经济补偿与加付赔偿金并行不悖，原审判决适用法律错误；4. 德润公司应当支付我从2011年3月14日至7月31日期间的工资。"

德润公司不服上诉称："1. 德润公司不是签订劳动合同的义务人，依法应由德胜公司承担未签订劳动合同的法律责任；2. 原审判决德润公司支付蒋云经济赔偿金4950元缺乏事实依据，判决支付蒋云15个月双倍工资，与劳动合同法规定的最长11个月不符。请求依法改判。"

德胜公司答辩称，德胜公司与蒋云系股东关系，德润公司与蒋云系劳动关系，其责任应由德润公司负担，德胜公司不承担责任。

衡阳市中级人民法院二审除确认原审查明的基本事实外，另查明，蒋云系德胜公司股东（持有股份7.4万元）。2009年7月10日，德胜公司就股东内部退养等问题召开股东会议，蒋云本人参加并在股东大会决议上签名，该决议主要内容：凡距法定退休年龄3年的股东，一律实行内部退养，可享受退养生活费。内部退养期间的养老保险金、医疗保险金、失业保险金由本人缴纳。

衡阳市中级人民法院二审认为，蒋云从原食品公司下岗后，成为改制后德胜公司股东之一，并持有7.4万元的股份。故本案中蒋云拥有德胜公司股东与员工双重身份。之后蒋云被推荐到德润公司从事门卫值班工作，双方虽未签订劳动合同，但蒋云每月从德润公司领取固定工资，并服从德润公司的安排和管理，其行为符合法律规定的事实劳动关系的法律特征，故原审认定其与德润公司之间存在事实劳动关系并无不当；德润公司具有独立的法人资格，德胜公司虽系其大股东，但其无权指令德润公司终止劳动合同，德润公司亦不能凭德胜公司的通知而解除劳动合同，故原审判决德润公司向蒋云支付赔偿金，并无不当；由于双方没有签订劳动合同，故原审判决德润公司支付蒋云双倍工资差额并无不当。但关于德润公司支付蒋云双倍工资时限问题，按照劳动合同法的规定，用人单位一年以上未与劳动者签订劳动合同的，视为双方已签订无固定期限劳动合同。故此，原审判决德润公司支付15个月双倍工资，与法律规定不符，应予纠正。蒋云上诉称德润公司应当支付其2011年3月14日至7月31日期间的工资，根据德胜公司的通知，该时间蒋云应回德胜公司领取内部退养生活费，且该项请求并未列入蒋云申请劳动仲裁的请求事项中，故该项请求不予审理。关于蒋云要求德胜公司为其补缴社会保险费及发放内部生活费问题，因该项请求不属于法院受理范围，不予审查。另关于蒋云提出要求德润公司支付加班费问题，由于其不能提供相关事实依据，不予采信。德润公司部分上诉理由成立，予以支持。

综上所述，依照《中华人民共和国劳动合同法》第十四条第三款、第八十二条、《中华人民共和国民事诉讼法》第一百五十三条第一款第（三）项规定，判决如下：一、维持衡阳市雁峰区人民法院（2011）雁民一初字第558号民事判决第（一）、（二）、（三）项；二、撤销衡阳市雁峰区人民法院（2011）雁民一初字第558号民事判决第（五）项；三、变更衡阳市雁峰区人民法院（2011）雁民一初字第

558号民事判决第(四)项“衡阳市德润食品有限公司支付蒋云双倍工资差额款24750元(1650元×15个月)”为“衡阳市德润食品有限公司支付蒋云双倍工资差额款18150元(1650元×11个月)”;四、驳回蒋云及衡阳市德润食品有限公司的其他上诉请求。上述给付义务,限衡阳市德润食品有限公司在本判决送达之日起十日内付清,逾期按《中华人民共和国民事诉讼法》第二百二十九条规定,加倍支付迟延履行期间的债务利息。本案一审受理费10元,由蒋云负担,二审案件受理费免收。

蒋云申请再审称:1. 原审认定蒋云的岗位是非生产性值班,无加班加点的事实,缺乏证据证明。蒋云每天工作12小时,3年来周六、周日和法定节假日均不例外,属于生产性的值班,负责全厂的保安外,还有与生产经营紧密联系且不可缺少的内容。即使双方有工作12小时的约定,因违反法律强制性规定也是无效的。2. 原一、二审均认可对方制定的“门卫值勤(班)约定制”。因本案不属于非全日制用工和计件制,只要排除缩短工时制、不定时工作制和综合计算工时工作制,就能确定对蒋云实行的是标准工时制,从而适用加班规定,应获得加班工资。3. 原判遗漏诉讼请求。①遗漏了“加付赔偿金”和有关防暑、防寒及交通费的诉请。依劳动争议调解仲裁法第二条规定,防暑、防寒以及交通费属于用人单位福利,而福利争议属于法院审理劳动争议案件的范围。②原审认定用工之日为2010年1月1日,用工之日应从2009年12月28日起少计4天的工资303元。③申请仲裁后蒋云仍在上班,一审时蒋云已在诉状中提出要求支付申请仲裁后5个月的工资,原审以没有经过仲裁为由不予处理错误。故请求:1. 支付双倍工资36300元;2. 支付加班费50410.34元;3. 支付经济补偿金3300元;4. 支付赔偿金62785.34元;5. 支付违法中止劳动关系赔偿金4950元;6. 支付防暑、防寒以及交通费3724元;7. 支付2011年3月至7月31日工资11700元;8. 支付2011年3月至2012年4月德胜公司克扣工资7553元(581元/月×13个月);9. 支付食品公司解除劳动关系时欠发在岗工资11601元,补偿少算的5940元;10. 缴纳从2011年3月1日至退休时的社会保险费,补缴1995年起共12年的基本医疗保险;11. 一、二审诉讼费用由对方承担。

德润公司答辩称:1. 蒋云在本次再审又变更诉讼请求,违反《最高人民法院关于民事诉讼证据的若干规定》第三十五条规定,依法对其增加的诉请不予支持。2. 2011年3月,德润公司接到德胜公司通知后,就通知了蒋云不再来上班,也未安排蒋云上班。因此,其提出的要求支付2011年3月1日至7月31日工资无事实依据,依法不予支持。3. 蒋云所从事的工作岗位是非生产性值守岗位,不同于生产或经营性岗位,是一种辅助性岗位,该工作岗位的特殊性决定实行的是不定时工作制,其基本特征是一般正常情况下,值班人员在值班期间也可以休息并自行安排活动。蒋云虽需履行一定的工作职责,却无须时刻处于工作状态;同时,蒋云值班与其生活混同,且并未提供相应的考勤记录、单位加班通知等证据予以佐证,因此,其诉请要求加班费无事实依据。4. 关于加付赔偿金,根据法律的规定,只有在劳动行政机关对用人单位作出限期支付劳动者报酬而用人单位在规定期限内没有支付时,才存在加付赔偿金的支付问题。而蒋云未向法庭提供证据证实,故蒋云诉请加付赔偿金没有事实依据,不应得到支持。5. 关于防暑、防寒及交通费,不属于劳动争议的范围,应当不予审查。

综上所述,原审事实认定清楚,适用法律正确,请求维持。

德胜公司答辩称:1. 蒋云非德胜公司员工,其与德胜公司系股东与公司关系。蒋云原系食品公司下岗职工,2007 年 7 月 18 日蒋云与食品公司签订了《置换全民(集体)身份自愿解除劳动关系协议书》,写明了蒋云同意领取一次性补偿金,置换全民(集体)职工身份,解除双方劳动关系。德胜公司于 2007 年成立,蒋云系该公司股东,股东花名册中显示蒋云持有公司股份。蒋云称自己是德胜公司员工,但并未提供其在德胜公司从事工作的岗位,蒋云与德胜公司仅是股东与公司的关系,而非实质上的雇佣和被雇佣关系。2. 蒋云称与德胜公司、德润公司存在双重劳动关系于法无据,于理有悖。因此,蒋云称其在德润公司工作的同时也在为德胜公司工作,要求德胜公司也承担相应的责任,这种逻辑完全是错误的。本案中,用工单位是德润公司,管理、使用劳动者的是德润公司,蒋云实际也是在德润公司从事值班工作,与德胜公司无任何劳动关系。因此,德胜公司并不是本案适格的被告,不应承担任何责任。

综上所述,蒋云与德胜公司系股东与公司关系,不存在劳动关系,德胜公司依法不应承担任何责任。请求依法驳回蒋云对德胜公司的诉请。

本案在法院再审期间,蒋云提交书面《撤回对德胜公司的再审申请书的申请》,后又口头向法院撤回上述撤回的申请,请求法院按其申请再审的请求全部审理。

另查明,蒋云于 2011 年 7 月 22 日,向德润公司移交工作的工具及执勤室钥匙一串。

法院再审查明的其他事实与原审查明的事实一致,本院予以确认。

法院再审认为,本案中蒋云与食品公司的劳动合同关系已于2007年7月双方自愿解除。后蒋云入股食品公司改制后成立的德胜公司,但其并未提供证据证明其与德胜公司形成了劳动合同关系或事实劳动关系,故原审对蒋云该部分请求未予支持并无不当。蒋云经德胜公司推荐于2009年12月28日到德润公司从事门卫值班工作,每月领取固定工资。虽然蒋云与德润公司未签订书面的劳动合同,但其行为符合事实劳动关系的法律特征,双方存在事实上的劳动关系。有证据证明,2011年7月22日,蒋云与德润公司办理工作移交手续,此时双方已解除劳动关系。蒋云在本案中亦未再提出解除劳动关系的诉讼请求,原审判决解除蒋云与德润公司之间的劳动关系不当,应予纠正。关于蒋云提出要求德润公司支付加班费问题,由于其不能提供相关事实依据,应承担举证不能的责任。原一、二审对蒋云的该项主张未予采纳并无不当。故蒋云主张其在德润公司工作时间应当获得加班工资的理由不能成立,法院不予支持。关于原审判决是否遗漏蒋云诉讼请求的问题。蒋云称原审判决遗漏如下几点:1. 遗漏了支付赔偿金和防暑、防寒及交通费以及缴纳从2011年3月1日至退休时的社会保险费、补缴自1995年起共12年的基本医疗保险;2. 遗漏2009年12月28日至31日4天的工资;3. 遗漏蒋云申请仲裁后,蒋云仍上班至2011年7月31日5个月的工资和遗漏食品公司解除劳动关系时欠发其在岗工资11601元、补偿少算的5940元。就上述问题而言,蒋云请求支付防暑、防寒、交通费项目均不属劳动争议范围,法院不予审查。蒋云请求支付缴纳从2011年3月1日至退休时的社会保险费、补缴1995年起共12年的基本医疗保险等项目,因该请求涉及公司改制的内部问题不属于法院受理范围,法院不予审查。蒋云请求支付赔偿金的问题,原一、二审对蒋云该项请求予以支持,判决德润公司支付蒋云赔偿金4950元,因此,蒋云的该项请求原审并未遗漏。关于是否遗漏2009年12月28日至31日4天工资的问题。经查,按原一、二审认定的蒋云在德润公司工作的起止时间,蒋云在德润公司工作了4个月零4天,而原一、二审均按4个月计算工资,确实少算了4天工资,故蒋云该项主张成立,法院予以纠正。根据劳动和社会保障部《关于职工全年月平均工作时间和工资折算问题》(劳社部发〔2008〕3号)中第二条日工资、小时工资的折算,月计薪天数=(365天-104天)÷12月=21.75天之规定,德润公司应支付蒋云4个月零4天的工资为6903元(1650元÷21.75天×4个月零4天)。蒋云称其在申请仲裁期间,仍然在德润公司上班以及蒋云称其与食品公司解除劳动关系时欠发在岗工资,上述期间的工资争议未经仲裁,不属于本案审理范围,法院不予审查。德润公司违法单方终止其与蒋云的劳动关系,原二审判决德润公司支付11个月双倍工资,符合法律规定,处理亦并无不当。

综上所述,蒋云的申请再审理由部分成立,法院予以采纳。原判认定部分事实清楚,处理部分不当。依照《中华人民共和国民事诉讼法》第二百零七条、第一百七十条第一款第(二)项规定,判决如下:

一、撤销衡阳市中级人民法院(2012)衡中法民三终字第118号民事判决;

二、维持衡阳市雁峰区人民法院(2011)雁民一初字第558号民事判决主文的第(三)项、第(五)项(即三、衡阳市德润食品有限公司支付蒋云赔偿金4950元;五、驳回蒋云的其他诉讼请求);

三、撤销衡阳市雁峰区人民法院(2011)雁民一初字第558号民事判决主文的第(一)项;

四、变更衡阳市雁峰区人民法院(2011)雁民一初字第558号民事判决主文的第(二)项为:由衡阳市德润食品有限公司补发蒋云2009年12月28日至2010年4月30日的工资6903元;

五、变更衡阳市雁峰区人民法院(2011)雁民一初字第558号民事判决主文的第(四)项为:衡阳市德润食品有限公司支付蒋云双倍工资差额款18150元。

上述给付义务,限衡阳市德润食品有限公司在本判决送达之日起10日内付清,逾期按《中华人民共和国民事诉讼法》第二百五十三条规定,加倍支付迟延履行期间的债务利息。

一审案件受理费10元,二审案件受理费免收。一审案件受理费10元,由衡阳市德润食品有限公司负担。

▶【案件焦点】> > >

非全日制用工是一种灵活的用工形式,可以充分利用劳动力的价值,同时满足用工企业的劳动力要求,但是在劳动者的管理上,以及福利待遇角度就产生了很多的不同,从学理角度分析非全日制用工,是为人事管理实践积累经验的重要手段。

▶【学理分析】> > >

非全日制用工也称为部分工时劳动,是与全日制工作相对称的。原本在典型的劳动关系模式之下,劳动者的工作时间是全日性的,在我国以每天8小时工作为常态。然而由于受到经济不景气、就业压力增大、就业观念转变等诸多因素影响,非全日制用工悄然兴起,并呈现快速发展势头。非全日制工数量剧增,占据全部就业人口的比重不断攀升,这是一个正在全球范围内发生的普遍现象。相比于全时工作,非全日制工作的特殊性也即优势主要体现在劳动时间上的灵活性,对于企业而言可以根据市场变化适时调整劳动力余缺,节省人力成本的支出;对于劳动者而言则可以享受更大的时间自由度,解决职家冲突。然而非全日制用工在带来灵活性的同时,也带来了诸多社会问题,尤其是劳权保护危机,非全日制劳动者常常遭遇差别待遇、就业不稳定、缺乏社会保障。国际劳工组织在1994年制定了《非全日制工作公约》,旨在加强对非全日制劳动者的保护。不少国家进行了特别立法,如德国、日本都制定了专门的非全日制劳动法。我国在2007年颁布的劳动合同法中,也设专节对非全日制用工作出了规范,不过仅有5个条文,过于简略。更大的问题是,这些条文在立法取向上更偏向于促进人力资源的弹性化运用,对于劳动者就业安全的关注似嫌不够。非全日制用工制度面临着立法完善的任务,涉及的问题颇多,这里仅选取三个问题加以浅释。

一、非全日制用工的认定标准

(一)我国劳动合同法关于非全日制用工的认定标准

劳动合同法规定的非全日制用工的认定标准影响着劳动者的权益保护,因此其认定标准问题至关重要。非全日制用工显然是劳动时间较全时劳动为短的劳动形态,然而究竟短多少,应以怎样的标准衡量方为合理,则值得考究。我国劳动合同法第六十八条对非全日制用工的含义作出了明确的界定,即指以小时计酬为主,劳动者在同一用人单位平均每日工作时间不超过4小时,每周工作时间累计不超过24小时的用工形式。这一定义从字面意义上看是明晰无疑的,但是否合理则有待商榷。突出的问题是,若劳动者平均每日工作时间超过4小时,或每周工作时间累计超过24小时,既然不符合上述标准,则其劳动法律关系性质为何?是否都可依文义作反面而推断为全日制劳动关系恐不能草率的作此定论。该条的立法旨意显然在于使非全日制用工的界定标准明确化,以免滋生歧义,却始料未及地遗留了另外的问题。

(二)比较法上关于非全日制用工的界定标准

国际劳工组织《非全日制工作公约》第一条对非全日制用工作出了定义,即正常劳动时间较可比的全日制劳动者为少者。所谓“正常劳动时间”,是指按周或者其他固定长度的周期内平均计算的劳动时间。所谓“可比的全日制劳动者”是指下列全时劳动者:(1)具有与非全日制工相同类型的雇佣关系;(2)从事相同或相似性质的工作;(3)或者就职于同一个部门或同一个企业(如果在该部门中没有可比的全时劳动者),或者同一个行业(如果在该企业中没有可比的全时劳动者)。不过,由于国际劳工组织并未对“全时间工作”作出定义,因此“全时工作”与“部分时间工作”的分界点留待各国自己决定。欧盟在1997年12月15日公布了非全日制工作指令(97/81/EC),当中对非全日制劳工的定义是:正常工作时间周或按年为基础进行计算的但比可比较的全时劳动者的正常工作时间要少的雇员(第三条第一款)。“可比较的全时劳动者”是指在同一机构具有相同类型的劳动合同或劳动关系、从事相同或相似工作或职业的劳动者,在此亦须考量资历、资格/技术等因素在内(第三条第二款),上述国际劳工组织公约和欧盟指令对于非全日制用工的界定没有本质上的不同,并都是以比较概括和弹性的标准进行定义,没有具体到详细的工时标准。这两个国际性文件十分重要,是有关非全日制用工法律调整的基本指引,实践中各国均以此为指导原则制定本国的非全日制用工法律规范。

在德国,依据《非全日制与附期限劳动法》第二条第(一)项规定,所谓非全日制劳动者,系指其每周经常的工作时间,较企业中的全时劳工每周经常的工作时间为短者。全时劳工之工作种类必须与部分时间劳工的工作性质相同或类似,两者始得作为比较,若该企业内无可供比较的全时劳工者,则以团体协约定义来认定。在其他的情形,则是以每一行业的惯例作为可作比较的全时劳工。在法国,原本以周工时或月工时低于标准工时的五分之一作为非全日制工的判断标准,按照当时的每周40小时工作制,周工时少于32小时即被视为非全日制。不过由此带来一个问题,按照当时的法律,雇主实行非全日制必须经过企业委员会的同意,而雇主实行32—39小时的工时制就不需要得到企业委员会同意,这就造成了不合理的差别。为落实欧盟非全日制工作指令的要求,法国于2000年1月19日实行新的非全日制,法律作出新的定义:其工作时间短于法定工作时间,或者短于行业/企业集体合同确定的工作时间,或者短于企业实际工作时间的劳动者都被视为是非全日制劳。据此,只要工时短于法定工时、集体合同工时、企业实际工时,无论短多少,也无论以周或年为周期,均可认定为非全日制工作。在日本,《非全日制劳动法》也是将非全日制劳工界定为每周工作时间少于正式工的人。

综上所述，对于非全日制用工的定义，大都遵循国际劳工组织第175号公约的指引，概念大同小异。这些定义大都采比较弹性的认定标准，即以“工作时间与可比性全时劳动者相比为短”作为基本标准，较少具体到特定的缩短工时数或比例。具体到数字的缩短工时数的标准在各国实践中虽然存在，但较少直接出现在法律条文的规定中，而更多是在劳动统计意义上使用，或者是由团体协约作出约定。

总之，国际上关于非全日制用工的界定呈弹性化趋势，以法国法为例，原本采用刚性判断标准，后改弹性模式。这种弹性定义模式的好处在于灵活性、包容性、适应性。

（三）完善我国非全日制用工认定标准的探索

与前述国际上较普遍的弹性定义模式不同，我国劳动合同法以相当具体的工时标准界定非全日制用工，并且同时以日工时（4小时）和周工时（24小时）两个具体标准加以限定，可谓相当严格。2003年的《劳动和社会保障部关于非全日制用工若干问题的意见》（以下简称《意见》）中曾规定的非全日制用工的认定标准是：平均每日工作时间不超过5小时，累计每周工作时间不超过30小时。而劳动合同法规定的日工时4小时、周工时24小时的认定标准与《意见》规定的标准相比更加严格。日工时4小时与全日制的8小时标准相比相差一倍，而24小时的周工时标准与国际上劳动统计较常采用的35小时标准相比也严格许多。这种明确而严格的认定标准背后，立法意图较为明显，即防止在劳动关系的定性这一前提问题上产生混乱，并严格限制非全日制用工的不当扩张，以免对劳动者权益保护不利。这样的立法初衷本是应当肯定的，只是对实现调整目标所采取的立法技术应审慎斟酌。当前特别突出的问题便是，若劳动者实际工时超出劳动合同法规定的标准，但又未达到全日制工时标准的劳动关系如何归类，法律如何适用，在现行的规则下难免滋生纷争。对于现行法下的非全日制用工认定标准，国内不少研究者提出质疑，如有学者认为“判断是否属于全日制雇用，并不单单依据时间上的计算标准，更不能以某一日之全时为判断标准”。对非全日制用工的认定，应可采用更加智慧的方式。

劳动合同法关于非全日制用工认定标准的规定存在不足，可以说在这一点上学界存在共识。然而，未来的劳动立法对此究竟应如何加以完善，却未见形成较一致的意见。归纳起来，大概有以下几种观点：有学者主张，在保持现行法认定标准不变的基础上,立法应明确规定劳动者实际工时超过该标准的即属于全日制劳动关系。有学者主张,应借鉴国际经验,采用弹性化的认定标准,即规定只要劳动者的工作时间较可比的全时劳动者工作时间为短者,即可认定为非全日制用工。还有学者主张,为了解决现行标准过于僵化的不足,建议在认定非全日制用工时加入浮动上限和月份因素,如每日一般平均 4 小时,最多不超过 6 小时,每周一般平均 24 小时,最多不超过 30 小时,每月不超过 104 小时。

从逻辑上讲,非全日制与全日制既然是相比较的一对概念,两者的认定标准应当是统一的,在此统一标准下判断,某种劳动关系非此即彼,不可能存在夹层。比如,设定一定条件作为全日制劳动的标准,则符合该标准即属于全日制用工,不符合该标准即属于非全日制用工。国际劳工组织、欧盟及许多国家采纳的"可比较的全日制劳动者"的标准就是统一的标准。而我国劳动合同法关于非全日制用工的认定之所以会产生前述的夹层问题,就是因为认定标准不统一,全日制用工和非全日制用工分别采用了不同的判断标准,且彼此不能衔接。解决问题之道,顺理成章地应从认定标准的统一入手。上述第二种立法完善的建议,即是借鉴国际上的做法,以"可比较的全日制劳动者的正常工时"作为统一的判断标准,则法律调整的真空与夹层问题可以获得解决。不过由此可能引发的忧虑是,非全日制用工的规模可能会更大范围地不当扩张,进而引发更严重的劳权保护危机。日工时从 4 小时到 8 小时中间是相当宽的灵活空间,如果放开,日工作 7 小时也可认定为非全日制用工,可以想见非全日制用工将有相当规模的数量增长。如果非全日制劳动者的劳动贡献与职责与全日制工日益趋同,却只能享受非全日制用工的低待遇,则会造成社会不公。事实上这种统一认定标准模式良好运行的前提是,在均等待遇原则之下,非全日制劳动者能够得到应有的保护,不会仅仅因为非全日制工的身份本身而遭受歧视。这种模式是比较理想化的选择,但客观地讲在我国当前的劳动保护形势下,这种模式的实行或许尚存在较大的障碍而难以施行。

另一种解决该问题的思路是,在现行法的框架下,做好双重标准的衔接,即对于超过了非全日制用工的工时标准又未达到典型的全日制用工标准的劳动关系,明确的以立法的形式给予定性——视为全日制劳动关系。这种立法强制定性的模式在立法技术上不存在任何障碍,但在法理基础上终归牵强,且由此产生的社会效果值得三思。从表面上看,这种做法似乎对劳动者是有利的,全日制劳动关系的保护当然更周全。不过,负面效应同样存在。劳动者未实际达到全日制劳动的工时标准,用人单位却要提供跟全日制劳动者一样的工资和待遇,用人单位很难接受,可能因此放弃本想提供的工作机会,劳动者就业因此受到不利影响。而按照同工同酬原则,这在劳动者之间也难谓公平。这种严格的立法模式将使许多潜在的用工者望而却步,使非全日制用工制度灵活性功能的发挥受到一定程度的影响。至于上述第三种立法完善的建议,实质是在前两种方案之间的调和折中。在非全日制用工的认定上,引入一定的弹性机制,比如,加入半月或月累计工时的标准,虽增加了一定的灵活性,但最终亦难以避免法律调整的夹层问题,不能彻底解决问题。

综上所述,关于非全日制用工认定标准立法完善的各种解决方案,各存优劣。在笔者看来,考虑到当前非全日制用工有被滥用的迹象,近期比较切实可行的方案是以立法明确规定超过非全日制用工工时标准的情形视为全日制用工——尽管有些僵化。作为一种增加弹性的调和手段是,可将非全日制用工超时与加班制度协调配合起来适用,劳动者工作时间超过了非全日制用工所定工时标准的,在一定范围内可认定为加班而应由用人单位支付加班费,超过允许的加班标准的才视为全日制用工。长远的、更彻底的解决方案则应是与国际接轨,逐步统一认定标准,即以"可比较的全日制劳动者的正常工时"作为判断标准,当然前提是我国非全日制劳动者权益保护状况大大改善。

二、非全日制用工的形式要求

(一)非全日制用工书面形式的必要性

非全日制用工的形式是一个十分重要的问题。劳动合同法第六十九条第一款规定:"非全日制用工双方当事人可以订立口头协议。"根据该条,非全日制用工劳动合同既可以是书面的,也可以是口头的,由双方当事人自由协商决定。与此形成对照的是,该法第十条规定"建立劳动关系,应当订立书面劳动合同",该条文在性质上是强行性规范。典型的全时劳动合同必须以书面形式订立,这是劳动合同形式的一般原则,而非全日制用工可以不采书面形式是例外。这种区别式的立法体例看起来意图十分明显,即突出非全日制用工的特殊性和灵活性。不过,这种立法例是否妥当仍值得商榷,缺少了书面合同的保障,非全日制用工本就薄弱的劳权保护更令人忧虑。尽管法律并不排斥当事人自愿订立书面劳动合同,但现实是在缺少强制性机制的情况下绝大多数非全日制用工都是口头性的,由此引发无尽的纷争。

劳动合同的形式规制作为劳动法上的一项重要内容,其基本价值在于通过法律限定特定的形式，达到保护劳动者的目的。在劳雇双方强弱悬殊的背景下，这种强制性的规制十分必要，书面合同常常成为劳动者维权的基本证据和武器，特别是在当前劳动关系纠纷井喷的态势下。非全日制劳动者也是劳动者大家庭中的一员，书面形式的利益对他们而言同样是真实而迫切需要的。当然，考虑到非全日制用工的特殊性——特别是灵活性，对于合同形式可考虑作灵活安排，但是否就是完全放开，立法上应当审慎。

从另一个视角来看，非全日制用工的特殊性不仅不是放弃书面形式的理由，相反是更加需要书面形式的理由。针对典型全时劳动关系，劳动法从各个方面加以了详细规范，劳动条件标准有比较明确统一的模板，较少滋生歧义和纷争。而对于非全日制劳动者来说，一方面，其劳动条件与全日制劳动者存在区别；另一方面，其劳动条件因与劳动者个别情况相对应而自身又呈现多样化。这些特点决定了，非全日制用工比全日制用工更容易产生混乱和纷争，为了避免纷争，通过书面形式明确劳动条件较全时劳动关系更加必要。另外，从劳动关系的认定来看，既然非全日制用工大多采口头合同形式，无法利用书面这一最简便有力的证明手段，则劳动关系是否存在只能依劳动给付的事实判断。典型全时劳动关系若未依法订立书面合同同样面临事实劳动关系的认定难题，但相比之下，非全日制用工劳动关系的事实认定更加困难。非全日制用工作为一种非典型劳动关系形态，在作为劳动关系基本判断标准的从属性方面有所弱化，劳雇关系的纽带比较松散，因而常常游离在劳动法调整范围的边缘模糊地带。非全日制工作时间短而零散，很容易与民法上的劳务关系发生混淆。而若适用贯彻平等自愿原则的民法调整，劳动者将失去更加有利的实行倾斜保护原则的劳动法的庇护，最低工资等劳动基准和社会保险规定都不得适用，实践中许多用人单位正是利用了这一点规避劳动法上的义务。这方面影响最大的便是肯德基、麦当劳等洋快餐店低薪事件。肯德基、麦当劳、必胜客等洋快餐店在我国长期大量使用小时工，特别是学生工。据媒体对北京、上海、广州等十几个城市的洋快餐店调查报道，这些洋快餐店支付给工人的5元左右的小时工资远远低于当地的最低工资标准，而他们给出的理由是这些工人不属于非全日制用工，双方建立的不是劳动关系而是民事劳务关系，因而不受劳动法调整。在一定意义上，劳动合同法正是为了解决这一问题而将非全日制用工纳入其中，为数不多的5个条文更重要的意义或许在于昭示这是劳动关系而非民事关系。不过，劳动合同法规定非全日制用工不必采用书面形式，又使得非全日制用工的认定这一前提性问题变得异常困难。如果在缺少书面的情况下劳动者无法举证非全日制用工的真实存在，则失去了适用劳动合同法的前提，这与立法的初衷相悖。

从比较法上来看，不乏对非全日制用工作出书面形式要求的例子。国际劳工组织第182号建议书《非全日制工作建议书》规定，部分工时劳工的雇佣应该以书面告知受雇的条件或是依符合国内法或是以习惯的方式告知，以使部分工时劳工与雇主之间劳动关系能够明确化以及避免事后争议。在日本，2007年对1993年制定的《非全日制劳动法》进行了重大修正，其中一项重要修改就是令雇主负担劳动条件文书的交付及说明义务（第六条）。此义务乃强制性义务，违反者得处以10万日元以下罚款。说明文书的必要记载事项包括是否有加薪、退休金和奖金三项。特定事项以外的劳动条件，雇主亦负有以书面明示的努力义务。非全日制劳工易因其与全日制劳工间劳动条件之差异而心生不满，故而修正非全日制劳动法特别要求雇主必须事先以书面告知部分工时劳工重要、易起纷争的劳动条件，以绝后患。

韩国《期间制劳动法》规定，雇主对非全日制劳工负有交付记载工资、契约期间、工作时间等劳动条件的书面的义务，违者得处以500万韩元之罚款（《期间制劳动法》第十七条、第二十四条）。比较法上的考察表明，对非全日制用工不加书面形式限制并非国际通例，相反许多国家作出了严格的形式要求，甚至规定了不遵守形式规定的严厉法律责任。反观我国劳动合同法对于非全日制用工合同形式的规定，确实过于宽松了。仅以确保非全日制用工的“灵活性”为由而放弃合同形式管制，理由是不充分的。毕竟，劳动法作为以保护劳动者利益为最高价值的法，在制度设计时不能仅以促进灵活性为目标，还必须考虑平衡就业安全等因素，即使对非全日制用工而言亦然，灵活性不等于放任。

（二）立法加强非全日制用工形式要求的模式选择

灵活性与安全性的平衡应当作为非全日制用工形式立法完善的基本政策考量，在这一原则指引下具体的制度如何设计值得探讨。综合国内学者的观点，大概有以下几种主张：第一种意见认为，为了保护劳动者权益，避免劳动关系举证的困难，立法应当规定非全日制用工也应订立书面劳动合同，不应与全日制用工有所区别。第二种意见认为，原则上非全日制用工应当订立书面劳动合同，特别情况下可以采用口头形式，如期限在1个月以内的用工。这事实上是《意见》采用的规则。第三种意见认为,由于非全日制用工的灵活性及短期性特点,如果整齐划一地要求其书面形式也不现实,因此对其劳动合同的形式要求及内容规定可以参照《意见》执行,但是当出现劳动争议时,在制度设计上应加大那些未按要求签订书面劳动合同的用人单位的举证责任。

上述观点都有一定的合理性,但也都存在一些不足。笔者认为,统一要求所有非全日制用工都必须订立书面劳动合同虽然对劳动者有利,但对非全日制用工的灵活性伤害不小,且执行起来有很大难度。原则书面、例外口头的区别对待方案,虽然在一定程度上兼顾了灵活性和安全性,但以口头形式存在的非全日制用工保护问题依然遗留未解决,而对于1个月以上的非全日制用工要求必须订立书面合同则有过苛的嫌疑。而加强用人单位在争议解决中的举证责任虽是富有意义的想法,但并不能因此放弃实体法上加强对非全日制用工书面形式要求的努力。这里笔者建议另一种方案,即尊重国际劳工组织第182号建议书的指引,不要求非全日制用工订立通常意义的书面劳动合同,但针对易生纷争的核心劳动条件事项,规定用人单位的书面形式交付义务与说明义务。这种劳动条件的书面不同于正式全面的书面劳动合同,在要求严格程度上有所降低,但对于劳动者权益保护足够。与之相配合,还应规定违反该义务的罚则,但应较不订立书面劳动合同的双倍工资罚则稍为轻。这样就能较好地平衡非全日制用工灵活性的维护与劳动者权益的保障。

▶【法条链接】> > >

中华人民共和国社会保险法

第十条 职工应当参加基本养老保险,由用人单位和职工共同缴纳基本养老保险费。

无雇工的个体工商户、未在用人单位参加基本养老保险的非全日制从业人员以及其他灵活就业人员可以参加基本养老保险,由个人缴纳基本养老保险费。

公务员和参照公务员法管理的工作人员养老保险的办法由国务院规定。

第十二条第一款 用人单位应当按照国家规定的本单位职工工资总额的比例缴纳基本养老保险费,记入基本养老保险统筹基金。

第二十三条 职工应当参加职工基本医疗保险,由用人单位和职工按照国家规定共同缴纳基本医疗保险费。

无雇工的个体工商户、未在用人单位参加职工基本医疗保险的非全日制从业人员以及其他灵活就业人员可以参加职工基本医疗保险，由个人按照国家规定缴纳基本医疗保险费。

第五十八条 用人单位应当自用工之日起三十日内为其职工向社会保险经办机构申请办理社会保险登记。未办理社会保险登记的，由社会保险经办机构核定其应当缴纳的社会保险费。

自愿参加社会保险的无雇工的个体工商户、未在用人单位参加社会保险的非全日制从业人员以及其他灵活就业人员，应当向社会保险经办机构申请办理社会保险登记。

国家建立全国统一的个人社会保障号码。个人社会保障号码为公民身份号码。

第六十条 用人单位应当自行申报、按时足额缴纳社会保险费，非因不可抗力等法定事由不得缓缴、减免。职工应当缴纳的社会保险费由用人单位代扣代缴，用人单位应当按月将缴纳社会保险费的明细情况告知本人。

无雇工的个体工商户、未在用人单位参加社会保险的非全日制从业人员以及其他灵活就业人员，可以直接向社会保险费征收机构缴纳社会保险费。

中华人民共和国劳动合同法

第六十八条 非全日制用工，是指以小时计酬为主，劳动者在同一用人单位一般平均每日工作时间不超过四小时，每周工作时间累计不超过二十四小时的用工形式。

第六十九条 非全日制用工双方当事人可以订立口头协议。

从事非全日制用工的劳动者可以与一个或者一个以上用人单位订立劳动合同；但是，后订立的劳动合同不得影响先订立的劳动合同的履行。

第七十条 非全日制用工双方当事人不得约定试用期。

第七十一条 非全日制用工双方当事人任何一方都可以随时通知对方终止用工。终止用工，用人单位不向劳动者支付经济补偿。

第七十二条 非全日制用工小时计酬标准不得低于用人单位所在地人民政府规定的最低小时工资标准。

非全日制用工劳动报酬结算支付周期最长不得超过十五日。

中华人民共和国劳动合同法实施条例

第三十条 劳务派遣单位不得以非全日制用工形式招用被派遣劳动者。

实施《中华人民共和国社会保险法》若干规定

第九条 职工（包括非全日制从业人员）在两个或者两个以上用人单位同时就业的，各用人单位应当分别为职工缴纳工伤保险费。职工发生工伤，由职工受到伤害时工作的单位依法承担工伤保险责任。

CHAPTER 3

第三章

帮工和学徒工劳动保障

朱兵与刘春、陈英机动车交通事故责任纠纷案①

▶【案情简介】> > >

原告:朱兵。

委托代理人:王国强,上海创远律师事务所律师。

被告:刘春。

委托代理人:顾奇锋,上海环绮律师事务所律师。

委托代理人:张诗卿,上海环绮律师事务所律师。

被告中国太平洋财产保险股份有限公司上海分公司,营业地:上海市吴淞路400号。

负责人:张渝,总经理。

委托代理人:相冲,中豪律师集团(上海)事务所律师。

第三人:陈杰。

委托代理人:屈可,安徽慧民律师事务所律师。

原告朱兵诉被告刘春、陈英机动车交通事故责任纠纷一案,法院于2013年8月23日立案受理,依法适用简易程序。原告于同年9月3日申请撤回对被告陈英的起诉,并申请追加中国太平洋财产保险股份有限公司上海分公司(以下简称太平洋保险公司)为被告参加诉讼,法院予以准许。被告刘春于同年9月25日申请追加陈杰为被告参加诉讼,审理中原告表示不同意追加陈杰为被告,为查明本案事实,法院依法追加陈杰为第三人参加本案诉讼。法院于同年10

---

① 朱兵与刘春、陈英机动车交通事故责任纠纷案一审民事判决书,中国裁判文书网,http://wenshu.court.gov.cn/content/content?DocID=24323cad-5f33-47c0-bb13-24427cb5c070,2014-10-19。

月18日第一次公开开庭进行了审理,原告朱兵及其委托代理人王国强,被告刘春的委托代理人顾奇锋、张诗卿,被告太平洋保险公司的委托代理人相冲,第三人陈杰及其委托代理人屈可到庭参加诉讼。2013年12月5日本案第二次公开开庭审理,原告朱兵及其委托代理人王国强,被告刘春的委托代理人顾奇锋,被告太平洋保险公司的委托代理人相冲到庭参加诉讼,第三人陈杰经法院依法传唤未到庭参加诉讼。本案现已审理终结。

原告朱兵诉称,2012年3月28日,原告在本市徐汇区某路某号"胖子汽车修理美容俱乐部"店面门口被刘春的雇员陈杰驾驶的牌号为沪FS××××的帕萨特轿车撞倒,造成双腿骨折,经警方勘查后认定,陈杰负全责。事发后,刘春已垫付55000元,陈杰已垫付20000元。因就赔偿事宜协商未果,原告诉至法院,要求赔偿:医疗费29952元(已扣除刘春及陈杰垫付费用,共75000元)、误工费32055元、营养费4800元、护理费6800元、交通费2722元、残疾赔偿金88413.60元、鉴定费1800元、残疾辅助器具费800元、律师费5000元、精神损害抚慰金5500元,上述费用要求被告太平洋保险公司在交强险范围内先行赔偿,其中精神损害抚慰金优先赔偿,超出或不属于交强险的部分由被告刘春承担。

被告刘春辩称,对事发经过及责任认定均无异议,肇事者陈杰属无证驾驶,系违法行为,并非履行职务或与履行职务相关的行为,且其行为并非由刘春指使或经刘春同意,故本案中被告刘春不应承担赔偿责任。另,原告在事发前就明知陈杰无驾驶证,其自身对事故发生存在重大过错,也应当承担相应责任。针对具体诉请:医疗费经核算,金额为102117元。营养费认可按每天20元计算,护理费认可按每月1200元计算,营养期、护理期认可鉴定意见确定的期限。误工费认可按最低工资标准计算,对误工期限325天无异议。残疾赔偿金认可按农村标准计算,原告构成两个十级伤残,同意按11%计算。对残疾辅助器具费、鉴定费、交通费无异议。律师费、精神损害抚慰金过高。

被告太平洋保险公司辩称,本案发生于汽修厂内,系生产作业中发生的意外事故,陈杰未经车主允许,无证驾驶,不属于合法驾驶人,其驾车目的并非道路运输,事发地也并非公共道路,不应当认定为交通事故。本案应按工伤责任或雇主责任处理,不应当追究交通事故强制险的责任,故不同意在交强险范围内赔偿。若法院判决被告太平洋保险公司在交强险范围内予以赔偿,要求明确被告太平洋保险公司有向其他被告追偿的权利。针对具体诉请:医疗费凭据计算。误工费按最低工资标准计算。营养费认可按每天30元计算、护理费认可按每天40元计算。休息期、营养期、护理期认可鉴定意见确定的期限。交通费过高。残疾赔偿金认可按农村标准计算,原告构成两个十级伤残,同意按11%计算。残疾辅助器具费、精神损害抚慰金认可。

第三人陈杰述称,2012年3月28日下班前,为了履行职务,陈杰与原告按照以往工作习惯,将停放在店外的待修汽车开进店内,由陈杰驾驶车辆,原告负责指挥,由于陈杰操作不当将原告撞伤。鉴于事发时陈杰与原告均系被告刘春的雇员,原告的损害后果应由被告刘春承担赔偿责任。故本案应由被告太平洋保险公司在交强险内先行赔偿,不足部分由被告刘春承担,陈杰对本案不承担赔偿责任,其已支付原告的22000元,应予归还。

经审理查明,2012年3月28日20时30分,在本市徐汇区龙川北路罗城路北约200米“胖子汽车修理美容俱乐部”处,第三人陈杰无证驾驶沪FS××××小型轿车由西向东欲驶入车库,原告朱兵在车前指挥,因陈杰驾驶不当,撞到朱兵,致其双腿骨折。事发后,经上海市公安局徐汇分局交通警察支队认定,陈杰系未取得驾驶证驾驶机动车,应承担事故全部责任,并给予罚款500元、行政拘留15日的处罚。

原告伤后被120救护车送至上海市徐汇区大华医院(以下简称大华医院),当日即被收治入院,于2012年3月28日至5月2日第一次住院治疗,出院诊断为:双侧胫骨开放性骨折,双小腿软组织挫裂伤清创术后,左小腿神经、软组织损伤。之后,原告又于2012年9月3日至19日、2013年3月18日至31日两次住院治疗,出院诊断均为:双侧胫骨骨折术后。除住院治疗外,原告还曾多次门诊治疗。首次就医记录为“2012年3月28日急诊”的门急诊就医记录册首页、若干医疗费收据及X线诊断报告上,姓名显示为“朱斌”,后经大华医院更正为“朱兵”。原告为治疗支出医疗费共计103769.40元。

2012年12月12日,上海市公安局徐汇分局交警支队委托上海市浦东新区浦南医院司法鉴定所对原告伤残等级以及休息、营养、护理期限进行鉴定,该所于同年12月18日出具沪浦南司鉴所(2012)残鉴字第915号司法鉴定意见书,鉴定意见为:被鉴定人朱兵所受损伤分别构成十级、十级伤残;其所受损伤的休息期至评残前一日、营养期三个月、护理期三个月。择期行二次手术,则后期治疗的休息期二个月、营养期一个月、护理期一个月。原告支付鉴定费1800元。

2012年3月31日,原告父亲朱某某出具借条一张,内容为:“今借到刘春人民币贰万叁仟元(23000元),因儿子在老板店里发生了事故。”

4月10日,原告母亲蒋某某出具收据一张,内容为:“今收到医疗费2万元。”

4月13日,以朱兵为甲方、刘春为乙方,签订了一份《确认书》,主要内容为:“1. 甲方以收陈杰支付医药费人民币2.2万元(贰万贰仟元整);2. 乙方于2012年3月31日和4月10日代垫医药费人民币2.3万元和2万元,合计4.3万元(肆万叁仟元整);以上甲方共计收到6.5万元(陆万伍仟元整)。”落款处甲方由原告父亲朱某某签名,乙方由刘春签名。

2012年4月13日,原告父亲朱某某出具收据一张,内容为:“今收到老板刘春医疗费12000元(壹万贰仟元整)。”

原告购买鱼跃手动轮椅车支付640元,购买拐杖支付160元。2012年9月11日至18日,原告聘请护工,支付320元。原告委托律师代理本案诉讼,支付律师代理费5000元。

原告户籍性质为农村户籍。

事发时,原告朱兵与第三人陈杰均系“胖子汽车修理美容俱乐部”员工,该店未经依法登记,无营业执照,其负责人为被告刘春。事故发生时,系原告在“胖子汽车修理美容俱乐部”工作第三天,其与该店未签订劳动合同,未谈妥工资数额,亦未领取过工资。

涉案沪FS××××车辆登记在案外人陈英名下,事发时该车系交由“胖子汽车修理美容俱乐部”进行修理。

沪FS××××的机动车投保交强险于被告太平洋保险公司处,有责保险责任限额为122000元,其中医疗费用赔偿限额为10000元、死亡伤残赔偿限额为110000元、财产损失赔偿限额为2000元。保险期间为2011年9月18日零时起至2012年9月17日24时止。本起事故发生时在保险期间内。

上述事实,除当事人陈述外,另有原告提供的交强险保单复印件、道路交通事故认定书、确认书、司法鉴定意见书及鉴定费发票、病史资料、住院费用清单、医疗费发票、交通费发票、律师代理费发票、护理费发票、轮椅及拐杖发票、大华医院证明;被告刘春提交的确认书复印件、借条、收据、行政处罚决定书、交警部门的询问笔录、照片等证据予以佐证,法院予以确认。

除上述证据外,原告另提供了一份由“高老庄酒店”的厨师长梁某某及店长谢某签名的《情况说明》,并申请两位证人张某、梁某某到庭作证。被告刘春提供了一份由其员工宛某某出具的《情况说明》,并附宛某某的驾驶证复印件。

原告提供的《情况说明》主要内容为:“朱兵,身份证号:略,该同志于2011年3月1日至2012年3月19日在高老庄酒店工作(从事厨房工作)。特此说明。证明人:厨师长梁某某、店长谢某。2012年4月25日。”被告太平洋保险公司经质证,对该份《情况说明》真实性不予认可,认为原告未提交该店营业执照、劳动合同,无证据证明“高老庄酒店”真实存在,无法证明原告确实在该店工作,对厨师长、店长的身份也无法认可。被告刘春、第三人陈杰的质证意见同被告太平洋保险公司。

证人张某证明,原告系由张某介绍到“高老庄酒店”工作,该店地址在本市某路某号,具体店名不清楚,该店现已关闭。张某在该店工作从2011年5月至10月,从事厨房砧板切菜工作,月收入约3800元。原告在该店工作从2011年3月至2012年3月19日,从事厨房打盒工作,月收入约3000元。原告及张某均未与该店签订劳动合同、未缴纳社保,工资每月10日现金发放,无工资签收记录、未纳税。另,原告在“高老庄酒店”工作期间居住在该店提供的宿舍,张某不住宿舍。被告刘春经质证认为:证人张某对工作单位具体名称无法清楚陈述,故对该单位是否真实存在有异议;即使该单位真实存在,该单位与原告未签订劳动合同、未缴纳社保,证人无法证明原告在该店工作多久;且证人与原告系老乡,存在利害关系,故对证人张某的证言不予认可。被告太平洋保险公司经质证认为:证人在进入该酒店工作之前就介绍原告去工作不符合常理,且证人与原告一起工作时间仅5个月,从未一起居住,无法证明此时间段前后,原告的工作和居住情况;另据该证人陈述,该店已停业,被告太平洋保险公司无法核实证人证言的真实性,故对证人张某的证言不予认可。

证人梁某某证明,原告于2011年3月至2012年3月19日在“高老庄酒店”工作,从事厨房打盒工作。梁某某在该店工作从2011年3月至2013年3月,系该店厨师。工作期间,原告曾与梁某某一起居住在该酒店提供的宿舍,宿舍地址在本市某路某号某室。梁某某及原告均未与该店签订劳动合同、未缴纳社保、工资现金发放。“高老庄酒店”系店招牌,营业执照上是“真元酒家”,现该店已更名为“鱼羊老镇”。另《情况说明》内容系店长所写,梁某某在落款处签名。被告刘春经质证认为:证人梁某某与“高老庄酒店”未签订劳动合同、未缴纳过社保,无法证明其本人与该店的劳动关系,证人只是证明原告在该店工作过,无法证明原告是从2011年3月至2012年3月19日持续在该店工作。被告太平洋保险公司经质证认为：证人无法证明其本人在“高老庄酒店”工作，且证人无法证明原告一直以来的工作、居住情况。第三人陈杰经质证认为：证人证言无法证明原告事发前在上海居住及工作的情况。

对上述《情况说明》及证人证言，法院认证意见为：“高老庄酒店”仅是原告及证人口述的店招牌，对于该店的实际经营情况原告及两位证人均无法准确陈述，原告对此亦无书面证据证明。原告及两位证人均未与该店签订劳动合同，无工资发放、缴纳社保、纳税的相关记录，两位证人既不能证明其本人与“高老庄酒店”的劳动关系，更无法证明原告在事发前一年在该店工作、月收入3000元并居住在该店宿舍的事实。综合考虑原告的举证情况及被告的质证意见，对原告提交的《情况说明》及证人张某、梁某某的证言，法院均不予采信。

被告刘春提供的《情况说明》主要内容为：“本人自2013年3月起在位于某路某号的‘胖子汽车修理美容俱乐部’工作，我在店里主要从事修理工作，店里的老板叫刘春，平时店里的维修车辆都是停在门口场地上，这样便于我们维修时候移动车辆，门口的场地也比较宽敞，可以放很多车辆，我们店一般是晚8时关门，关门后就放在门口的场地上，老板说过，店里面所有员工没有驾驶证不许动车。朱兵和陈杰都是来店里不满一个月的帮工和学徒工，他们没有驾照，我是知道的。宛某某，2013年10月29日。”原告经质证后认为：该份证据系证人证言，证人未到庭作证，且证明中关于事故发生年份有误，其所述内容亦与事实不符，宛某某的驾驶证复印件真实性也无法确认，故对该份情况说明不予认可。被告太平洋保险公司经质证认为：对情况说明及宛某某的驾驶证复印件真实性无法确认。

法院认证意见为：被告刘春提供的《情况说明》属证人证言性质，根据法律规定，证人应到庭作证，现证人宛某某未到庭，其证言未接受当事人及法庭质询，且被告刘春仅提供宛某某的驾驶证复印件，未提供其他有效身份证件，无法核实宛某某的身份情况，故法院对该《情况说明》不予采信。

审理中，为查明本案事实，法院向上海市公安局徐汇分局交通警察支队调取了涉案事故的部分案卷材料，经原、被告当庭质证，对真实性均无异议，原告补充说明事发时其对第三人陈杰无驾驶证的情况并不知情，被告太平洋保险公司认为交警部门的事故认定书于2012年3月31日出具，但对陈杰作最后一次询问笔录时间是同年4月1日，故作出事故认定书的程序存在瑕疵，不予认可。

法院认为，公民的生命健康权受法律保护，侵权人因过错造成他人人身损害的，相关赔偿义务人应承担赔偿责任。

关于本案性质，本案发生于第三人陈杰驾驶车辆从店外公共区域驶入店内的运动过程中，仍属于机动车交通事故责任纠纷的范畴，被告太平洋保险公司认为本案不属于交通事故的抗辩意见，法院不予采信。本案事发后，因存在虚假报案以及第三人陈杰无证驾驶等情形，交警部门为查明事实，多次对朱兵、陈杰、刘春等涉案人员进行询问，在查明事发经过后作出事故责任认定，由陈杰承担事故全部责任，并无不妥，法院予以确认。被告太平洋保险公司以程序瑕疵为由，对事故责任认定书提出异议，并无充分依据，法院不予采信。

关于赔偿责任，根据《最高人民法院关于审理道路交通事故损害赔偿案件适用法律若干问题的解释》第十八条的规定，陈杰无证驾驶的行为并不能免除太平洋保险公司作为沪 FS××××车辆的交强险承保人所应承担的赔偿责任，故被告太平洋保险公司拒绝在交强险内赔偿的意见，法院不予采纳。被告太平洋保险公司应在交强险范围内对原告朱兵的损失依法予以赔偿。鉴于陈杰确系无证驾驶，被告太平洋保险公司可依法另案起诉，向相关侵权责任人追偿。

事发时，原告朱兵与第三人陈杰均系被告刘春所经营的“胖子汽车修理美容俱乐部”的员工，该店未经依法登记，无营业执照，故朱兵、陈杰均与刘春形成个人之间的劳务关系。根据《中华人民共和国侵权责任法》第三十五条的规定，个人之间形成劳务关系，提供劳务一方因劳务造成他人损害的，由接受劳务一方承担侵权责任。根据该条规定，接受劳务一方所承担的是无过错责任，即无论接受劳务一方是否存在过错，均应承担责任。本案中，事故发生于 2012 年 3 月 28 日 20 时 30 分，虽然被告刘春主张事发时并非属于第三人陈杰的上班工作时间，刘春本人当时亦不在现场，第三人陈杰的行为未得到其指示或授权，故第三人陈杰并非履行被告刘春的雇佣行为。对此，法院认为，首先，被告刘春对其主张未提供有效证据加以证实；其次，雇员是否履行雇佣行为，除需要分析其从事的行为是否系履行雇主所授权或指示范围内的生产经营活动或其他劳务活动，还可从该行为的表现形式是否系履行职务或与履行职务有内在联系上加以判断。本案中，第三人陈杰于事发时系驾驶“胖子汽车修理美容俱乐部”的待修车辆由店外驶入店内车库，其行为与其职务之间存有内在联系，应当认定为履行雇佣行为，被告刘春作为接受劳务一方应当依法替代陈杰承担赔偿责任。至于被告刘春主张第三人陈杰于事发时系无证驾驶，故应由陈杰自行承担赔偿责任的辩称意见。法院认为，基于法院对第三人陈杰于事发时系履行雇佣行为的认定，被告刘春作为接受劳务一方承担的是无过错责任，第三人陈杰对事故的发生是否具有重大过错，属被告刘春是否能向第三人陈杰追偿的问题，不属本案审理范围，被告刘春可另案主张。被告刘春另主张原告明知第三人陈杰无驾驶资质，仍在其驾驶车辆时为其指挥，故原告自身亦有过错，应承担相应的责任，鉴于原告否认其在事发前明知第三人陈杰无驾驶资质的事实，被告刘春亦未提供充分证据对其主张加以印证，故对其该项辩称意见，法院不予采纳。

综上所述，超出或不属于交强险的赔偿项目应由被告刘春负担。

本案的损害赔偿范围如下。

医疗费：原告受伤后由救护车送至大华医院，共三次住院治疗，多次门诊治疗，在治疗过程中产生用血互助金等费用，均系治疗所需，有关病历及医疗费票据上的名字差错，已由大华医院出具情况说明并予以更正，法院予以确认，故法院凭据支持医疗费103769.40元。营养费：根据原告伤情以及鉴定意见明确的营养期4个月，并参照相关赔偿标准，原告主张4800元，法院予以支持。以上合计108569.40元，由被告太平洋保险公司在交强险医疗费用赔偿限额内赔偿10000元，余额98569.40元由被告刘春承担。

误工费：原告主张休息325天符合鉴定结论，法院予以确认，但对于误工损失，原告主张本案事故发生时，其在“胖子汽车修理美容俱乐部”仅工作三天，未签订劳动合同，未谈妥工资，亦未实际领取过工资。此前，其在“高老庄酒店”工作，月收入3000元，故本案中原告按每月3000元主张，共计损失32055元。综合现有在案证据，无法证明原告与“高老庄酒店”之间曾存在劳动关系，更无法证明原告事发前月收入为3000元的事实，故对原告所主张的误工费金额不予支持，法院依据本市最低工资标准，支持误工费17310元。

残疾赔偿金：原告系农村户籍，根据其陈述，现租住在本市浦东新区某地区，具体地址无法明确。原告主张其事发前一年在“高老庄酒店”工作并居住在该店宿舍内，故应按本市城镇居民标准计算残疾赔偿金。但根据现有在案证据，原告对其事发前一年在城镇地区居住，且收入来源于城镇的事实依据不足，故对其要求按本市城镇居民标准计算残疾赔偿金的请求不予支持。考虑到原告构成两处十级伤残，法院按照2013年度本市农村居民人均可支配收入标准，支持残疾赔偿金41762.40元。

交通费：考虑到原告伤情及就医次数、处理交通事故的情况，以及原告居住地与医院的实际距离，法院酌情支持原告2500元。

护理费:根据原告伤情以及鉴定意见明确的护理期4个月,并参照相关赔偿标准,法院酌情支持4800元。

残疾辅助器具费:根据原告伤情,使用拐杖及轮椅确有必要,法院凭据支持800元。

精神损害抚慰金:本起事故造成原告受伤致残,确会造成精神痛苦,根据原告伤情,其主张5500元并要求在交强险内优先赔偿,并无不妥,法院予以支持。

以上费用由被告太平洋保险公司在交强险死亡伤残赔偿限额内予以赔偿。

鉴定费1800元,法院凭据予以支持。律师代理费,原告聘请律师代理本案诉讼,有利于本案纠纷解决,其产生的律师代理费系为本案诉讼而产生的实际损失,根据本案案情并参考本市律师收费的相关标准,原告主张5000元属合理范围,法院予以支持。以上合计6800元,不属于交强险赔偿范围,应由被告刘春予以赔偿。

关于垫付金额,被告刘春主张已垫付55000元,第三人陈杰主张已垫付22000元,均要求在本案中一并处理。原告同意垫付款项在本案中一并处理,对被告刘春垫付款项予以认可,但对第三人陈杰垫付款项仅认可原告父亲朱某某收到的现金20000元,另2000元因未收到现金,不予认可。第三人陈杰称,该2000元系事发当天,原告被送至医院治疗时预付给医院的医疗费,并无相关票据,但在原告与被告刘春所签订的《确认书》中有写明第三人陈杰垫付费用是22000元。原告朱兵称对事发当天的医疗费付费情况其本人不清楚。根据《确认书》的内容及被告刘春提交的收条,并结合当事人的陈述,法院认定被告刘春垫付55000元,第三人陈杰垫付22000元。

综上所述,被告太平洋保险公司应在交强险范围内赔偿原告82672.40元;被告刘春应赔偿原告105369.40元,扣除其已垫付的55000元,尚应赔偿50369.40元;鉴于原告的损失已由被告太平洋保险公司及刘春予以赔偿,故第三人陈杰要求原告返还其垫付的22000元,本院予以准许。

第三人陈杰经法院依法传唤于第二次庭审时未到庭参加诉讼,视作其自行放弃诉讼权利。

▶【案件焦点】> > >

帮工行为在现实生活中大量存在,事实上帮工行为的损害赔偿,根据诚实守信原则,被帮工人应该承担一定的补偿责任,而非损害赔偿责任,对帮工的认定,应该根据劳动的性质确定,是否支付报酬也是重要的考虑因素。学徒工传统工艺重要的学习形式,事实上就是一种劳动关系。

▶【学理分析】> > >

根据《最高人民法院关于审理人身损害赔偿案件适用法律若干问题的解释》第四条:“无偿提供劳务的帮工人,在从事帮工活动中致人损害的,被帮工人应当承担赔偿责任。被帮工人承担赔偿责任后向有故意或者重大过失的帮工人追偿的,人民法院应予支持。被帮工人明确拒绝帮工的,不承担赔偿责任。”据此,义务帮工的人身损害赔偿责任是一种特殊的人身损害赔偿责任,适用于过错推定原则和过错原则。帮工人无过错或只有一般过失的情况下,适用过错推定原则,由被帮工人承担赔偿责任;帮工人存在故意或者重大过失时,适用混合责任原则,即过错推定和过错原则相结合,由帮工人与被帮工人承担连带责任。

一方面,帮工人在帮工活动中致人损害的,由被帮工人承担赔偿责任。根据《最高人民法院关于审理人身损害赔偿案件适用法律若干问题的解释》规定,在义务帮工人身损害赔偿法律关系中,不考虑被帮工人是否有过错,只要义务帮工人在从事帮工活动过程中致人损害,被帮工人就应当承担赔偿或者补偿责任。另一方面,基于帮工具有无偿性考虑。帮工人是为被帮工人无偿提供劳务的人,帮工人不收取报酬是出于亲朋好友的情分来帮忙的;被帮工人是受益人,且在帮工过程中也有义务对帮工活动进行必要的指导,发生帮工人致人损害的事实,就推定被帮工人存在疏于指导和管理的过错,在主观上存在一定的过错,即使帮工人在帮工过程中存在一般过失,被帮工人也应当承担全部的侵权赔偿责任。

若被帮工人明确拒绝帮工的,被帮工人不承担责任。这是基于被帮工人已拒绝帮工人帮工,在主观上不存在过错。但,可以在受益范围内予以适当的补偿,这是基于帮工人的帮工会导致被帮工人受益,而且一般来讲,义务帮工法律关系的双方当事人关系比较亲近,如此有利于培养和树立助人为乐的社会风气。

帮工人存在故意或者重大过失时,赔偿权利人有权请求帮工人和被帮工人承担连带责任。这包含两个层面:一是帮工人需要承担侵权损害赔偿责任;二是帮工人与被帮工人承担连带赔偿责任。

帮工人与被帮工人承担连带责任,它的法理基础包括三个方面:

1. 体现对受害人权利的保障。权利是法学尤其是民法学的核心和灵魂。连带责任的主体具有多样性,往往表现为两个或者两个以上能够独立承担民事责任的人。连带责任的主体增多,就使得承担责任的财产增大,从而使义务帮工法律关系中的被侵权人或受害人在被侵权后的权利和利益得到更充分、更完善的保障。

2. 表现对司法成本和效率的考虑。法律中同样蕴含着固有的经济逻辑,司法活动与制度的设计也会考虑到如何有效地利用司法资源,从而缩小成本,使效益最大化。与按份之债不同,连带责任的根本特征就在于它具有牵连性,任何一个责任人都独立对受害人或被侵权人负担全部或部分赔偿责任。受害人或被侵权人要求责任人承担责任时具有选择权,而责任人并不具有抗辩权和优先选择权,因此不必对责任人内部之间的责任分担以及分担多少承担举证责任。既避免了被侵权人的信息不对称,又能使责任人之间的成本内部消化,使诉讼关系简单明确,从而节约了受害人或被侵权人以及司法的精力和时间。

3. 表现对实质公平的价值追求。在追求公平的过程中,我们不能用形而上学的眼光看待公平,不仅要追求形式上的公平,更要强调实质上的公平。对社会上的弱势群体有利的不平等分配,符合公平原则的要求。在义务帮工侵权法律关系中,受害人或被侵权人无疑处于弱势地位,在此种情况下减少他们的举证义务,更大范围保障其受偿权利得到实现,有利于保障社会弱势群体权利的实现,达到实质公平。与此同时,对于承担连带责任的责任人(义务帮工中的责任人一般表现为帮工人与被帮工人)内部来说,他们的赔偿具有共同的目的性和责任可分性,亦即对于承担连带责任的责任人来说,承担部分或全部的责任是确保受害人或被侵权人的权利得到实现;当某些责任人承担了超过自己份额的赔偿责任时,有权向其他未足额承担赔偿责任份额的责任人进行求偿,这也并不违反公平原则。

关于法律上规定的帮工关系怎样定义的问题,河北冀港律师事务所李增亮律师回复如下:

帮工关系是指帮工人无偿地为他人处理事务从而与他人形成的法律关系。帮工,是为他人无偿提供劳务的行为。

根据《最高人民法院关于审理人身损害赔偿案件适用法律若干问题的解释》第四条的规定,无偿提供劳务的帮工人,在从事帮工活动中致人损害的,被帮工人应当承担赔偿责任。被帮工人承担赔偿责任后向有故意或者重大过失的帮工人追偿的,人民法院应予支持。被帮工人明确拒绝帮工的,不承担赔偿责任。

此外,《最高人民法院关于审理人身损害赔偿案件适用法律若干问题的解释》第五条也明确规定,无偿提供劳务的帮工人因帮工活动遭受人身损害的,根据帮工人和被帮工人各自的过错承担相应的责任;被帮工人明确拒绝帮工的,被帮工人不承担赔偿责任,但可以在受益范围内予以适当补偿。帮工人在帮工活动中因第三人的行为遭受人身损害的,有权请求第三人承担赔偿责任,也有权请求被帮工人予以适当补偿。被帮工人补偿后,可以向第三人追偿。

▶【法条链接】> > >

个体工商户条例

第二十一条 个体工商户可以根据经营需要招用从业人员。

个体工商户应当依法与招用的从业人员订立劳动合同,履行法律、行政法规规定和合同约定的义务,不得侵害从业人员的合法权益。

最高人民法院关于审理人身损害赔偿案件适用法律若干问题的解释

第三条 依法应当参加工伤保险统筹的用人单位的劳动者,因工伤事故遭受人身损害,劳动者或者其近亲属向人民法院起诉请求用人单位承担民事赔偿责任的,告知其按《工伤保险条例》的规定处理。

因用人单位以外的第三人侵权造成劳动者人身损害,赔偿权利人请求第三人承担民事赔偿责任的,人民法院应予支持。

第四条 无偿提供劳务的帮工人,在从事帮工活动中致人损害的,被帮工人应当承担赔偿责任。被帮工人承担赔偿责任后向有故意或者重大过失的帮工人追偿的,人民法院应予支持。被帮工人明确拒绝帮工的,不承担赔偿责任。

第五条 无偿提供劳务的帮工人因帮工活动遭受人身损害的,根据帮工人和被帮工人各自的过错承担相应的责任;被帮工人明确拒绝帮工的,被帮工人不承担赔偿责任,但可以在受益范围内予以适当补偿。

帮工人在帮工活动中因第三人的行为遭受人身损害的,有权请求第三人承担赔偿责任,也有权请求被帮工人予以适当补偿。被帮工人补偿后,可以向第三人追偿。

乡镇企业劳动管理规定

第三十一条 企业新招职工,分别按不同工种要求,实行学徒期、熟练期。学徒期和熟练期的工作待遇,由企业根据实际情况自定。

邮电企业劳动合同管理暂行规定

第八条 对新招收的职工可以约定试用期,试用期最长不超过六个月。试用期包括在劳动合同期限内。

对于新招收实行学徒制的职工,试用期和学徒期可以同时约定,试用期和学徒期包含在劳动合同期限内。

新分配到邮电企业工作的大中专、技校毕业生签订劳动合同时,应执行为期一年的见习期制度,见习期内可以约定不超过半年的试用期。见习期和试用期也包含在劳动合同期限内。

CHAPTER 4

第四章

承包情形下的责任主体

陈明德与陕西润州房地产开发有限公司劳务合同纠纷案[①]

▶【案情简介】> > >

再审申请人(一审原告、二审上诉人):陈明德。

被申请人(一审被告、二审被上诉人):陕西润州房地产开发有限公司。

被申请人(一审被告、二审被上诉人):何永干。

再审申请人陈明德因与被申请人陕西润州房地产开发有限公司(以下简称润州房地产公司)、何永干劳务合同纠纷一案,不服西安市中级人民法院于2015年5月20日作出(2015)西中民二终字第00835号民事判决,向法院申请再审。法院依法组成合议庭对本案进行了审查,现已审查终结。

陈明德申请再审称:1. 撤销西安市中级人民法院(2015)西中民二终字第00835号判决;2. 支付2011年8月至2012年11月期间的工资与加班工资53150元;3. 支付2012年4—11月住房补助4075元;4. 支付2011年10月至2012年11月未签订劳动合同双倍工资27500元及经济补偿金3750元。

法院认为,从陈明德与何永干签订的两份《协议书》的内容看,何永干将其承包的三桥国际大厦项目中的塔吊工程承包给陈明德,再由陈明德组织人员施工,何永干支付劳动报酬,双方之间形成劳务承包关系。陈明德主张补发2012年11月的工资2500元,但其在三桥街道五一村人民调解委员会的笔录中认可

① 陈明德与陕西润州房地产开发有限公司、何永干劳务合同纠纷民事裁定书,中国裁判文书网,http://wenshu.court.gov.cn/content/content?DocID=092210e5-f378-49a6-98a6-fd40f154c57d,2015-10-29。

11月只欠发800元，故予以认定800元。陈明德垫付的塔吊司机房租费300元，何永干作为用工主体应当支付。补充协议约定从2012年4月加付1人工资，按协议何永干应当支付。陈明德主张加班工资60360元，而协议约定的是费用包干制，劳动报酬中包含了加班补助及代班费用等，故陈明德的该项诉讼请求不能成立。主张双倍工资、经济补偿金及补缴社保费用的诉讼请求，因双方之间不存在劳动关系，故不予支持。润州房地产公司作为工程发包人不能指明其项目的承包方，其也未能证实与实际施工方就工程款进行了结算，故其承担连带责任。二审判决并无不当。

综上所述，再审申请人的再审申请不符合《中华人民共和国民事诉讼法》第二百条规定的情形。依照《中华人民共和国民事诉讼法》第二百零四条第一款之规定，裁定如下：

驳回陈明德的再审申请。

▶【案件焦点】> > >

现实社会中，存在着大量的承包行为，承包行为的主体一般情况下为单位组织，但是也大量存在着个人的承包行为，同时发包单位也不一定是单位，这就形成了发包主体和承包主体之间是一种单纯的承包行为，正确区分承包行为和劳动关系具有重要意义。

▶【学理分析】> > >

改革开放后我国建筑工程建设呈飞速发展态势，同时，相关部门也出台了大量的法律、法规，规范着建筑工程的承包行为。1994年和1998年我国分别颁发了劳动法和建筑法，从用人单位资质角度规范建筑市场的用工行为。建筑法对从事建筑活动的人员和单位有明确的技术和资质要求，符合条件、资质的建筑企业才能构成劳动法上的用人单位，建筑市场的用人单位主要指符合资质条件的企业法人，而取得村镇建筑工匠从业资格的个人，只允许独立或合伙承包规定范围内的村镇建筑工程，没有资格承包其他工程项目。因此，只有厘清建筑工程“包工”现象的不同类型、当事人的法律关系，才能更好地规范建筑市场的用工行为，在建筑工程中发生工伤事故纠纷时能正确适用法律，保护当事人的合法权益。

一、分项承包的类型

其一，由于建筑工程的层层分项承包，从而导致“包工头”现象的产生。实际工作中“包工头”与建筑企业签订的合同，通常以“施工合同”的形式出现。建筑企业出于降低成本的需要，往往不直接招聘工人，而是雇佣“包工头”进行招聘并组建施工队。建筑企业与“包工头”保持单向联系，由包工头负责领取并发放工人工资，且合同规定由包工头负责工伤事故赔偿责任。一旦发生工伤事故，包工头则无力赔偿，建筑企业亦推卸赔偿责任。经过对大量案件的调研分析，笔者选取了建筑工程违法分包的两个典型案例，以期望厘清建筑工程分项承包的类型。

1. 案例一：A 经人介绍到某建筑公司从事砌墙工作，但与该建筑公司未签订书面劳动合同。该建筑公司项目经理 B 承包了建筑公司的一个附属工程，并将围墙分包给 C，C 安排 A 在该工程施工。A 在施工过程中，不慎从高处坠落受伤。A 要求建筑公司为其申请工伤认定，并支付其工伤待遇。但该建筑公司认为，A 系 C 聘请的人员，工资是由 C 负责结算，故公司与 A 之间不存在劳动关系。A 不服，遂向当地劳动争议仲裁委员会提出申诉。

2. 案例二：D 是外地农民，在某工地工作。某省建筑公司是该工程总承包商，其将工程中的部分工程包给了个体包工头 E，D 在 E 的包工队里干活，与 E 按日结算工资。在施工过程中，D 右手食指在工作中不慎被机械切掉，当即被送入医院救治，该建筑公司为其垫付了部分医疗费。D 认为自己在工作中受伤属工伤，要申报工伤，于是申请劳动仲裁，要求确认与建筑公司存在劳动关系。仲裁裁决 D 与建筑公司存在劳动关系后，该公司不服，向法院起诉。

其二，经过对上述两起案例的分析与整理，包工头与建筑企业的“施工合同”从法律上看，主要是两种合同：一种是企业内部职工与建筑企业签订的承包合同，另一种是社会人员与建筑企业签订的工程承包合同。两种不同情形处理结果各不相同，在工伤事故中，企业、包工头应承担比例、赔偿责任也不尽相同。

1. 企业内部职工承包。职工与建筑企业签订的承包合同，属于内部承包合同，从本质上说这种内部合同并没有对外效力。内部承包合同只是企业内部经营管理方式的变化，承包合同的产生并不导致工人与建筑企业劳动关系用人主体的变化。名义上工人与“包工头”签订了劳动合同，实际上，“包工头”还是建筑企业的内部职工，是以建筑公司的名义履行承包合同并且与工人发生法律关系。建筑企业从施工人的劳动中直接获利，工人的工资也来源于建筑企业的效益。因此在建筑企业采取租赁或者承包经营时，与工人签订劳动合同的时候，建筑企业仍然是用人单位一方。在案例一中,B是公司的项目经理,B与公司存在直接的人事管理关系。两者签订的承包合同属于企业经营管理方式的变化,建筑企业对B的工程有直接、全面的管理条件与能力,工人A事实上还是为建筑企业工作。

2. 社会人员外部承包。与企业内部承包不同,外包承包的包工头与建筑企业没有劳动法律关系。此时,工人与建筑企业之间的关系,根据《劳动和社会保障部关于确立劳动关系有关事项的通知》第四条规定,建筑施工、矿山企业等用人单位将工程(业务)或经营权发包给不具备用工主体资格的组织或自然人,对该组织或自然人招用的劳动者,由具备用工主体资格的发包方承担用工主体责任。在这种用工类型中,建筑企业与工人均符合建立劳动关系的主体资格,工人从事的是建筑企业有报酬的劳动,且其从事的劳动属于建筑企业的业务组成部分,因此工人与企业建立了事实劳动关系。在案例二中,D是"包工头"E雇佣的临时性劳务人员,但D从事的劳动属于建筑企业的业务组成部分。因此,应该由建筑企业对其承担用人单位责任,"包工头"E对于工人仅成立民事雇佣关系。

二、工人与建筑公司、"包工头"的法律关系

1. 实际工作中,工程的分包主要分为"包工"型和"包工包料"型。仅"包工"情形下,"包工头"只是承包工程的某一个具体的工种,如土石方、混泥土浇筑、油漆作业、钢筋作业等,工程的技术性问题完全由工程项目部派技术人员指导施工。工资结算时,建筑企业与"包工头"结算的仅仅是工程预算中的人工费,"包工头"自己往往也提供部分劳务,但更多的是代建筑企业管理劳务。而在"包工包料"情形下,"包工头"垫资对具体的工种进行承包,对于工程的管理有较大的独立性与自主性。

2. 无论采取"包工"型还是"包工包料"型,都不能改变分包合同的性质以及当事人之间的法律关系。不能因为采取"包工包料"形式就免除建筑企业在工伤事故中的赔偿责任,也不能据此认定"包工头"有用人单位资格。《劳动部关于贯彻执行〈中华人民共和国劳动法〉若干问题的意见》规定中国境内的企业、个体经济组织与劳动者之间,只要形成劳动关系,即劳动者事实上已成为企业、个体经济组织的成员,并为其提供有偿劳动,则适用劳动法。

3. 无论是企业职工的内部承包,还是社会人员外部承包,施工人员都只与建筑企业成立劳动关系。对于没有领取营业执照和合法用工权的个人,如企业职工、“包工头”等，与向其提供劳务的工人，只能发生雇佣法律关系。根据劳动法、民法典等的规定，因工伤事故发生的索赔纠纷，根据劳动法，建筑企业要承担无过错连带责任。而对于工资等民事纠纷，工人不能直接向企业请求赔偿。

三、建筑企业、包工头在工伤事故中的责任分配

在工程违法分包、非法转包发生工伤事故的时候，建筑企业必须对工人的损失承担连带赔偿责任。建筑企业与“包工头”内部追偿时，则根据各自的过错程度，按比例承担责任。

（一）建筑企业对外与包工头承担连带责任

1. 我国建筑法第四十五条规定：“施工现场安全由建筑施工企业负责。实行施工总承包的，由总承包单位负责。分包单位向总承包单位负责，服从总承包单位对施工现场的安全生产管理。”《建设工程安全生产管理条例》第二十四条也规定：“建设工程实行施工总承包的，由总承包单位对施工现场的安全生产负总责。……总承包单位依法将建设工程分包给其他单位的，分包合同中应当明确各自的安全生产方面的权利、义务。总承包单位和分包单位对分包工程的安全生产承担连带责任。……”

2. 发生工伤事故索赔纠纷时，“包工头”的前一手有用工资质的所有承包人无论是否存在过错，都应该与“包工头”一起，对外向施工工人承担连带赔偿责任。此时，劳动者既可以要求“包工头”承担部分或者全部责任，也可以要求“包工头”上一级所有的合法承包人承担部分或者全部赔偿。

（二）建筑企业对内承担过错责任

1. 原则上建筑企业对外承担连带责任后，对于该无效的承包合同所产生的后果，二者内部的分担主要看过错形式及过错程度。根据连带责任的规定，一方先偿还的，可以向有过错的对方追偿。在违法分包、非法转包的情况下，上一手承包人违法分包、非法转包行为本身就存在过错。因此，对外承担连带责任后，“包工头”与承包人内部责任承担比例，也要依据现行法律进行界定。

2. 建筑企业对外承担责任后，能否向包工头追偿，需要看企业是否明知或者应当知道“包工头”没有施工资质。依据建筑企业是否明知道还是应该知道“包工头”资质，过错程度不同，分担比例也不同。如果建筑企业通过平时业务往来明知“包工头”没有资质还分包，应承担较大的责任；如果合法承包人属于懈怠行使其选任责任，其过错与“包工头”一般可认定同等过错；如果“包工头”以挂靠的形式获得承包，发包人也无法知道承包人的资质，则挂靠单位依法律规定承担出借人责任，发包单位仅承担与其过错相适应的责任。因此，内部承包与外部承包情形下，建筑企业与“包工头”承担的比例也应有所差别。

当行业从业人员均有相应资质的情况下，可以考虑直接管理者承担责任更大。在现阶段无资质人员参与施工，管理不到位是建筑行业存在的主要问题。在企业内部承包情形下，企业项目经理等都是有从业资格的，建筑企业在选任方面没有很大的过失。但建筑企业对本单位职工不论在人事还是工程款结算中，都有条件也有能力对工程施工进行全面监管，并提供安全的生产环境。发生工伤事故时，建筑企业作为直接管理者，要承担较大的赔偿责任。

在社会人员外部承包时，“包工头”组织工人具体施工，对具体工程的管理具有很大的独立性与自主性。建筑企业作为分包人，知道或者应当知道包工头没有相应资质或者安全生产条件，与安全生产事故的发生及其后果没有直接的关联。“包工头”作为直接组织生产的人，原则上应当承担主要责任，发包人（承包人）承担的是一种补充责任。当然，因为建筑企业赶工催工，不科学施工导致工人的人身伤害，建筑企业要负主要责任。

▶【法条链接】>>>

中华人民共和国劳动合同法

第九十四条　个人承包经营违反本法规定招用劳动者，给劳动者造成损害的，发包的组织与个人承包经营者承担连带赔偿责任。

最高人民法院关于审理劳动争议案件适用法律问题的解释（一）

第二条　下列纠纷不属于劳动争议：

（一）劳动者请求社会保险经办机构发放社会保险金的纠纷；

（二）劳动者与用人单位因住房制度改革产生的公有住房转让纠纷；

（三）劳动者对劳动能力鉴定委员会的伤残等级鉴定结论或者对职业病诊断鉴定委员会的职业病诊断鉴定结论的异议纠纷；

（四）家庭或者个人与家政服务人员之间的纠纷；

（五）个体工匠与帮工、学徒之间的纠纷；

（六）农村承包经营户与受雇人之间的纠纷。

第三条　劳动争议案件由用人单位所在地或者劳动合同履行地的基层人民法院管辖。

劳动合同履行地不明确的，由用人单位所在地的基层人民法院管辖。

法律另有规定的,依照其规定。

第四条　劳动者与用人单位均不服劳动争议仲裁机构的同一裁决,向同一人民法院起诉的,人民法院应当并案审理,双方当事人互为原告和被告,对双方的诉讼请求,人民法院应当一并作出裁决。在诉讼过程中,一方当事人撤诉的,人民法院应当根据另一方当事人的诉讼请求继续审理。双方当事人就同一仲裁裁决分别向有管辖权的人民法院起诉的,后受理的人民法院应当将案件移送给先受理的人民法院。

第五条　劳动争议仲裁机构以无管辖权为由对劳动争议案件不予受理,当事人提起诉讼的,人民法院按照以下情形分别处理:

(一)经审查认为该劳动争议仲裁机构对案件确无管辖权的,应当告知当事人向有管辖权的劳动争议仲裁机构申请仲裁;

(二)经审查认为该劳动争议仲裁机构有管辖权的,应当告知当事人申请仲裁,并将审查意见书面通知该劳动争议仲裁机构;劳动争议仲裁机构仍不受理,当事人就该劳动争议事项提起诉讼的,人民法院应予受理。

第六条　劳动争议仲裁机构以当事人申请仲裁的事项不属于劳动争议为由,作出不予受理的书面裁决、决定或者通知,当事人不服依法提起诉讼的,人民法院应当分别情况予以处理:

(一)属于劳动争议案件的,应当受理;

(二)虽不属于劳动争议案件,但属于人民法院主管的其他案件,应当依法受理。

劳动人事争议仲裁办案规则

第六条　发生争议的用人单位未办理营业执照、被吊销营业执照、营业执照到期继续经营、被责令关闭、被撤销以及用人单位解散、歇业,不能承担相关责任的,应当将用人单位和其出资人、开办单位或者主管部门作为共同当事人。

第七条　劳动者与个人承包经营者发生争议,依法向仲裁委员会申请仲裁的,应当将发包的组织和个人承包经营者作为共同当事人。

第八条　劳动合同履行地为劳动者实际工作场所地,用人单位所在地为用人单位注册、登记地或者主要办事机构所在地。用人单位未经注册、登记的,其出资人、开办单位或者主管部门所在地为用人单位所在地。

双方当事人分别向劳动合同履行地和用人单位所在地的仲裁委员会申请

仲裁的，由劳动合同履行地的仲裁委员会管辖。有多个劳动合同履行地的，由最先受理的仲裁委员会管辖。劳动合同履行地不明确的，由用人单位所在地的仲裁委员会管辖。

案件受理后，劳动合同履行地或者用人单位所在地发生变化的，不改变争议仲裁的管辖。

第三编

工资基准及休息休假制度

CHAPTER 1

第一章

公司员工的福利待遇

北京高触广告传媒有限公司与董保钧劳动争议案[①]

▶【案情简介】> > >

原告(被告):北京高触广告传媒有限公司,住所地:北京市朝阳区光华路8号。

法定代表人:杨啊,副总裁。

委托代理人:苏莉,北京市环球律师事务所律师。

被告(原告):董保钧,男。

委托代理人:贾岩岩,北京市京国律师事务所律师。

原告(被告):北京高触广告传媒有限公司(以下简称高触广告公司)与被告(原告)董保钧劳动争议一案,法院受理后,依法由代理审判员田龙独任审判,公开开庭进行了审理。高触广告公司委托代理人苏莉及董保钧委托代理人贾岩岩到庭参加了诉讼。本案现已审理终结。

高触广告公司诉称:该公司与董保钧签订的《高级管理人员雇佣合同》无效,双方劳动关系不成立,应为劳务关系。仲裁裁决没有事实依据。双方签订了《高级管理人员承诺》,董保钧承诺遵守双方雇佣合同项下的所有义务。2010年8月26日,双方签订了《承诺书》,董保钧承诺遵守《员工手册》中的规章制度,并对违反公司规章制度的后果承担相应责任。双方签订雇佣合同时,约定董保钧月工资30000元,后因公司经营问题,2009年2月该公司将包括董保钧在内的5名高管工资标准调整为28000元,8月将董保钧工资标准调整为26000

---

① 北京高触广告传媒有限公司与董保钧劳动争议一审民事判决书,中国裁判文书网,http://wenshu.court.gov.cn/content/content? DocID = 52b0f6b8 - 58c0 - 4314 - 972b - 25e94ca62ea8,2014 - 12 - 25。

元。2010年10月1日,该公司将董保钧月工资标准最终调整为20000元。在仲裁取证期间,该公司发现董保钧2008年2月1日设立了“北京君航广告有限公司”,且一直担任该公司法定代表人,董保钧严重违反了《中华人民共和国公司法》第一百四十九条第(五)项的规定及双方签订的《高级管理人员雇佣合同》第九条中约定和员工手册的规定。因此,该公司认为董保钧违反法律法规的强制性规定,隐瞒其设立“北京君航广告有限公司”的事实,导致双方签订的《高级管理人员雇佣合同》无效。董保钧未经该公司股东会或股东大会同意,利用职务便利谋取属于公司的商业机会,自营与所任公司同类业务导致双方劳动合同无效,董保钧不符合劳动关系存在的主体资格,因此,双方不存在劳动关系,董保钧于2012年12月20日发出的解除劳动关系通知书无效。

2012年,因公司经营困难等原因,未能如期支付董保钧2012年3月之后的工资,而董保钧于3月以来很少到公司上班,劳动合同无效,该公司按照同期工资标准向董保钧支付劳动报酬是合法的,且该公司同意依据董保钧实际工作时间补发应付未付的劳动报酬。根据员工手册的规定,高级管理人员休年假须经过执行董事的批准,如因个人原因未能享受公司年假的,无权要求永久未使用的假期获得额外赔偿。董保钧在职期间,未按照公司的规定打卡上下班,不来公司报到情况时有发生,因此,董保钧变相未通过公司而将其年休假全部休完,因此,董保钧要求年休假补贴及差旅费补贴不成立。另外,双方系劳务关系,董保钧应返还为其缴纳的社会保险费及住房公积金及自营公司的收入16400元。

综上所述,请求法院判令:(1)双方劳动合同无效,劳动关系不成立;(2)该公司无须支付董保钧2012年3月1日至12月20日工资247000元及25%经济补偿金61750元;(3)该公司无须支付董保钧2010年10月1日至2012年2月28日工资差额102000元及25%经济补偿金25500元;(4)该公司无须支付董保钧解除劳动关系经济补偿金70080元;(5)该公司无须支付董保钧2011年1月1日至12月31日期间未休带薪年休假工资11954.02元;(6)董保钧返还该公司缴纳的社会保险费及住房公积金223455.32元;(7)董保钧返还其自营公司所得收入人民币16400元。

董保钧辩称并诉称:“不同意高触广告公司诉讼请求。双方存在劳动关系并依法签订了劳动合同。并不存在高触广告公司所说的自营公司收入所得。该公司同意仲裁第一、二项裁决结果。该公司从未休过带薪年休假。2012年3月至12月工资一直未发放,每月26000元。2012年该公司以高触广告公司拖欠工资为由解除劳动关系。"

综上所述,请求高触广告公司支付:(1)解除劳动合同经济补偿金130000元;(2)2008年2月14日至2012年12月20日未休年休假工资143448元及25%经济补偿金35862元;(3)2008年2月14日至2012年12月20日差旅费12000元。

高触广告公司辩称:不同意董保钧的诉讼请求。

经审理查明:高触广告公司原名称"北京华众禾晨广告传媒有限公司",2009年4月17日更名为现有名称。董保钧于2008年2月14日入职高触广告公司担任执行副总裁。双方签订了2008年2月14日至2013年2月13日的《高级管理人员雇佣合同》,其中约定"您作为公司高级管理人员,应忠诚尽职地履行本公司章程所规定的以及总经理不时分配或授予的职责和权利。您应尽力促进本公司的业务和利益……您可享有10天的全薪年假,其中包括5天的法定年假和5天的公司年假,具体休假时间必须得到执行董事的批准,如您因个人原因未能享受公司年假,您无权就未使用的假期获得额外补偿……在您持有本公司任何法定和(或)受益权益或受本公司雇佣期间以及(或)在您不再持有本公司的任何法定和(或)受益权益或受本公司雇佣后两年内,为事前取得所需批准以及事先由执行董事批准,您不得从事、开展、参与或经营与集团业务相同、相似或具有竞争性的任何业务……"董保钧于2008年2月入职时月工资标准为30000元,2009年8月起调整为26000元,2010年10月起降至20000元,自2013年3月1日起停发工资。高触广告公司每月打卡发放上月工资。2012年12月20日,董保钧以高触广告公司欠付2012年3月至11月工资240000元以及未依法按照工资标准缴纳保险为由提出解除劳动关系。董保钧主张2010年10月高触广告公司无故降薪,未经其同意,高触广告公司则主张该次降薪已经取得董保钧同意,高触广告公司就其主张提交了2011年2月至2012年2月工资卡发放明细,该明细显示董保钧上述期间每月工资标准为20000元,董保钧表示对工资表真实性持异议。高触广告公司提交了2012年3月至12月的个人所得税纳税申报表显示,2012年每月为董保钧及武卫民均按照每月20000元的工资标准申报所得税,高触广告公司出示了2010年度工资表,该工资表显示包括董保钧在内的5人月工资标准自2010年10月起均由26000元调整为20000元,董保钧对该2010年度工资表真实性、关联性均不认可。高触广告公司出具单位参保职工四险缴费记录表显示高触广告公司为董保钧正常缴纳了

2012 年 1 月至 12 月的五险，另高触广告公司出具社会保险缴纳明细表显示其自 2009 年 7 月起即为董保钧缴纳了五险一金，董保钧对该明细表真实性不予认可。

高触广告公司提交了员工手册一份，该员工手册第六章考勤制度规定“副总裁以上（含副总裁）上班、下班不用打卡，每月初自行申报上月考勤……凡需请假的员工，须严格按照请假流程申请、获得批准后方可休假……”董保钧对该员工手册真实性不认可，高触广告公司出示了承诺书一份，该承诺书载明董保钧签名确认已经阅读并完全了解了员工手册中的规章制度并承诺接受公司规章制度的约束，董保钧对承诺真实性不持异议。

高触广告公司主张董保钧 2012 年 3 月之后没有出现过，董保钧则主张其正常上班至 2012 年 12 月 20 日。另查，在仲裁庭审中，高触广告公司辩称意见为“同意支付 2012 年 3 月 1 日至 12 月 20 日期间工资，按照每月 20000 元标准计算支付”。

2008 年 2 月 1 日，北京君航广告有限公司成立，董保钧担任法定代表人。经营范围包括设计、制作、发布广告等。内资企业法人年检报告书显示北京君航广告有限公司 2008 年度净利润 16400 元，2010 年度净利润为负值。董保钧主张北京君航广告有限公司系在与高触传媒公司签订雇佣协议之前成立，且实际并未经营。

2012 年 12 月 21 日，董保钧申诉至北京市朝阳区劳动人事争议仲裁委员会，高触广告公司反申请要求董保钧支付赔偿金，北京市朝阳区劳动人事争议仲裁委员会作出京朝劳仲字（2013）第 02010、03241 号裁决书，裁决如下：（1）高触广告公司支付董保钧 2012 年 3 月 1 日至 12 月 20 日工资 247000 元及 25% 经济补偿金 61750 元；（2）高触广告公司支付董保钧 2010 年 10 月 1 日至 2012 年 2 月 28 日工资差额 102000 元及 25% 经济补偿金 25500 元；（3）高触广告公司支付董保钧解除劳动关系经济补偿金 70080 元；（4）高触广告公司支付董保钧 2011 年 1 月 1 日至 12 月 31 日期间未休带薪年休假工资 11954.02 元；（5）驳回董保钧的其他仲裁请求；（6）驳回高触广告公司的反请求。双方均不服仲裁裁决，诉至法院。

以上事实，有雇佣合同、员工手册、承诺书、个人所得税明细申报表、工资表、四险缴费情况表、解除劳动关系通知书、当事人陈述等证据在案佐证。

法院认为：根据本案查明的事实，高触广告公司与董保钧签订了为期 5 年的雇佣合同，该雇佣合同就双方的权利义务等作出了明确约定，系双方的真实性意思表示，合法有效。高触广告公司有关因董保钧利用职务便利谋取属于公司的商业机会，自营与所任公司同类业务导致双方劳动合同无效的主张没有依据，高触广告公司有关董保钧违反双方雇佣合同给其造成了损失，应当另案主张权利。

关于董保钧的出勤时间，高触广告公司虽主张董保钧正常出勤至2012年3月，但并未就其主张举证，高触广告公司提交的代扣代缴个人所得税申报表显示其已经按照月薪20000元的标准，为董保钧申报了2012年3月至12月期间的个人所得税，另，高触广告公司在仲裁答辩时已经同意按照20000元的月薪标准支付董保钧2012年3月至12月期间工资。

综上所述，法院对高触广告公司有关董保钧2012年3月后未正常出勤的主张不予采信，对董保钧正常出勤至2012年12月20日的主张予以采信。

变更劳动合同未采用书面形式，但已经实际履行了口头变更的劳动合同超过1个月，且变更后的劳动合同内容不违反法律、行政法规、国家政策以及公序良俗，当事人以未采用书面形式为由主张劳动合同变更无效的，人民法院不予支持。关于董保钧的工资变动情况，高触广告公司提交的证据显示自2010年10月起包括董保钧在内的5人均下调了工资标准，董保钧对此虽不认可，但未提交反证，2010年10月至2012年12月20日董保钧提出解除劳动关系，期间长达近2年时间，没有证据表明董保钧在此期间就降薪到20000元向高触广告公司提出过异议。法院认为双方虽未采取书面形式，但实际已经变更了董保钧的工资标准到20000元，且实际履行时间长达2年，法院对董保钧有关变更工资标准至20000元未获得其同意的主张，不予采纳，对于高触广告公司要求不予支付董保钧2010年10月1日至2012年2月28日期间工资差额102000元及25%经济补偿金的请求，法院予以支持。高触广告公司2012年3月之后未向董保钧发放工资，应当予以补发，补发标准为每月20000元，即高触广告公司应发放董保钧2012年3月1日至12月20日期间的工资共计197471.26元。高触广告公司欠付董保钧工资，董保钧据此解除劳动关系于法有据，劳动者月工资高于用人单位所在直辖市、设区的市级人民政府公布的本地区上年度职工月平均工资3倍的，向其支付经济补偿的标准按职工月平均工资3倍的数额支付，高触广告公司应支付董保钧解除劳动关系经济补偿金70080元。

用人单位对工资支付记录负有2年的保存义务，董保钧未举证证明2010

年12月21日之前高触广告公司欠付其未休带薪年休假工资,对于董保钧2010年12月21日之前未休带薪年休假的请求,法院不予支持。高触广告公司未举证证明董保钧已休带薪年休假,应当承担举证不能的后果;法院对董保钧未休2010年12月21日至2012年12月20日期间年休假的主张予以采信。双方签订的雇佣协议约定董保钧享有10天全薪年休假,但其中只有5天系法定年休假,其余5天应属公司福利性质,属公司内部管理事项,不能够依据《职工带薪年休假条例》享有相应权利,董保钧未举证证明其工龄超过10年,法院依照每年应休5天的标准核算董保钧应休带薪年休假工资,即高触广告公司应当支付董保钧2010年12月21日至2012年12月20日期间未休带薪年休假工资16551.72元。董保钧有关25%经济补偿金的请求,没有依据,法院不予支持。

董保钧未就其有关差旅费的主张举证,应当承担举证不能的后果,法院对董保钧有关要求高触广告公司支付差旅费的请求,不予支持。高触广告公司要求董保钧返还已经缴纳的社会保险费及住房公积金没有依据,法院不予支持。

▶【案件焦点】> > >

用工单位为了更好地使劳动者为企业发展贡献力量,在劳动者正式入职之前都会为劳动者提供一些福利待遇,这些福利待遇不仅是企业保存公司力量的重要手段,同时也是我国法律的强制性规定,但是实际上大量用人单位存在不为劳动者缴纳社会保险的行为。

▶【学理分析】> > >

劳动法对于社会保险和福利进行了专门规定:国家发展社会保险事业,建立社会保险制度,设立社会保险基金,使劳动者在年老、患病、工伤、失业、生育等情况下获得帮助和补偿。

社会保险基金按照保险类型确定资金来源,逐步实行社会统筹。用人单位和劳动者必须依法参加社会保险,缴纳社会保险费。

劳动者在下列情形下,依法享受社会保险待遇:

1. 退休;
2. 患病、负伤;
3. 因工伤残或者患职业病;
4. 失业;

5. 生育。

劳动者死亡后，其遗属依法享受遗属津贴。

劳动者享受社会保险待遇的条件和标准由法律、法规规定。

劳动者享受的社会保险金必须按时足额支付。

国家鼓励用人单位根据本单位实际情况为劳动者建立补充保险。

国家提倡劳动者个人进行储蓄性保险。

国家发展社会福利事业，兴建公共福利设施，为劳动者休息、休养和疗养提供条件。

用人单位应当创造条件，改善集体福利，提高劳动者的福利待遇。

一、目前我国绝大多数企业为员工提供的福利项目

（一）社会保障

养老保险、医疗保险、失业保险、工伤保险这四类保险是我国劳动部门规定各类企业必须为员工提供的社会保险福利。除员工月工资外，企业为这部分保险支付相当于工资额度的10%—20%。有些效益较好的企业还为员工提供了牙医保险、家庭财产保险、重大伤残保险等。部分有海外雇员的公司还在聘用合同中承诺为这些雇员的配偶、未成年子女提供医疗、伤残等各类保险。

（二）住房津贴

传统的中国国营企业，住房分配或廉价租住房是企业提供给员工的最大一项福利。随着国家推行货币化分房制度的开展，企业改实物分房为货币分房，住房津贴按月随工资发放，建立住房公积金，提供住房低息贷款已成为企业为员工提供住房福利的新形式。

（三）交通费

主要指企业为员工上下班提供交通福利，主要包括以下几种：企业提供交通工具接送员工上下班；企业按内部规定为员工报销上下班交通费；企业每月发放一定数额的交通补助费。

（四）工作午餐

是指企业为员工提供的免费或低价午餐。有的企业虽然不直接提供工作午餐，但提供一定数额的工作午餐补助费。

（五）有偿假期

有偿假期是指员工不来上班工作仍可取得收入的福利项目。主要包括以下几种：

1. 产假、病(工伤)假、事假、探亲假、婚假、丧假等国家法定员工依法取得缺勤收入的福利待遇。

2. 公休:是指员工根据企业的规章制度,经上级领导同意,一年中可以享有若干天的有薪假期。企业一般根据相应条件,规定员工每年有5天至14天的公休假期。

3. 法定节假日:国务院规定中国公民依法享有的包含春节、国庆等的10天节日假。有些企业还根据自己的实际情况设定了一些节假日,如中秋节、端午节、厂(司)庆日等。

(六)培训

随着企业对优秀人才和合格员工的渴求,不少企业已明确提出"培训是员工最大福利",不断加强对员工培训的投入。目前跨国公司的培训投入费用一般占到年销售收入的0.5%—2%,并且这个比例仍有上升的趋势。相信国内的企业在未来若干年的发展历程中,必将越来越重视培训的投入和产出。

二、五险一金

1. 养老保险:单位22%、个人8%。

2. 失业保险:单位2%、个人1%。

3. 生育保险:全由单位负担(0.5%)。

4. 工伤保险:全由单位负担(0.5%)。

5. 医疗保险:单位12%、个人2%。

6. 公积金:单位7%、个人7%。

社会保险的缴费基数同时设有上限和下限,其分别根据本市公布的上年度全市职工月平均工资的300%和60%相应确定。若在上下限范围之内,则按实际缴,若超过按上限,不足按下限。

劳动者只需要将个人承担的百分比乘以缴费基数,得出的总和就是要扣除的部分。

三、福利待遇项目

1. 基本月薪——是对员工基本价值、工作表现及贡献的认同。

2. 综合补贴——对员工生活方面基本需要的现金支持。

3. 年终奖金——农历新年之前发放,使员工过一个富足的新年。

4. 销售奖金——市场人员在完成销售任务后的奖励。

5. 奖励计划——给予对公司具有突出贡献的员工的奖励。

6. 医疗保险——参加社会统筹福利保险及大病保险。

7. 退休金计划——积极参加社会养老统筹计划，为员工提供晚年生活保障。

8. 其他保险——包括人寿保险、人身意外保险、出差意外保险等多种项目，关心员工每时每刻的安全。

9. 休假制度——鼓励员工在工作之余充分休息，在法定假日之外，还有带薪年假、探亲假、婚假、丧假等。

国家规定福利待遇一般指基本月薪，社会保险，其他保险和休假制度。其他的福利待遇是公司给的，不是国家规定的。

▶【法条链接】> > >

中华人民共和国社会保险法

第二条 国家建立基本养老保险、基本医疗保险、工伤保险、失业保险、生育保险等社会保险制度，保障公民在年老、疾病、工伤、失业、生育等情况下依法从国家和社会获得物质帮助的权利。

中华人民共和国劳动法

第四十条 用人单位在下列节日期间应当依法安排劳动者休假：

（一）元旦；

（二）春节；

（三）国际劳动节；

（四）国庆节；

（五）法律、法规规定的其他休假节日。

中华人民共和国劳动法实施条例

第二十七条 劳动合同法第四十七条规定的经济补偿的月工资按照劳动者应得工资计算，包括计时工资或者计件工资以及奖金、津贴和补贴等货币性收入。劳动者在劳动合同解除或者终止前 12 个月的平均工资低于当地最低工资标准的，按照当地最低工资标准计算。劳动者工作不满 12 个月的，按照实际工作的月数计算平均工资。

中华人民共和国妇女权益保障法

第二十七条 任何单位不得因结婚、怀孕、产假、哺乳等情形，降低女职工的工资，辞退女职工，单方解除劳动（聘用）合同或者服务协议。但是，女职工要求终止劳动(聘用)合同或者服务协议的除外。

各单位在执行国家退休制度时,不得以性别为由歧视妇女。

第二十八条 国家发展社会保险、社会救助、社会福利和医疗卫生事业,保障妇女享有社会保险、社会救助、社会福利和卫生保健等权益。

国家提倡和鼓励为帮助妇女开展的社会公益活动。

CHAPTER 2

第二章

双倍工资的适用条件

杨爱斌与江苏恒瑞医药股份有限公司劳动争议再审案[①]

▶【案情简介】>>>

抗诉机关:江苏省人民检察院。

申诉人(一审原告、二审上诉人):杨爱斌。

被申诉人(一审被告、二审被上诉人):江苏恒瑞医药股份有限公司。住所地:江苏省连云港市连云港经济技术开发区黄河路38号。

法定代表人:孙飘扬,该公司董事长。

委托代理人:韩修光。

委托代理人:刘友青,江苏和济律师事务所律师。

杨爱斌因与江苏恒瑞医药股份有限公司(以下简称恒瑞公司)劳动争议纠纷一案,不服江苏省连云港市中级人民法院(2009)连民一终字第0849号民事判决,向检察机关申诉。江苏省人民检察院于2012年4月1日作出苏检民抗(2012)26号民事抗诉书,向本院提出抗诉。法院于2012年6月14日作出(2012)苏民抗字第0048号民事裁定,提审本案。法院依法组成合议庭,公开开庭审理了本案。江苏省人民检察院指派检察员胡晨光、刘晓阳出庭。申诉人杨爱斌及被申诉人恒瑞公司的委托代理人刘友青到庭参加诉讼。本案再审开庭后,法院将杨爱斌对本案的申请再审案件即(2012)苏民申字第309号案件并入本案审理。本案现已审理终结。

2009年3月31日,一审原告杨爱斌起诉至连云港市新浦区人民法院称,其

① 杨爱斌与江苏恒瑞医药股份有限公司劳动争议再审民事判决书,中国裁判文书网,http://wenshu.court.gov.cn/content/content?DocID=ca764f88-d1f1-4133-befc-cc46c6111ccf,2014-12-15。

于 1996 年 6 月应聘到恒瑞公司工作并签订了劳动合同，双方在 2007 年又签订了自 2007 年 1 月 12 日至 2012 年 1 月 11 日的劳动合同。杨爱斌一直敬业努力，勤奋工作，恒瑞公司却于 2008 年 4 月 16 日单方违法解除了双方间的劳动合同。现请求法院判令恒瑞公司支付拖欠杨爱斌的工资及应付补偿金等共计 275301. 47 元。诉讼中，又要求增加标的金额至 315785. 47 元。

一审被告恒瑞公司辩称，杨爱斌的诉求已经仲裁，其再次起诉恒瑞公司无事实和法律依据。恒瑞公司依照法定程序解除与杨爱斌的劳动合同，是因为杨爱斌违反劳动合同法的规定及恒瑞公司的规章制度，不存在支付解除劳动合同经济补偿金的问题，请求法院判决驳回杨爱斌的诉讼请求。

连云港市新浦区人民法院一审查明，杨爱斌于 1996 年 6 月应聘到恒瑞公司工作并签订了劳动合同。2006 年 9 月，杨爱斌因家庭原因提出辞职申请。2007 年 1 月，双方又签订了自 2007 年 1 月 12 日至 2012 年 1 月 11 日的劳动合同。2008 年 1 月，杨爱斌在与恒瑞公司办理完市场销售代表业务交接报告书后等待调整新的市场时，未按规定到恒瑞公司的公司内勤上班，恒瑞公司于 2008 年 4 月 16 日以杨爱斌违反公司规章制度和劳动合同法的规定为由，解除了双方的劳动合同，并为杨爱斌缴纳社会保险费至 2008 年 4 月，但自杨爱斌未到公司内勤上班起停止支付工资。为此，杨爱斌向连云港市劳动争议仲裁委员会申请仲裁，连云港市劳动争议仲裁委员会经审理，裁决如下：一、恒瑞公司在裁决生效之日起 10 日内一次性支付杨爱斌风险金、奖金 10729. 10 元。二、驳回杨爱斌的其他请求。杨爱斌不服上述仲裁裁决，诉至一审法院，要求判令恒瑞公司支付加倍赔偿 2006 年 8 月、9 月、10 月三个月工资 10200 元、三个月待岗工资并加倍赔偿 10200 元、拖欠工资加倍赔偿 10200 元、违约解除劳动合同经济赔偿金及加倍赔偿各 70158 元、加倍支付拖欠业务费 44628 元、退还风险抵押金 15729. 10 元、缴纳 2008 年 1 月至结案时的社会保险费、退还 2006 年 10 月、11 月、12 月三个月个人缴纳的养老保险费 530 元、退还住房公积金 3000. 37 元、给付业务提成款加倍赔偿金 40526 元、代垫临床费 38000 元、工作期间的房租费 6500 元、二次违约解除合同赔偿 12000 元、失业救济金 9100 元、临床费 14824 元、市场维护费 4560 元。诉讼中，杨爱斌认可已收到恒瑞公司支付的拖欠工资 10200 元、拖欠业务费 44628 元、业务提成款 40526 元，双方还确认风险抵押金为 14827. 10 元和住房公积金为 3000. 37 元，尚在恒瑞公司处。另查明，恒瑞公司已支付杨爱斌 2006 年 8 月、9 月两个月的基本工资及其他费用，2006 年 9 月

20日，杨爱斌申请辞职，双方解除劳动关系，后于2007年1月再次订立劳动合同。

连云港市新浦区人民法院一审认为，杨爱斌在与恒瑞公司办理完毕市场销售代表业务交接报告书后等待调整新的市场时，未按规定到恒瑞公司的公司内勤上班，已超过15天，恒瑞公司解除了与杨爱斌的劳动关系，且已书面送达杨爱斌，并不违反法律规定。对杨爱斌未前去上班的辩解观点不予采信。由此，杨爱斌要求恒瑞公司支付解除劳动关系前的三个月待岗工资加倍赔偿10200元、缴纳2008年5月以后的社会保险费、违约解除劳动合同经济赔偿金及加倍赔偿各70158元、二次违约解除合同赔偿12000元，不予支持。对于杨爱斌要求恒瑞公司支付加倍赔偿2006年8月、9月、10月三个月工资10200元、拖欠工资加倍赔偿10200元、加倍支付拖欠业务费44628元、加倍支付业务提成款40526元的诉求，该四项费用，恒瑞公司已实际支付给杨爱斌，杨爱斌以恒瑞公司延迟支付为由要求恒瑞公司加倍支付，无事实和法律依据，不予支持。杨爱斌要求恒瑞公司退还2006年10月、11月、12月三个月的个人缴纳的养老保险费530元的主张，因未举证证明，恒瑞公司也不予认可，故不予采信。关于杨爱斌主张的给付代垫临床费38000元、工作期间的房租费6500元，该两笔费用，系双方于2008年1月21日对账后所形成的四笔尚欠费用，另外两笔费用，恒瑞公司已支付，因此，该两笔费用，恒瑞公司也应当支付给杨爱斌。对于临床费14824元、市场维护费4560元，均系杨爱斌增加的诉讼请求，未经过劳动争议仲裁委员会仲裁，杨爱斌提供的对账明细，系杨爱斌与顾洪成于2008年7月4日的对账，因顾洪成未出庭作证，该证据不能证明杨爱斌的诉讼主张，不予支持。关于失业金的支付，属于行政争议，不属于劳动争议纠纷。对于双方确认的风险抵押金14827.10元和住房公积金3000.37元，杨爱斌要求退还，恒瑞公司也表示同意，予以支持。连云港市新浦区人民法院作出(2009)新民一初字第1178号民事判决：(1)恒瑞公司于判决生效后十日内一次性支付杨爱斌风险抵押金及奖金14827.10元、住房公积金为3000.37元、代垫临床费38000元、工作期间的房租费6500元，共计62327.47元。(2)驳回杨爱斌的其他诉讼请求。案件受理费用200元，由恒瑞公司负担。

杨爱斌不服一审判决，向江苏省连云港市中级人民法院提起上诉称：(1)一审法院认定事实错误，证据不足。恒瑞公司于2006年10月10日单方解除与杨爱斌劳动合同是违法的。2006年10月、11月、12月三个月应当向杨爱斌每月支付2倍的工资。2007年1月,恒瑞公司未与杨爱斌订立无固定期限的劳动合同违法,应当自订立无固定期限合同之日起向杨爱斌每月支付2倍工资即22100元。恒瑞公司应给付杨爱斌2008年2月至4月16日三个月基本工资5100元及2008年4月至案件结束时每月1700元基本工资。一审法院对临床费14824元,市场维护费4560元,不予认定是错误的,认定杨爱斌"旷工"成立没有事实和法律依据,将恒瑞公司扣发杨爱斌的公积金3100.37元判为3000.37元是错误的。请求判决恒瑞公司给付杨爱斌被迫辞职后的经济补偿金和赔偿金164244元。(2)一审法院审判程序违法。一审法院认定问题明显考勤表不当,认定恒瑞公司2008年4月将解除劳动合同通知书送达杨爱斌属程序违法。恒瑞公司的诉讼代理人之一钟新学是退休公职人员,另一位诉讼代理人刘友青有近亲属在法院工作,影响公正判决。一审补正裁定的作出时间及补正内容违反法定程序。一审庭审结束后,主办法官和书记员不给时间让杨爱斌看庭审记录内容便强行让杨爱斌签字的行为违法。

恒瑞公司答辩称,杨爱斌的上诉理由不能成立,一审判决应予维持。本案审理主要针对2008年因杨爱斌无故旷工而解除劳动关系,而不涉及2006年解除劳动合同事宜。恒瑞公司没有拖欠杨爱斌的工资,即使有拖欠业已与杨爱斌结算完毕,不存在双倍给付的问题。恒瑞公司从2008年1月就已解除与杨爱斌的劳动关系,不应再支付杨爱斌2008年4月至案件结束的工资。本案是因为杨爱斌违反劳动纪律而解除劳动关系,不适用补偿金的相关规定。杨爱斌认为考勤表是虚假的应该提供书面证据予以推翻。一审时杨爱斌已经认可收到了解除劳动合同通知书。恒瑞公司的一审诉讼代理人钟新学退休已满两年,作为代理人不违反法律规定,且另一诉讼代理人刘友青并没有近亲属是法官。一审裁定补正相关疏忽并无不妥。

江苏省连云港市中级人民法院二审查明,1996年6月,杨爱斌应聘到恒瑞公司工作并签订了劳动合同。2006年9月20日,杨爱斌因家庭原因提出辞职申请。杨爱斌提出辞职后,恒瑞公司于同年10月10日向其发出《解除劳动合同通知书》,杨爱斌予以签收,但杨爱斌辩称恒瑞公司寄出的是一份白纸。二审中,杨爱斌提供2006年11月17日市场交接单一份,证明其在同年11月仍然上岗。对该证据,恒瑞公司认为本案是2008年4月16日解除劳动合同引起的争议,该证据与本案没有关联性。

2007年1月,双方又签订了自同年1月12日至2012年1月11日的劳动合同。2008年1月，杨爱斌在与恒瑞公司办理完市场销售代表业务交接报告书后等待调整新的市场时，未按规定到恒瑞公司的公司内勤上班。2008年2月3日，杨爱斌递交辞职书一份，内容为：由于泰州办克扣我工资13600元（2006年10月、11月、12月，2007年1月、2月、11月、12月，2008年1月）及提成款113858元等费用高达180000元。另外武振宇不安排杨爱斌工作，还要关杨爱斌禁闭。杨爱斌决定辞去恒瑞公司工作并解除劳动关系。恒瑞公司在该辞职书上盖章。

2008年4月11日，恒瑞公司以杨爱斌违反公司规章制度和劳动合同法的规定为由，作出解除杨爱斌劳动关系的决定，并将该决定内容通知恒瑞公司工会。同年4月17日，恒瑞公司通过国内挂号信函向杨爱斌寄送《解除劳动合同通知书》，通知自2008年4月16日解除劳动关系。国内挂号信函收据载明寄达局：本市；收件人：杨爱斌。对于恒瑞公司2008年4月17日寄出的《解除劳动合同通知书》，邮政部门同年10月24日出具的查询邮件回单载明，邮件已在同年4月17日由本人签收。

恒瑞公司为杨爱斌缴纳社会保险费至2008年4月，但自杨爱斌未到公司内勤上班起恒瑞公司停止支付其工资。2008年3月10日，恒瑞公司付杨爱斌40526元；同年8月8日付44628元；同年8月11日付10200元。对上述付款，杨爱斌认可恒瑞公司是支付业务提成款40526元，拖欠业务费44628元和拖欠工资10200元。诉讼中，双方还确认风险抵押金为14827.10元和住房公积金尚在恒瑞公司处。杨爱斌住房公积金个人明细账余额为3076.68元，利息为23.69元，合计为3100.37元。

二审另查明，杨爱斌在一审中向法院提交了2008年1月21日《费用交接表》一份，该表中内容包括业务提成款40526元、工资等10200元及临床费38000元、房租费6500元。该费用名称内容为杨爱斌本人书写，表下方交方、接方、会计和主任签名的签字均为复印。对该费用交接表，恒瑞公司认为是复印件，不予承认。杨爱斌所提供的证人薛某、武某，二人在本案仲裁及一审诉讼过程中，同时与恒瑞公司发生劳动争议。

一审法院于2009年6月24日送达民事判决后，于同年7月13日又向杨爱斌下达补正裁定，裁定内容为：判决书第4页第15行"关于杨爱斌主张的给付代垫临床费38000元、工作期间的房租费6500元，该二笔费用，系双方于2008年1月21日对账后所形成的四笔尚欠费用，另外二笔费用，恒瑞公司已支付，因此，该二笔费用，恒瑞公司也应当支付给杨爱斌”补正为“关于杨爱斌主张的给付代垫临床费38000元、工作期间的房租费6500元，该二笔费用，系杨爱斌举证的复印件，双方于2008年1月21日对账后所形成的四笔尚欠费用，另外二笔费用，恒瑞公司已支付，因此，该二笔费用无事实依据，法院不予支持”；判决主文第一项“江苏恒瑞医药股份有限公司于判决生效后十日内一次性支付杨爱斌风险抵押金及奖金14827.10元、住房公积金为3000.37元、代垫临床费38000元、工作期间的房租费6500元，共计62327.47元”补正为“江苏恒瑞医药股份有限公司于判决生效后十日内一次性支付杨爱斌风险抵押金及奖金14827.10元、住房公积金为3000.37元，共计17827.47元”。

江苏省连云港市中级人民法院二审认为，本案中，杨爱斌在2006年9月20日提出辞职申请，至2007年1月杨爱斌又与恒瑞公司重新签订了自2007年1月12日至2012年1月11日的劳动合同，即杨爱斌在2006年10月、11月、12三个月期间，与恒瑞公司不存在劳动合同关系，杨爱斌称此期间与恒瑞公司存在事实劳动关系，无证据证实，同时，杨爱斌该请求超过了法定诉讼时效，杨爱斌要求恒瑞公司支付该三个月工资及赔偿金的上诉请求，不应予以支持。2007年1月12日，当事人双方签订了五年期的劳动合同，该合同应为有效合同。杨爱斌虽称恒瑞公司拒绝与其签订无固定期限劳动合同而强迫其签订了五年期的劳动合同，但无证据证实，其认为恒瑞公司因未签订无固定期限劳动合同进而要求恒瑞公司应支付其自2007年1月至2008年1月两倍工资的请求，无法律依据，不应予以支持。2008年1月17日之后，杨爱斌未能按公司的规定到内勤上班，结合2008年2月3日杨爱斌书面提出辞职，能够证实杨爱斌未上班的事实存在。因杨爱斌所提供证人薛某、武某与本案有利害关系，对二人所作“受恒瑞公司领导指使，于2008年1月底2月初数次拦截杨爱斌于恒瑞公司大门外，不准杨爱斌进恒瑞公司人资部等待分配工作”的证言，二审不予采信。杨爱斌称2008年4月17日恒瑞公司没有将《解除劳动合同通知书》送达其本人，挂号信函收据上的“本市”和“杨爱斌”签名笔迹，属于模仿造假，没有事实依据，其要求对笔迹进行鉴定的请求，一审法院不予支持是正确的。杨爱斌对此认为一审程序违法，没有事实和法律依据，不应予以采纳。

杨爱斌自2008年2月3日提出辞职至同年4月16日恒瑞公司作出解除劳动合同决定的期间内，未到单位上班，亦未提供正常劳动，其要求给付此三个月工资及加倍赔偿10200元，及2008年4月至本案件审理终结期间的工资，没有事实依据，不应予以支持。但因杨爱斌在该期间内仍属恒瑞公司职工，恒瑞公司应以不低于当地最低工资标准的80%向杨爱斌支付生活费。该生活费按2.5月计算，为700元×80%×2.5=1400元。杨爱斌于2008年2月3日主动提出辞职，其要求恒瑞公司承担违约解除合同赔偿款，没有事实和法律依据。对于杨爱斌在一审中认为恒瑞公司应承担违法解除劳动合同经济补偿金及加倍赔偿金各70158元，在上诉中杨爱斌又要求恒瑞公司支付其被迫辞职后的经济补偿金和赔偿金计164244元的问题。因2006年9月20日提出辞职后的部分已经超过诉讼时效，一审法院不予支持，并无不当。2008年2月3日系杨爱斌本人提出辞职，而非恒瑞公司违法解除合同或强迫其辞职情形，杨爱斌提出该上诉请求没有事实依据，不应予以支持。对于合同履行中，恒瑞公司存在未及时足额支付劳动报酬情形的，基于双方同意解除劳动合同，恒瑞公司同时应支付杨爱斌经济补偿金2267元。超出规定的部分上诉请求，不应予以支持。对于杨爱斌要求恒瑞公司为其缴纳社会保险费和失业金问题，该费用不属人民法院劳动争议案件处理范围，本案中不作处理。一审中，杨爱斌认可恒瑞公司已支付其业务提成款40526元，拖欠业务费44628元和拖欠工资款10200元，其再要求支付加倍赔偿，没有法律依据，一审法院不予支持，并无不当。

杨爱斌在一审中向法院提交的2008年1月21日《费用交接表》下方交方、接方、会计和主任签名的签字均为复印，该交接表中杨爱斌本人所书写的38000元临床费，6500元房租费部分内容，由于恒瑞公司不予认可，一审法院不予确认，并无不当。对于临床费14824元、市场维护费4560元两项费用，未经仲裁裁决，杨爱斌径直向一审法院起诉，不符合法律规定，一审法院对此不予处理并无不当，杨爱斌可另行申请仲裁。经查，钟新学、刘友青的诉讼代理身份不违反我国民事诉讼法的强制性规定，杨爱斌上诉认为钟新学、刘友青不适合担任代理人的上诉理由，不符合法律规定，不应予以支持。一审庭审记录能够证实，系杨爱斌拒绝签字，而非一审法官和书记员强行让其签字，杨爱斌称一审法官和书记员强行让其在庭审记录上签字违法的上诉理由没有事实依据。经查，杨爱斌住房公积金个人明细账余额为3076.68元，利息为23.69元，合计为3100.37元，对该数额一审判决确定有误，应予以纠正。同时，双方对于风险抵押金为14827.10元没有争议，恒瑞公司应予支付。

综上所述，杨爱斌部分上诉请求符合法律规定，二审予以采纳。关于补正裁定问题，一审法院补正裁定涉及实体内容，程序不妥，但不足以导致本案发回重审,二审根据审理查明案件事实,予以改判。江苏省连云港市中级人民法院作出(2009)连民一终字第0849号民事判决:一、撤销连云港市新浦区人民法院(2009)新民一初字第1178号民事判决;二、江苏恒瑞医药股份有限公司于判决生效后十日内一次性支付杨爱斌风险抵押金14827.10元、住房公积金为3100.37元、生活费1400元,共计19327.47元。之后,江苏省连云港市中级人民法院又作出(2009)连民一终字第0849号民事裁定称其作出的(2009)连民一终字第0849号民事判决书判决主文第二项"江苏恒瑞医药股份有限公司于判决生效后十日内一次性支付杨爱斌风险抵押金14827.10元、住房公积金为3100.37元、生活费1400元,共计19327.47元"应为"江苏恒瑞医药股份有限公司于判决送达后十日内一次性支付杨爱斌风险抵押金14827.10元、住房公积金为3100.37元、生活费1400元、经济补偿金2267元,共计21594.47元"。

江苏省人民检察院抗诉认为,江苏省连云港市中级人民法院(2009)连民一终字第0849号民事判决否认2006年11月、12月双方之间存在事实劳动关系有误。根据本案市场交接单载明的杨爱斌于2006年11月17日接手了蔡玫在兴化市第一人民医院的市场、恒瑞公司"销售代表费用结算表"所载内容,以及恒瑞公司认可拖欠杨爱斌6个月工资(包含2006年11月、12月两个月)并于2008年8月11日将拖欠的工资款打入杨爱斌账户等证据,可以认定2006年11—12月杨爱斌与恒瑞公司之间存在事实劳动关系。而且,(2009)连民一终字第0849号民事判决不支持杨爱斌关于恒瑞公司拖欠工资经济补偿金的诉请不当。根据劳动部《违反和解除劳动合同的经济补偿办法》(现已失效)第三条的规定,用人单位克扣或者无故拖欠劳动者工资的,以及拒不支付劳动者延长工作时间工资报酬的,除在规定的时间内全额支付劳动者工资报酬外,还需要加发相当于工资报酬百分之二十五的经济补偿金,即10200元×25%=2550元。

杨爱斌除认同检察机关的抗诉意见外,还要求对以下17项进行改判纠正:(1)判决恒瑞公司2006年10月10日《解除劳动合同通知书》无效,并赔偿6000元违约金。(2)判决恒瑞公司给付2006年10月、11月、12月三个月的双倍工资10200元。(3)2007年1月至2008年4月恒瑞公司应给付杨爱斌双倍工资。(4)判决恒瑞公司2008年4月16日《解除劳动合同通知书》无效,并赔偿6000元违约金。(5)恒瑞公司应给付杨爱斌经济补偿金和赔偿金24万元。(6)2008年2月至结案时的养老金、医保金等五金费用应由恒瑞公司替杨爱斌缴纳。(7)恒瑞公司应赔偿杨爱斌两年失业救济金15360元。(8)恒瑞公司应赔偿杨爱斌两年失业医疗补助金 4320 元。(9)恒瑞公司应赔偿杨爱斌两年一次性生活补助费 40800 元。(10)恒瑞公司应返还杨爱斌临床费 14824 元、统方费、市场维护费 4560 元。(11)恒瑞公司应返还杨爱斌代垫临床费 38000 元、房租费 6500 元。(12)恒瑞公司应给付杨爱斌自 2008 年 2 月至案结时每月 1700 元的基本工资。(13)一、二审案件受理费共计 400 元应明确由恒瑞公司负担。(14)恒瑞公司违法提取杨爱斌的公积金应赔偿杨爱斌 7027.2 元。(15)恒瑞公司应给付杨爱斌风险抵押金 4 万元、利息 1.3 万元。(16)恒瑞公司应对杨爱斌请求事项(1)、(2)、(3)、(4)、(5)、(7)、(8)、(9)、(10)、(11)、(12)按同档期贷款给付利息。(17)二审违反程序,二审承办法官伏广超违法拒不回避,坚持枉法裁判,且伏广超独自庭审违规。

恒瑞公司辩称,事实劳动关系的确认,应从劳动者为用人单位提供劳务并接受用人单位的管理和用人单位支付劳动者报酬两个方面来进行认定,不能简单地从恒瑞公司支付杨爱斌报酬来推定双方事实劳动关系的存在。恒瑞公司能够认可的经济补偿数额为 600 元/月 ×6 月 ×25% =900 元。

法院再审查明,原二审判决认定的事实正确,法院依法予以确认。

法院再审另查明,一审法院预收了杨爱斌诉讼费 200 元并判决一审案件受理费 200 元由恒瑞公司负担。二审判决书中未载明收取二审案件受理费,亦没有明确一、二审诉讼费的负担。

法院再审认为:第一,杨爱斌虽然在二审中提交了其与蔡玫于 2006 年 11 月 17 日进行市场交接的市场交接单,以证明其在 2006 年 11 月与恒瑞公司尚存在劳动关系,但该市场交接单中只有蔡玫、杨爱斌及赵勇三名业务员的签名,明显不同于杨爱斌于 2008 年 1 月进行业务交接的既有交方、接方签字又有办事处会计、办事处主任、大区经理签字的“销售代表业务交接报告书”。在恒瑞公司不认可该市场交接单的真实性及关联性的情况下,该市场交接单不足以作为认定 2006 年 11—12 月杨爱斌与恒瑞公司之间存在事实劳动关系的依据。第二,恒瑞公司载明制表时间为 2006 年 11 月 5 日和回笼月份为 10 月的“销售代表费用结算表”,反映的只是杨爱斌 2006 年 10 月的收入情况,并不能反映杨爱斌 2006 年 11 月的收入情况,更不能据此推导出 2006 年 11—12 月杨爱斌与恒瑞公司之间存在事实劳动关系的结论。第三,检察机关关于恒瑞公司认可拖欠杨爱斌 6 个月工资(包含 2006 年 11 月、12 月两个月)的抗诉意见缺乏相应依据,可以认定 2006 年 11—12 月杨爱斌与恒瑞公司之间存在事实劳动关系的抗诉意见依据不足，其认为恒瑞公司于2008年8月11日给付杨爱斌的10200元，是支付的拖欠工资还需要加发百分之二十五的经济补偿金的抗诉理由，法院不予支持。第四，对于杨爱斌向本院申请再审提出的17项申请再审理由中，除了对一审案件受理费应在再审判决中明确负担外，其他申请再审理由因缺乏相应的事实与法律依据，法院亦不予支持。

▶【案件焦点】> > >

当前由于用工单位和劳动者法律意识淡薄，大量存在实际用工行为，对劳动合同的签订存在不重视，而我国劳动法为了保护弱势的劳动者，设计了双倍工资制度，对于事实上具有劳动关系，但是未签订劳动合同的用工行为进行保护。

▶【学理分析】> > >

劳动合同法自实施以来，影响和推动了中国劳动关系合同化的发展进程。据上海有关统计部门统计，劳动合同法实施后，劳动合同的签订率已经达到95%以上。在这个快速增长的数字背后，是劳动合同法中确立"未签订劳动双倍工资罚则"的规定起到的警示效果。

根据劳动合同法第八十二条第一款的规定："用人单位自用工之日起超过一个月不满一年未与劳动者订立书面劳动合同的，应当向劳动者每月支付二倍的工资。"双倍工资罚则是用人单位未依照劳动合同法规定在法定期限内与劳动者订立书面劳动合同而向劳动者承担支付二倍工资赔偿的法律责任。双倍工资罚则是劳动合同法创设的一项新制度，它具有以下几方面的特点：

其一，双倍工资罚则具有单方性，即双倍罚则只适用于用人单位，而不适用于劳动者。劳动合同是双务合同，订立书面劳动合同是劳资双方当事人的基本义务，但是劳动合同法具有社会法的特点，在衡量劳资双方的利益天平上，劳动合同法具有倾斜性，即倾向于保护弱势群体——劳动者。因此，用人单位在订立书面劳动合同的义务尤为明显，所以，双倍工资罚则是用人单位承担违法行为的法律责任。

其二，双倍工资罚则具有惩罚性。在劳动领域中，绝大多数劳动者处于弱势者的地位，用人单位是劳动关系中的强者，如果用人单位不主动及时与劳动者订立劳动合同，而且劳动者维权意识淡薄的情况下，劳动者合法权益就会被侵犯。因此，劳动合同法对劳动者加以特别的保护，通过对违法的用人单位进行双倍工资的惩罚性赔偿，一方面，可以阻止或减少用人单位为降低用工成本而规避法律的违法行为；另一方面，通过这种惩罚性规定的方式，减轻了劳动者损失的举证责任。

其三，双倍工资罚则强调用人单位主观过错性。双倍工资罚则立法思想最早来源于2009年消费者权益保护法第四十九条关于经营者因欺诈行为而导致向消费者支付双倍消费金额的赔偿规定。适用该法条规定的要件之一就是经营者在提供商品或服务时具有欺诈行为，充分说明了经营者在与消费者建立消费关系中存在主观上的过错。虽然在劳动合同法中并没有明确规定对用人单位适用双倍工资罚则是否要求用人单位在主观上存在过错，但是依据劳动合同法实施条例第五条规定："自用工之日起一个月内，经用人单位书面通知后，劳动者不与用人单位订立书面劳动合同的，用人单位应当书面通知劳动者终止劳动关系，无需向劳动者支付经济补偿，但是应当依法向劳动者支付其实际工作时间的劳动报酬。"如果用人单位已经履行了诚信义务，因不可抗力、意外情况或者劳动者拒绝签订劳动合同等非用人单位过错以外的原因，造成用人单位未与劳动者签订劳动合同的，应当不适用双倍工资罚则。

其四，双倍工资罚则具有法定性。双倍工资罚则作为一种惩罚性赔偿责任，其范围、大小、期限都由劳动合同法及相关法律法规明确规定，而不能通过双方当事人约定减轻或免除。

双倍工资罚则是劳动合同立法的一个亮点。由于立法柔性的存在使得该制度在实践当中仍有不少困惑或争议，因此，就双倍工资罚则在实践中的适用问题进行探讨。

一、双倍工资罚则适用劳动仲裁时效的问题

劳动仲裁时效是劳动关系当事人在法定期限内不行使向劳动争议仲裁机构申请保护其劳动权益的请求权，就丧失该请求权的法律制度。根据劳动争议调解仲裁法第二十七条规定，仲裁时效有一般规定和特别规定两类，一般规定是劳动争议申请仲裁的时效期为一年，从知道或应当知道其权利被侵害之日起计算；特别规定是劳动关系存续期间拖欠劳动报酬发生争议的，劳动者申请仲裁不受一般规定的限制，但是，劳动关系终止的，应当自劳动关系终止之日起一年内提出。

本案中的申请请求是适用一般规定还是适用特别规定？在司法实践中，有两种意见：第一，法律将其定义为工资，而非"赔偿金""补偿金"，故应当理解为劳动报酬，适用追索劳动报酬的时效规定，即从劳动关系终止之日起计算一年。第二，双倍工资不属于劳动报酬，属于对用人单位违反劳动合同法规定的惩罚性赔偿，双方争议的时效适用应当是一般规定，即从当事人知道或者应当知道其权利被侵害之日起计算。

学理上比较赞同第二种意见，理由如下：

一方面，根据马克思政治经济学原理，工资是劳动力市场价格的表现形式，是劳动者实际提供的与劳动力密切相关的，因劳动而获取的报酬。根据原劳动部《关于贯彻执行〈中华人民共和国劳动法〉若干问题的意见》第五十三条规定，工资一般包括计时工资、计件工资、奖金、津贴和补贴、延长工作时间的工资报酬以及特殊情况下支付的工资等，并没有包括因相对方（用人单位）违法而使得劳动者获得的额外利益。

另一方面，对双倍工资罚则立法目的分析。劳动合同法第八十二条规定目的是在劳动领域中劳资力量明显不对等的情况下，希望通过公法介入手段，督促强势地位的用人单位主动及时与劳动者签订书面劳动合同，保护弱势群体劳动者合法权益。如果用人单位不履行法定义务，则会付出相应的违法成本，承担相应的赔偿责任，以工资作为计算标准减轻了劳动者的举证责任，方便计算用人单位的违法成本。双倍工资罚则立法目的很明显就是对用人单位不与劳动者签订书面劳动合同的违法行为的一种惩罚。

所以，因用人单位的违法行为而给劳动者获得额外的收入，并不符合经济学关于工资分析和相关法律对工资的认定，也不符合立法目的。双倍罚则是一种基于法律规定的赔偿请求权，而不是劳动报酬争议，应当适用劳动争议仲裁时效的一般规定，即仲裁时效是一年，从知道或应当知道其权利被侵害之日起计算。

二、双倍工资罚则的计算期间

双倍工资罚则的期间起始于用工之日起超过一个月，这点应该没有异议，但是关于终止时间实践中有两种意见：一是满一年即止；二是满一年应签订无固定期限劳动合同而未签订的期间，仍应支付双倍工资。笔者比较赞同第一种意见，满一年即止。劳动合同法第八十二条第二款规定："用人单位违反本法规定不与劳动者订立无固定期限劳动合同的，自应当订立无固定期限劳动合同之日起向劳动者每月支付二倍的工资。"适用本条规定的前提是有符合劳动合同法第十四条规定的应当订立无固定期限劳动合同的三大情形之一，但是本案中的劳动者的情形并不符合第十四条规定应当订立无固定期限劳动合同的情形，而是已经视为与用人单位订立无固定期限劳动合同。根据劳动合同法实施条例第七条，双倍工资赔偿“自用工之日起满一个月的次日至满一年的前一日”向劳动者每月支付两倍的工资，“并视为自用工之日起满一年的当日已经与劳动者订立无固定期限劳动合同，应当立即与劳动者补订书面劳动合同”。因此，用人单位未签订劳动合同满一年起承担的法律责任为补订书面劳动合同，支付的双倍工资赔偿最长为 11 个月。双倍工资罚则是劳动合同法的立法亮点，随着司法实践不断深入和发展，双倍工资罚则的适用会越来越完善。

▶【法条链接】> > >

中华人民共和国劳动合同法

第八十二条 用人单位自用工之日起超过一个月不满一年未与劳动者订立书面劳动合同的，应当向劳动者每月支付二倍的工资。

用人单位违反本法规定不与劳动者订立无固定期限劳动合同的，自应当订立无固定期限劳动合同之日起向劳动者每月支付二倍的工资。

中华人民共和国劳动合同法实施条例

第五条 自用工之日起一个月内，经用人单位书面通知后，劳动者不与用人单位订立书面劳动合同的，用人单位应当书面通知劳动者终止劳动关系，无须向劳动者支付经济补偿，但是应当依法向劳动者支付其实际工作时间的劳动报酬。

第六条 用人单位自用工之日起超过一个月不满一年未与劳动者订立书面劳动合同的，应当依照劳动合同法第八十二条的规定向劳动者每月支付两倍的工资，并与劳动者补订书面劳动合同；劳动者不与用人单位订立书面劳动合同的，用人单位应当书面通知劳动者终止劳动关系，并依照劳动合同法第四十七条的规定支付经济补偿。

前款规定的用人单位向劳动者每月支付两倍工资的起算时间为用工之日起满一个月的次日，截止时间为补订书面劳动合同的前一日。

第七条 用人单位自用工之日起满一年未与劳动者订立书面劳动合同的，自用工之日起满一个月的次日至满一年的前一日应当依照劳动合同法第八十二条的规定向劳动者每月支付两倍的工资，并视为自用工之日起满一年的当日已经与劳动者订立无固定期限劳动合同，应当立即与劳动者补订书面劳动合同。

CHAPTER 3

第三章

值班与加班的区别

王力与大连汇博劳务派遣有限公司船员劳务合同纠纷申请再审案①

▶【案情简介】> > >

杨某诉称，其于2000年9月19日就职于某物业公司，担任部门经理职务。2013年4月，该公司未经本人同意，降低了职务，工资亦随之降低。2012年6月至2013年5月期间，每日均加班2小时，存在休息日、法定节假日加班情况。另社会保险费未足额缴纳。2013年6月6日，杨某向该公司邮寄了解除劳动合同通知书，该份通知书主要内容为杨某以公司未支付加班工资、未足额缴纳社会保险费为由提出解除劳动合同。当月中旬，杨某向劳动人事争议仲裁委员会申请仲裁，要求某物业公司支付违法解除劳动合同赔偿金，2012年6月至2013年5月加班工资（延时、休息日、法定节假日），以及补缴社会保险费（差额部分）。

某物业公司辩称，关于杨某主张违法解除劳动合同赔偿金的请求，因当事人之间的劳动合同系杨某提出解除，根据劳动合同法有关此项规定，不存在公司违法解除劳动合同的情形，故该请求应予驳回。关于杨某主张加班工资的请求，由杨某书面确认的考勤表显示，该员工不存在延时加点情形，结合值班表和值班记录，杨某在部分休息日、法定节假日工作实为值班，杨某将值班等同于加班，不能有效成立，该请求亦应予驳回。关于杨某主张足额缴纳社会保险费的请求，根据国家和地方有关规定，该项请求不属于劳动争议，应

① 王力与大连汇博劳务派遣有限公司、大连中远船务工程有限公司船员劳务合同纠纷申请再审民事裁定书，中国裁判文书网，http://wenshu.court.gov.cn/content/content? DocID = c94e1bc1 - ce84 - 4739 - 9e91 - 116fe948f9a4，2015 - 11 - 04。

不予受理。

杨某向仲裁庭提交了加班审批单(加班事由为值班)以及有公司负责人书面确认的值班统计一览表以证实其存在加班,以及解除劳动合同通知书。某物业公司则主张加班审批单以及值班统计一览表恰与该公司提交的值班表、值班记录(杨某认可值班表和值班记录的真实性)相印证,杨某在部分休息日、法定节假日出勤即为值班,其以此要求该公司支付加班工资显然无事实依据。因杨某认可考勤表由其书面确认,故杨某不存在延时加班情形。同时,该公司主张根据杨某邮寄的解除劳动合同通知书,可认定双方之间的劳动合同系杨某提出,不符合用人单位向劳动者支付违法解除劳动合同赔偿金的法定情形。

事实上,某物业公司提供的考勤表显示,杨某在部分休息日、法定节假日的记录符号与工作日相同,工作日工作时间为8小时,一般每周休息两天。另,值班表和值班记录均无杨某书面确认。对杨某的请求均不予支持。后杨某未再起诉。

▶【案件焦点】>>>

当前用工单位为了保持生产的正常进行,需要劳动者值班从而保持生产的进行,值班主要是为了保证生产是一种客观存在的行为,加班是企业为了追求利益最大化而从事的一种行为,事实上是可以不必如此的。另外需要指出的是,值班不必增加薪酬,而加班是需要支付1.5倍工资的。

▶【学理分析】>>>

一、理解违法解除劳动合同赔偿金的概念

劳动合同法第四十八条规定,用人单位违反本法规定解除或者终止劳动合同,劳动者要求继续履行劳动合同的,用人单位应当继续履行;劳动者不要求继续履行劳动合同或者劳动合同已经不能继续履行的,用人单位应当依照本法第八十七条规定支付赔偿金。第八十七条规定,用人单位违反本法规定解除或者终止劳动合同的,应当依照本法第四十七条规定的经济补偿标准的二倍向劳动者支付赔偿金。该赔偿金具有对用人单位惩罚的性质。根据上述,结合本案,只有在某物业公司违法(实体和程序两方面)解除劳动合同的前提下,杨某方可向该公司主张违法解除劳动合同赔偿金。在用人单位存在法律上“过错”的情

况下，劳动者据此提出解除劳动合同的，仅能要求用人单位支付经济补偿。暂且不论杨某提出解除劳动合同的事实，或杨某在庭审时某物业公司对其采取了降职降薪，迫不得已而辞职的陈述是否客观存在，杨某亦已犯了“皮之不存，毛将焉附”的致命性错误。

二、正确区分值班和加班的差异

加班是指劳动者根据用人单位的要求，在日标准工作时间之外、休息日、法定节假日等时间从事生产或工作。值班是指劳动者根据用人单位的要求，在正常工作日之外担负一定的非生产性的责任，主要是因单位安全、消防、节假日等需要，担任单位临时安排或制度安排的与劳动者本职工作无关的工作，或虽与劳动者本职工作有关联，但值班期间可以休息的工作。本案中，杨某提交的加班审批单（加班事由为值班）和值班统计一览表，该两份证据的核心内容均为值班。因此，杨某以值班等同于值班显属事实定性出现明显偏差，将两者混为一谈。实际上，杨某可以要求某物业公司按照规章制度、集体合同、劳动合同或惯例等支付相应待遇。因杨某已书面确认考勤表（无延时加点情形），其再主张每日均延时加班两小时，属自相矛盾。另，因杨某提交了加班审批单，可知某物业公司对员工加班有严格的审批制度，据此亦可否认杨某无延时加班情形。

三、准确把握用人单位违法缴纳社会保险费的救济途径

社会保险法第八十六条规定，用人单位未按时足额缴纳社会保险费的，由社会保险费征收机构责令限期缴纳或者补足，并自欠缴之日起，按日加收万分之五的滞纳金；逾期仍不缴纳的，由有关行政部门处欠缴数额一倍以上三倍以下的罚款。根据上述规定，劳动者认为用人单位在缴纳社会保险方面存在侵害其社会保险权益行为的，可以要求社会保险行政部门或者社会保险费征收机构依法处理。

通过学理分析我们可以得到如下结论：

其一，用人单位应全面、客观记录劳动者的出勤情况。根据劳动争议有关证据规则，凡涉及工资的劳动争议，仲裁机构和法院均会要求用人单位提供考勤表，这就要求用人单位将考勤表做实，须全面、客观地反映劳动者的出勤情况。另，从严谨的角度来说，值班表或排班表在制作后亦应由劳动者书面确认。

其二，用人单位变更劳动合同应与劳动者协商一致。劳动合同法对变更劳动合同明确作出了上述规定。

其三，用人单位应及时足额缴纳社会保险费。当前，部分用人单位为降低人力成本,往往按低于劳动者的工资或者一律按最低缴费基数缴纳社会保险费,该行为对社会保险基金和劳动者均造成了侵害。就前者而言,不利于社会保险基金的征缴工作的有序开展,并造成基金的损失。对后者而言,降低了劳动者的养老保险金水平和医疗保险账户金额。当然,此违法行为是有代价的,用人单位除了须按差额补缴外,还须缴纳滞纳金,甚至罚款,亦影响了用人单位的社会形象。

其四,值班与加班的区别。

"值班"与"加班"含义不同,理解上容易出现错误,实践中产生的劳动争议也较多。部分用人单位以"值班"的名义,模糊法定的"加班"概念,从而逃避支付按照法定标准支付加班费的义务,而有些劳动者也错误地认为,"值班"就是"加班",值班也应当按照法定标准获得加班费。

第一,值班与加班,它们有着不同的工作特点和工作任务。值班与加班,虽然两者都是对法定标准工作时间的延长,但值班是指用人单位为临时负责接听、看门、防火、防盗或为处理突发事件、紧急公务处理等原因,安排本单位有关人员在夜间、公休日、法定休假日等非工作时间内轮流进行的值班,它不是为直接完成生产任务安排的加班。而加班是指劳动者在原来的工作岗位,在正常的工作时间外从事原来的工作。认定加班还是值班,主要看劳动者是否继续在原来的岗位上工作,或者是否有具体的生产或经营任务。

第二,值班与加班,它们的工作时间和工作协商性等问题受不同的规范调整。关于值班问题,目前尚无专门法律对其进行规范。如何值班,值班一次要值多长时间,安排值班是否应予协商,干部职工能否拒绝值班等细则问题,它往往由单位内部制定的规章制度予以调整。而加班却应受《中华人民共和国劳动法》第四十一条和第四十二条等条款的约束,即除了"(一)发生自然灾害、事故或者因其他原因,威胁劳动者生命健康和财产安全,需要紧急处理的;(二)生产设备、交通运输线路、公共设施发生故障,影响生产和公众利益,必须及时抢修的;(三)法律、行政法规规定的其他情形"。三种情形外,用人单位需要加班的,均应与工会和劳动者协商后才可以加班,而且每日加班一般不得超过一小时,因特殊原因的,则应在保障劳动者身体健康的条件下延长工作时间每日不得超过三小时,且每月加班累计不得超过三十六小时。

第三,值班与加班,它们的工作报酬也是受不同规范调整的。

值班的报酬标准法律上并无明确规定,一般情况下,它由单位内部制定的规章制度予以规范的，值班报酬应根据单位财力而定。而加班是劳动者在正常工作时间外，在原岗位上从事本职工作，所以不同的劳动者，他所付出的劳动中所包含的劳动强度和技术要素是各不相同的，且他们所负的责任也各有差别，加班报酬标准也就因人而异了，具体来讲，劳动者的加班报酬是受《中华人民共和国劳动法》第四十四条规定约束的，即安排劳动者在法定标准工作时间以外加班的，应按照不低于劳动者本人小时工资的150%支付加班工资；安排劳动者在休息日加班的，应首先安排其补休，不能安排补休的，按照不低于劳动者本人日或小时工资的200%支付加班工资；安排劳动者在法定休假日加班的，应按照不低于劳动者本人日或小时工资的300%支付加班工资。

因此，当事人反映的情况，属于值班，不属于加班。从安排值班的行为上看，煤气公司的做法并没有触犯现行劳动保障法律法规。

当事人在某装饰公司工作，每周都工作6天，每天工作8小时，已超过劳动法所规定的每周工作40个小时的规定。当事人与公司的劳动合同到期后不与公司续签合同。离职时，当事人要求公司支付他在职期间的加班工资，公司拒绝支付，并认为，在公司与当事人签订的劳动合同中，双方约定当事人周六需要值班，且每月工资中已包含周六值班的工资，所以公司并不存在还须支付当事人的加班费的情形。

加班是指劳动者根据用人单位的要求，在八小时之外、休息日、法定节日等时间从事生产或工作，通俗地说，就是超出正常工时在应该休息的时间工作；而值班是指劳动者根据用人单位的要求，在正常工作日之外担负一定的非生产性的责任，主要是因单位安全、消防、假日等需要担任单位临时安排或制度安排的与劳动者本职工作无关的值班。认定加班还是值班，主要看劳动者是否继续在原来的岗位上工作，或者是否有具体的生产或经营任务。如果劳动者继续在原来的岗位上工作或者有具体的生产或经营任务，则应当认定为加班，而如果不是继续在原来的工作岗位也没有具体的生产或经营任务，则应当认定为值班。

加班职工与值班职工所享受的待遇是不同的：加班工资是法定的，用人单位安排劳动者加班的，必须按照法定标准向劳动者支付加班工资；而关于值班报酬，单位规章制度有规定，集体合同、单项集体协议、劳动合同有约定或有惯例的，可遵照执行。一般而言，值班待遇会比加班待遇低。

当前工时的计算制度主要有以下方式：

年工作日：365天－104天（休息日）－11天（法定节假日）＝250天

季工作日:250 天 ÷4 季 =62.5 天/季

月工作日:250 天 ÷12 月 =20.83 天/月

工作小时数的计算:以月、季、年的工作日乘以每日的 8 小时。

日工资、小时工资的折算:

按照劳动法第五十一条的规定,法定节假日用人单位应当依法支付工资,即折算日工资、小时工资时不剔除国家规定的 11 天法定节假日。据此,日工资、小时工资的折算为:

日工资:月工资收入 ÷ 月计薪天数

小时工资:月工资收入 ÷(月计薪天数 ×8 小时)

月计薪天数 =(365 天 -104 天)÷12 月 =21.75 天

综上,用人单位以"值班"的名义,模糊法定的"加班"概念,从而拒不支付加班费,是对劳动者权益的侵害。

▶【法条链接】> > >

中华人民共和国劳动合同法

第三十八条 用人单位有下列情形之一的,劳动者可以解除劳动合同:

(一)未按照劳动合同约定提供劳动保护或者劳动条件的;

(二)未及时足额支付劳动报酬的;

(三)未依法为劳动者缴纳社会保险费的;

(四)用人单位的规章制度违反法律、法规的规定,损害劳动者权益的;

(五)因本法第二十六条第一款规定的情形致使劳动合同无效的;

(六)法律、行政法规规定劳动者可以解除劳动合同的其他情形。

用人单位以暴力、威胁或者非法限制人身自由的手段强迫劳动者劳动的,或者用人单位违章指挥、强令冒险作业危及劳动者人身安全的,劳动者可以立即解除劳动合同,不需事先告知用人单位。

第八十五条 用人单位有下列情形之一的,由劳动行政部门责令限期支付劳动报酬、加班费或者经济补偿;劳动报酬低于当地最低工资标准的,应当支付其差额部分;逾期不支付的,责令用人单位按应付金额百分之五十以上百分之一百以下的标准向劳动者加付赔偿金:

(一)未按照劳动合同的约定或者国家规定及时足额支付劳动者劳动报酬的;

（二）低于当地最低工资标准支付劳动者工资的；

（三）安排加班不支付加班费的；

（四）解除或者终止劳动合同，未依照本法规定向劳动者支付经济补偿的。

中华人民共和国劳动法

第四十一条 用人单位由于生产经营需要，经与工会和劳动者协商后可以延长工作时间，一般每日不得超过一小时；因特殊原因需要延长工作时间的，在保障劳动者身体健康的条件下延长工作时间每日不得超过三小时，但是每月不得超过三十六小时。

第四十四条 有下列情形之一的，用人单位应当按照下列标准支付高于劳动者正常工作时间工资的工资报酬：

（一）安排劳动者延长工作时间的，支付不低于工资的百分之一百五十的工资报酬；

（二）休息日安排劳动者工作又不能安排补休的，支付不低于工资的百分之二百的工资报酬；

（三）法定休假日安排劳动者工作的，支付不低于工资的百分之三百的工资报酬。

CHAPTER 4

第四章

女职工的特殊法律规定

蔡云娟与英科新创(厦门)科技有限公司劳动争议案①

▶【案情简介】> > >

原告:蔡云娟,女,汉族。

委托代理人:胡育毅、俞开足,福建闽江律师事务所律师。

被告:英科新创(厦门)科技有限公司。

法定代表人:JOHNGONGLU,董事长。

委托代理人:曾春华,北京大成(厦门)律师事务所律师。

原告蔡云娟与被告英科新创(厦门)科技有限公司(以下简称英科新创公司)劳动争议一案,法院受理后,依法适用简易程序公开开庭进行了审理。原告蔡云娟委托代理人胡育毅,被告英科新创公司委托代理人曾春华到庭参加诉讼。本案现已审理终结。

原告蔡云娟诉称,原告于2008年4月2日进入被告英科新创公司工作,工种为操作工,并签订劳动合同,2012年2月原告工种调整为厂务文员。2015年4月1日,原告申请产假至同年7月22日,7月23日按被告规定申请哺乳假。2015年8月23日到期后,又申请一个月事假,至9月25日到期,中秋节9月26日休假到27日,后又申请3天病假9月28日、29日、30日。国庆放假到10月8日,原告去上班,被告要调整原告到车间上班,原告因还在哺乳期,且有产后综合征,头会不定期眩晕,不合适到车间上班,就不同意被告意见,双方产生分歧。10月14日,被告寄送快件,解除与原告劳动合同,10月18日原告收到快件。

① 蔡云娟与英科新创(厦门)科技有限公司劳动争议一审民事判决书,中国裁判文书网,http://wenshu.court.gov.cn/content/content? DocID=c19a2bbe-94eb-4897-a51b-91cd6b43875f,2016-05-13。

按照我国劳动合同法第四十二条第(四)项的规定,原告还处在哺乳期内,被告不得解除与原告的劳动合同。请求判令:一、被告支付原告因违法解除劳动合同造成经济损失42000元(人民币,下同)。二、被告出具解除(或终止)劳动合同的证明及返还失业证给原告;在判决生效后15日内办理原告档案和社会保险关系转移手续,并到海沧公共就业服务机构备案并办理登记手续。三、被告支付原告2015年9月的工资1500元。

被告英科新创公司辩称:一、被告是依据我国劳动合同法第三十九条第(二)项规定,依法解除与原告蔡云娟劳动关系,被告在解除劳动合同前已经报告工会,解除劳动合同的行为不受劳动合同法第四十二条限制。二、原告离职交接手续没有办理完毕,被告同意在原告办理交接手续之后出具相应的证明和办理交接手续。三、2015年9月原告请事假,没有在被告进行任何工作,因此不得享有任何工资待遇。

经审理查明,原告蔡云娟于2008年4月2日入职被告英科新创公司。2013年3月14日,原、被告签订一份《劳动合同》,约定原告在被告安排的工作地点厦门从事操作员岗位的工作。在合同期间内,被告因生产工作需要确需调整原告工作的,须经双方协商。合同期限从2013年4月1日起至2016年3月31日止。劳动合同期限内,原告固定工资为1200元,被告每月20日前发上个月工资,原告对当月工资有疑义的,应当在收到工资起3日内向被告人力资源部提出申请。如果过期未提出疑义,视为认同上个月工资。合同期内,双方应遵守国家法律、法规及被告制定的符合劳动法律、法规的规章制度。《劳动合同》第十二条约定:原告有下列情形之一的,被告可以随时解除劳动合同:"……(二)严重违反被告规章制度的……"第十五条约定:原告有下列情形之一的,被告不得依照本合同第十三条、第十四条的约定解除劳动合同:"……(四)女职工在孕期、产期、哺乳期的……"本劳动合同没有订明的事项,按被告的规章制度及《员工手册》的规定执行。原告上班至2015年3月30日,4月1日原告生育一女儿。同年9月,原告向被告请假。29日,原告曾向被告提交一份《辞职信》,注明:"本人要回家,要辞职。"自2015年10月8日起原告未到被告处上班。同年10月14日,被告作出《解除劳动合同通知书》,载明:……您从2015年10月8日起至今,未办理任何请假手续,连续旷工五天。根据《员工手册》规定:凡未办理请假手续,无故缺勤者,以旷工论处;一个月内连续旷工五天(含)以上的,给予解除劳动合同。现我司根据上述规定解除与您于2013年4月1日之日签署的《劳动合同》。自本《解除劳动合同通知书》寄出之日起，双方的劳动合同关系即行终止。请您在收到此通知三日内，到人力资源部办理相关离职手续……同日，厦门市海沧区总工会在《解除劳动合同通知书》上盖章，并备注：已收阅。原告于2015年10月18日收到《解除劳动合同通知书》。2015年11月4日，原告向厦门市海沧区劳动争议仲裁委员会（以下简称海沧仲裁委）申请仲裁，请求裁决：一、被告支付违法解除劳动合同赔偿金42000元。二、被告出具解除（或终止）劳动合同的证明及返还失业证给原告，在裁决后十五日内办理原告档案和社会保险关系转移手续，并到海沧公共就业服务机构备案并办理登记手续。三、被告补发原告2015年9月工资1500元。2015年12月24日，海沧仲裁委作出厦海劳仲案（2015）501号裁决书，裁决：一、在本裁决生效之日起十日内，被告应出具解除或者终止劳动合同的证明及返还失业证，并为原告办理档案和社会保险关系转移手续；二、驳回原告的其他申请请求。该裁决书于2016年1月6日送达至原告，原告因不服裁决于1月14日诉至法院。

另查明，一、被告英科新创公司制定的《员工手册》第四章第（四）项规定："凡未办理请假、公出、出差手续，无故缺勤者，均以旷工论处；旷工一次（一天）扣发三天固定工资和当月奖金（有奖金的职位）；一年内连续旷工五天（含）以上或旷工时间累计达十五天者，予以解除劳动合同。"2010年3月10日，原告蔡云娟在《员工接受确认函》上签名，《员工接受确认函》注明："本人已阅读英科新创《员工手册》，并同意遵守执行。本人已充分理解并同意《员工手册》之内容，并同意接受《员工手册》之约束……"二、被告向原告发放2015年4月至8月工资，以及2015年10月工资，但未向原告发放2015年9月工资。

以上事实，有原告蔡云娟提交的海沧仲裁委厦海劳仲案（2015）501号裁决书及送达回证、《解除劳动合同通知书》《出生医学证明》《借记卡账户历史明细清单》《工资单》，被告英科新创公司提交的《劳动合同》《员工接受确认函》《员工手册》《辞职信》《解除劳动合同通知书》《人员日打卡记录表》以及当事人的庭审陈述为证，足以认定。

法院认为，本案系劳动争议纠纷。原告蔡云娟与被告英科新创公司签订的《劳动合同》系双方真实意思表示，内容合法，双方应按约严格履行。劳动合同已经约定原告的工作岗位为操作员，故原告主张2012年2月其工种调整为厂务文员，不予采信。原告虽然在哺乳期内，仍应遵守被告的规章制度。根据《劳动合同》第十二条约定原告严重违反被告规章制度的，被告可以解除《劳动合同》。原告在《员工接受确认函》签名确认已经阅读被告《员工手册》,并同意遵守执行《员工手册》,接受《员工手册》约束,因此应视为被告已经将规章制度告知原告,而根据《员工手册》规定连续旷工五天被告可以解除劳动合同。本案原告从 2015 年 10 月 8 日起未到被告上班,且未提供证据证明其已经办理相关的请假手续,被告以原告严重违反规章制度解除与原告《劳动合同》,并将解除劳动合同的决定告知海沧区总工会。被告解除《劳动合同》,依据充分,程序合法,法院予以确认和支持。原告以被告违法解除劳动合同为由主张经济损失即赔偿金 42000 元,缺乏事实和法律依据,法院不予支持。被告对原告主张出具解除劳动合同证明及返还失业证,办理档案及社保转移手续的诉讼请求,不持异议,予以确认。2015 年 9 月,原告没有在被告处上班,但履行了请假手续,被告仍应向原告支付相应工资,原告主张按厦门市最低工资标准计算,法院予以采信,被告应向原告支付 2015 年 9 月工资 1500 元。

▶【案件焦点】> > >

女性劳动者在用工行为中享受着法律的特殊保护,尤其是女性职工在怀孕期间的保护更具有现实意义,大量存在着女性职工一旦怀孕就被辞职的现象,加强法律的特殊保护,具有着保障女性劳动权利的重大意义。

▶【学理分析】> > >

产假是指在职妇女产期前后的休假待遇,一般从分娩前半个月至产后两个半月,晚婚晚育者可前后延长至四个月,女职工生育享受不少于九十天的产假。职业女性在休产假期间,用人单位不得降低其工资、辞退或者以其他形式解除劳动合同。职业女性休产假享受生育保险待遇,由社保统筹基金报销相关医疗费和发放生育津贴;职业女性没有参加生育保险的,由用人单位承担。

产假及其生育津贴相关规定如下:

《女职工劳动保护特别规定》第七条:女职工生育享受 98 天产假,其中产前可以休假 15 天;难产的,增加产假 15 天;生育多胞胎的,每多生育 1 个婴儿,增加产假 15 天。女职工怀孕未满 4 个月流产的,享受 15 天产假;怀孕满 4 个月流产的,享受 42 天产假。第八条:女职工产假期间的生育津贴,对已经参加生育保险的,按照用人单位上年度职工月平均工资的标准由生育保险基金支付;对未参加生育保险的,按照女职工产假前工资的标准由用人单位支付。女职工生育或者流产的医疗费用,按照生育保险规定的项目和标准,对已经参加生育保险的,由生育保险基金支付;对未参加生育保险的,由用人单位支付。

产假待遇主要包括以下两个方面:

第一,保胎假,工资按照病假发。

保胎假是由医生开证明,所以按病假待遇发放工资。

第二,产前假,工资按八成发。

怀孕七个月以上,如工作许可,经本人申请,单位批准,可请产前假两个半月。部分属于地方法规规定必须给假的情况,单位应批准其休假,工资按照员工以往每月实发工资标准的八成发。

第三,产假,生育津贴。

在实行生育保险社会统筹的地区,支付标准按本企业上年度职工月平均工资的标准支付;在没有开展生育保险社会统筹的地区,生育津贴由本企业或单位支付,标准为女职工生育之前的基本工资和物价补贴。

产假包括:98 天 +30 天(晚育) +15 天(难产) +15 天(多胞胎每多生一个婴儿),领生育津贴。生育津贴是国家补贴给企业,用来发放产假期间工资的,但它的计算方法与公司在社保处的申报工资基数有关,所以实际中的生育津贴与产假工资并不相等,所以规定产假工资和生育津贴就高领取,简单说来就是:

1. 如果员工的产假工资(即员工以往每月的实发工资标准,下同)高于生育津贴,那就按产假工资发给员工,生育津贴归企业。

2. 如果员工的产假工资低于生育津贴,那可以先按产假工资发员工,当生育津贴拨下来,将与产假工资的差额补给员工,剩下的还是归企业。

第四,哺乳假,六个半月按照工资八成发,再延长期间按七成发。

女职工生育后,若有困难且工作许可,由本人提出申请,经单位批准,可请哺乳假六个半月,工资按员工以往每月实发工资标准的八成发,再延长期间按七成发。

我国法律对于女职工特别是处在孕期、产期和哺乳期(以下简称三期)内的女职工有一系列的特别保护措施。除了上述《女职工劳动保护特别规定》外,我国劳动合同法也规定,处在三期内的女职工,用人单位不得依据本法第四十条和第四十一条解除劳动合同。劳动合同期限届满而女职工尚处在三期内的,劳动合同应顺延至三期期满。但是法律对于女职工的特别保护也并不是无限的,如果女职工严重违反用人单位的规章制度,或者营私舞弊给用人单位造成重大损害的，用人单位有权依法解除劳动合同。另外，如果女职工与用人单位协商一致也可以解除劳动合同。

▶【法条链接】>>>

中华人民共和国劳动合同法

第四十二条 劳动者有下列情形之一的，用人单位不得依照本法第四十条、第四十一条的规定解除劳动合同：

（一）从事接触职业病危害作业的劳动者未进行离岗前职业健康检查，或者疑似职业病病人在诊断或者医学观察期间的；

（二）在本单位患职业病或者因工负伤并被确认丧失或者部分丧失劳动能力的；

（三）患病或者非因工负伤，在规定的医疗期内的；

（四）女职工在孕期、产期、哺乳期的；

（五）在本单位连续工作满十五年，且距法定退休年龄不足五年的；

（六）法律、行政法规规定的其他情形。

中华人民共和国劳动法

第十二条 劳动者就业，不因民族、种族、性别、宗教信仰不同而受歧视。

就业服务与就业管理规定

第十六条 用人单位在招用人员时，除国家规定的不适合妇女从事的工种或岗位外，不得以性别为由拒绝录用妇女或者提高对妇女的录用标准。

用人单位录用女职工，不得在劳动合同中规定限制女职工结婚、生育的内容。

劳动部关于印发《关于贯彻执行劳动法若干问题的意见》

34. 除劳动法第二十五条规定的情形外，劳动者在医疗期、孕期、产期和哺乳期内，劳动合同期限届满时，用人单位不得终止劳动合同。劳动合同的期限应自动延续至医疗期、孕期、产期和哺乳期期满为止。

58. 企业下岗待工人员，由企业依据当地政府的有关规定支付其生活费，生活费可以低于最低工资标准，下岗待工人员中重新就业的，企业应停发其生活费。女职工因生育、哺乳请长假而下岗的，在其享受法定产假期间，依法领取生育津贴；没有参加生育保险的企业，由企业照发原工资。

CHAPTER 5

第五章

最低工资制度

蒋柱贺与开滦(集团)有限责任公司、劳动争议案[①]

▶【案情简介】>>>

原告:蒋柱贺。

委托代理人:师晶,北京市瑞风律师事务所律师。

被告:开滦(集团)有限责任公司,住所地:唐山市新华东道70号。

法定代表人:张文学,职务:董事长。

委托代理人:赵丽菁,河北唐正律师事务所律师。

委托代理人:刘田,系开滦(集团)有限责任公司林业总场抚宁坑木林场场长。

被告:开滦(集团)有限责任公司林业总场,住所地:唐山市新华东道70号。

法定代表人:张新昌,职务:场长。

原告蒋柱贺诉被告开滦(集团)有限责任公司、开滦(集团)有限责任公司林业总场劳动争议纠纷一案,法院受理后,依法组成合议庭,公开开庭进行了审理。原告蒋柱贺及其委托代理人师晶,开滦(集团)有限责任公司的委托代理人赵丽菁、刘田到庭参加诉讼,被告开滦(集团)有限责任公司林业总场经法院依法传唤,无正当理由未到庭参加诉讼,亦未提交证据及答辩意见,法院依法缺席审理,本案现已审理终结。

原告蒋柱贺诉称,原告1989年1月至开滦矿务局(被告前身)抚宁坑木林

---

① 蒋柱贺与开滦(集团)有限责任公司、开滦(集团)有限责任公司林业总场劳动争议一审民事判决书,中国裁判文书网,http://wenshu.court.gov.cn/content/content? DocID = be412133 - c7a6 - 4b78 - a622 - b133e60b798b,2016 - 07 - 19。

场工作，岗位是护林员。双方劳动关系于2010年10月终结。工作期间，被告支付本人工资未达到本地最低工资，同时未缴纳社会保险，本人离职时也未向本人支付解除劳动合同经济补偿金，原告认为，劳动者的权利受法律保护，现诉至法院，请求：1. 要求确认原告与被告1989年1月至2010年10月存在劳动关系；2. 要求被告向原告支付未缴纳社会保险赔偿金30000元；3. 要求被告向原告支付解除劳动合同经济补偿金29400元；4. 要求被告向原告支付未足额支付工资210000元；5. 诉讼费由被告承担。

原告为支持其主张，提交如下证据：证据一，抚宁县大新寨人民政府证明（复印件），证明原被告存在劳动关系，原告未超过仲裁申请时效。证据二，程占先的证人证言（复印件），证明原被告存在劳动关系，原告未超过仲裁申请时效。证据三，吴春义、于仲魁证人证言（复印件），证明原被告存在劳动关系。证据四，抚宁县人民政府与开滦矿务局签订的关于坑木林基地建设协议书（当庭提交，复印件），证明原被告存在劳动关系。证据五，仲裁不予受理通知书（复印件），证明原被告1989年1月至2010年10月存在劳动关系。证据六，被告营业执照副本复印件（当庭提交），证明被告有用工主体资格。

被告开滦（集团）有限责任公司辩称，首先，原告诉状所称与客观事实不符，原告称，“1989年1月至开滦矿务局（被告前身）抚宁坑木林场工作，岗位是护林员。双方劳动关系于2010年10月终结”。客观事实是：原告系抚宁县大新寨镇柳树沟村农民，1991年9月到抚宁坑木林场作临时工从事护林员工作，但其农民身份一直没有改变。2000年8月，抚宁县坑木林场与原告临时工关系终止。原告还称，“工作期间，被告支付本人工资未达到最低工资，同时未缴纳社会保险，本人离职时也未向本人支付解除劳动合同经济补偿金”。该诉称同样与事实相违背，根据林场保留的护林员工资发放表证实，林场给付原告的工资报酬均高于同期河北省规定的非全日制用工每小时最低工资标准。原告在抚宁坑木林场工作期间，我国尚未全面推行社会保险，且原告一直为坑木林场雇佣的临时工。其次，原告要求被告向原告支付社会保险赔偿金、解除劳动合同经济补偿金于约、于法无据。2008年1月1日以前，我国对非全日制用工缴纳社会保险等没有法律规定。而2008年1月1日实施的劳动合同法、2011年7月1日实施的社会保险法，已明确规定非全日制从业人员不论是基本医疗保险还是基本医疗保险，均由其个人缴纳保险费。而非全日制用工终止用工时用人单位不向劳动者支付经济补偿金。故原告向答辩人主张“支付社会保险赔偿金

30000 元、解除劳动合同经济补偿金 29400 元”之诉请，依约、依法不能成立。本案不存在答辩人未足额支付原告工资的客观事实。经核实，1991 年 9 月至 2000 年 7 月底，原告为林业总场聘用的临时工。林业总场所属的抚宁坑木林场根据企业自身情况和护林员工作性质，足额向原告发放了劳动报酬。该事实有护林员工资发放表亦可佐证。因此，原告要求“被告向原告支付未足额支付工资 210000 元”之诉请，无事实依据。最后，原告诉请超过法定时效应判决驳回。我国劳动法于 1995 年 1 月 1 日施行。该法第八十二条规定的劳动争议的仲裁时效是“……一方应当自劳动争议发生之日起 60 日内向劳动争议仲裁委员会提出书面申请”。本案的事实是 2000 年 8 月，林业总场终止原告用工。2014 年 4 月 8 日，原告向抚宁县劳动人事争议调解仲裁委员会提出仲裁申请。同年 4 月 14 日，该仲裁委以“超过仲裁申请时效”为由，作出《不予受理通知书》的决定。前述事实说明，原告仲裁请求权因超过法定期限归于消失，且民事诉讼时效也早已届满。贵院应依法判决驳回原告诉请。

被告开滦（集团）有限责任公司为支持其主张，提交如下证据：证据一，《关于坑木林基地建设协议书》复印件 1 份，证明 1986 年 10 月 8 日，原开滦矿务局与抚宁县人民政府达成并签订了《坑木林基地建设协议书》。按照该协议书第六条的约定，林场所用工由抚宁县政府在林场附近乡、村负责提供招用；林场与劳动者为劳务承包合同关系，而非全日制用工形式。证据二，坑木林场临时工工资发放表复印件 1 份 83 页，证明自 1991 年 9 月至 2000 年 7 月 31 日，原告系林场雇佣的临时工，林场向原告足额发放了劳动报酬。证据三，开滦（集团）有限责任公司林业总场营业执照复印件 1 份，证明开滦（集团）有限责任公司林业总场具有用工主体资格。证据四，抚劳人仲案（2014）04 号《不予受理通知书》，证明原告本次诉请不仅超过仲裁申请时效，且诉讼时效早已届满，因此，对原告的本次诉请人民法院应依法判决驳回。

被告开滦（集团）有限责任公司林业总场未向法庭提交书面答辩意见，亦未进行举证、质证。

经法庭组织质证，被告开滦（集团）有限责任公司对原告蒋柱贺提交的证据的质证意见为：“对证据一，不予认可：（1）该证明形式上不符合法律规定，无加盖公章及手章，不能看出是政府行为。（2）第一段内容大部分与事实不符。第二段也与客观事实不符。原被告存在用工关系，而不是原告称的劳动关系。对证据二、三，不予认可：（1）根据法律规定，证明作为证人证言应出庭接受质询，否则不予认可。(2)其中提到的时间节点与证据一中节点一致的与我方保留的工资表不符。离职后先后到林场要求补发工资及保险与事实不符,质证意见与证据一不符,不能证明诉讼时效未超过。对证据四,不能证明原告的证明目的,反而说明林场用工是抚宁政府在附近乡村负责招用,非全日制用工形式,即临时工。对证据五,真实性无异议,证明目的有异议,该证据证明了原告不仅超过仲裁时效,也超过诉讼时效,应依法驳回原告诉请”。对证据六,2000 年 3 月 3 日,开滦集团有限公司林业总场取得了用工资格。

原告蒋柱贺对被告开滦(集团)有限责任公司提交的证据的质证意见为:对证据一,真实性无异议,证明目的有异议,能证明原被告存在劳动关系。对证据二,部分有异议,原告没有在临时工工资表上签过字。对证据三,无异议。对证据四,证明目的有异议,说明原被告存在劳动关系。

经审理查明,被告开滦(集团)有限责任公司林业总场系被告开滦(集团)有限责任公司独资的有限责任公司分公司,抚宁坑木林场系被告开滦(集团)有限责任公司林业总场的下属林场,不具有法人资格,不能独立承担民事责任。1986 年 10 月 8 日,抚宁县人民政府与被告前身开滦矿务局签订了《关于坑木林基地建设协议书》,该协议第六条载明“甲方负责解决厂址、苗圃地,乙方从造林到采伐的全过程所需要的劳动力,由甲方在林场附近乡、村及时负责提供招用,由乙方林场与劳动者另行签订一项或几项连续作业劳务承包合同,劳力来源优先当地,不足者,林场可由他乡、他地招用”。原告蒋柱贺于 1991 年 9 月至 2000 年 8 月期间在抚宁坑木林场担任护林员。

另查明,原告向抚宁县劳动人事争议调解仲裁委员会提出仲裁申请。该委于 2014 年 4 月 14 日,以超过仲裁申请时效为由,出具抚劳人仲案(2014)04 号不予受理通知书。

法院认为,当事人对自己提出的主张,有责任提供证据。原告蒋柱贺称在抚宁坑木林场工作的时间为 1989 年 1 月至 2010 年 10 月,但其未提交相关证据,被告开滦(集团)有限责任公司抗辩称原告在林场工作的时间为 1991 年 9 月至 2000 年 8 月,并提交了具有延续性的工资证明,对此应由原告承担举证不能的责任,所以法院采纳被告开滦(集团)有限责任公司的主张。原告蒋柱贺于 2000 年 8 月自动离职,自离职之日起就应当知道其权利受到侵害,原告于 2014 年才提出仲裁申请,已经超过法定期限。原告提交了抚宁县大新寨镇人民政府出具的证明以及程占先、吴春义、于仲魁的书面证言,用以证明未超过仲裁时效，因程占先、吴春义、于仲魁未到庭接受质询，无法确认该证言的真实性，法院对此两份证言不予采信；抚宁县大新寨镇人民政府出具证明无单位负责人及制作证明材料的人员签名或者盖章，该份证明的形式不符合法定要求，对该份证据法院不予采信。原告提交的现有证据不足以证实其申请仲裁时未超过法定实效，因此法院对原告的诉请不予支持，原告可待证据充足时另行主张。综上所述，依据2008年《最高人民法院关于民事诉讼证据的若干规定》第五十五条第一款"证人应当出庭作证，接受当事人的质询"之规定，作出判决。

▶【案件焦点】> > >

最低工资制度在用工行为中具有重要地位，用人单位确定工资标准的重要依据就是当地的最低工资标准，企业作为盈利主体追求经济利益最大化，是企业发展的重要目的，因此最低工资制度是保障员工合法权益的重要制度之一。

▶【学理分析】> > >

一、最低工资中不包括高温津贴、夜班费等费用

下列项目不作为最低工资标准的组成部分，用人单位应按规定另行支付：(1)劳动者在中班、夜班、高温、低温、井下、有毒有害等特殊工作环境、条件下的津贴；(2)劳动者应得的加班、加点工资；(3)劳动者个人应缴纳的各项社会保险费和住房公积金；(4)根据国家和本市规定不计入最低工资标准的其他收入。最低工资不包括特殊环境下的津贴、中班、夜班津贴、加班费、社会保险费和住房公积金等，伙食补贴、交通补贴、通信补贴等则可以计算在内。为此，用人单位要另外为其支付个人依法缴纳的社会保险费和住房公积金，保证其实际到手的工资不低于北京市最低工资标准。需要注意的是，最低工资规定并未剔除每月发放的奖金，所以奖金也可以包含在最低工资内。但是，不管工资奖金的比例如何，职工每月实际到手的工资不能低于最低工资标准。

二、最低工资中不包括加班工资

安排劳动者加班的，除周末可以调休外，其他时间加班的，用人单位均须向劳动者支付加班费。根据劳动法第四十四条规定，有下列情形之一的，用人单位应当按照下列标准支付高于劳动者正常工作时间工资的工资报酬：(1)安排劳动者延长工作时间的，支付不低于工资的150%的工资报酬；(2)休息日安排劳动者工作又不能安排补休的，支付不低于工资的200%的工资报酬；(3)法定

休假日安排劳动者工作的,支付不低于工资的300%的工资报酬。但是,在实际用工管理中,用人单位向劳动者各支付的工资不得低于最低工资,且最低工资中不得包括加班费。如果允许用人单位在支付的最低工资中包含加班费,不仅不利于保护劳动者的合法权益,而且无法保证劳动者休息休假的权利,更不利于和谐劳动关系的构建。

三、加班费计算基数不低于最低工资

根据《最低工资规定》的规定,最低工资标准是指劳动者在法定工作时间或依法签订的劳动合同约定,在法定工作时间或劳动合同约定的工作时间内提供了正常劳动的前提下,用人单位依法应支付的最低劳动报酬。最低工资标准是劳动者正常工作时间工资的底线,也是法律关于工资的强制性规定,劳动者正常工作时间工资不得低于最低工资标准。因此,用人单位与劳动者约定的加班费计算基数,不得低于最低工资标准,否则该约定将因违反法律的强制性规定而被归于无效。

四、最低工资中不应包括"包吃包住"费用

日常生活中,牛皮癣式的招工广告随处可见,向劳动者许诺"包吃包住",以吸引劳动者前来应聘。在目前招工比较困难的情况下,采取这样的方式进行招聘,未尝不可。但是,招聘单位也不得违反最低工资的相关规定。

工资,是用人单位依据国家有关规定或依据劳动合同的约定,以货币形式直接支付给劳动者的劳动报酬。尽管《最低工资规定》没有规定要剔除"包吃包住"的费用,但用人单位支付给劳动者的工资必须以法定货币形式支付,不能打着"包吃包住"的幌子欺骗劳动者,最终从劳动者的工资中扣除相应的伙食费和住宿费,降低劳动者的实际收入,致其实际到手的工资低于最低工资。

五、劳动者在试用期的工资不得低于最低工资

劳动合同法规定,同一用人单位与同一劳动者只能约定一次试用期。试用期包含在劳动合同期限内。劳动合同仅约定试用期的,试用期不成立,该期限为劳动合同期限。劳动者在试用期的工资不得低于本单位相同岗位最低档工资或者劳动合同约定工资的百分之八十,并不得低于用人单位所在地的最低工资标准。同时,《北京市工资支付规定》规定,用人单位应当遵守本市最低工资的规定,支付劳动者工资不得低于最低工资标准。从事非全日制工作的劳动者,实行小时工资制。小时工资由用人单位与劳动者协商确定,但不得低于本市规定的非全日制从业人员小时最低工资标准。由此可知,用人单位与劳动者约定试用期的情况下，向其支付的试用期工资不得低于用人单位所在地的最低工资标准。

六、用人单位支付的病假工资不得低于最低工资的 80%

《北京市工资支付规定》第二十一条规定，劳动者患病或者非因工负伤的，在病休期间，用人单位应当根据劳动合同或集体合同的约定支付病假工资。用人单位支付病假工资不得低于本市最低工资标准的 80%。但是，如果用人单位在规章制度或劳动合同中约定劳动者在病假期间的工资高于最低工资标准的，按约定履行。

七、用人单位向劳动者支付待岗工资不得低于最低工资的 70%

根据《北京市工资支付规定》第二十七条的规定，非因劳动者本人原因造成用人单位停工、停业的，在一个工资支付周期内，用人单位应当按照提供正常劳动支付劳动者工资；超过一个工资支付周期的，可以根据劳动者提供的劳动，按照双方新约定的标准支付工资，但不得低于本市最低工资标准；用人单位没有安排劳动者工作的，应当按照不低于本市最低工资标准的 70% 支付劳动者基本生活费。国家或者本市另有规定的从其规定。用人单位应当注意，必须是非因劳动者本人原因造成用人单位停工、停业的，在劳动者待岗的第一个月内，用人单位应当按照提供正常劳动支付劳动者工资；自第二个月起，若用人单位没有安排劳动者继续工作的，应当按照不低于北京市最低工资标准的 70% 支付劳动者基本生活费。

八、若超过最低工资月标准 12 倍的不适用于一裁终局

根据劳动争议调解仲裁法第四十七条规定，下列劳动争议，除本法另有规定的外，仲裁裁决为终局裁决，裁决书自作出之日起发生法律效力：(1)追索劳动报酬、工伤医疗费、经济补偿或者赔偿金，不超过当地月最低工资标准十二个月金额的争议；(2)因执行国家的劳动标准在工作时间、休息休假、社会保险等方面发生的争议。

九、用人单位支付的竞业限制补偿金不得低于最低工资

根据《最高人民法院关于审理劳动争议案件适用法律若干问题的解释(一)》第三十六条规定，当事人在劳动合同或者保密协议中约定了竞业限制，但未约定解除或者终止劳动合同后给予劳动者经济补偿，劳动者履行了竞业限制义务，要求用人单位按照劳动者在劳动合同解除或者终止前 12 个月平均工资的 30% 按月支付经济补偿的，人民法院应予支持。前款规定的月平均工资的

30%低于劳动合同履行地最低工资标准的,按照劳动合同履行地最低工资标准支付。

十、因员工造成损失所扣工资余额不得低于最低工资

根据《工资支付暂行规定》的规定,因劳动者本人原因给用人单位造成经济损失的,用人单位可按照劳动合同的约定要求其赔偿经济损失。经济损失的赔偿,可从劳动者本人的工资中扣除。但每月扣除的部分不得超过劳动者当月工资的20%。若扣除后的剩余工资部分低于当地月最低工资标准,则按最低工资标准支付。所以,若劳动者在工作中因失职或其他原因造成经济损失,用人单位要求劳动者赔偿,可以从其工资中扣除。但是,用人单位扣除的部分不得超过劳动者当月工资的20%,且扣除后的剩余工资部分不得低于本市规定的最低工资标准,来不及扣除的部分可以分月逐步扣除。如果用人单位因为劳动者的严重失职造成重大经济损失的,按照规章制度的规定与其解除劳动合同的,可以要求劳动者予以赔偿;如果劳动者拒绝赔偿,用人单位可以通过诉讼的方式进行索赔。

▶【法条链接】>>>

最低工资规定

第一条 为了维护劳动者取得劳动报酬的合法权益,保障劳动者个人及其家庭成员的基本生活,根据劳动法和国务院有关规定,制定本规定。

第二条 本规定适用于在中华人民共和国境内的企业、民办非企业单位、有雇工的个体工商户(以下统称用人单位)和与之形成劳动关系的劳动者。

国家机关、事业单位、社会团体和与之建立劳动合同关系的劳动者,依照本规定执行。

第三条 本规定所称最低工资标准,是指劳动者在法定工作时间或依法签订的劳动合同约定的工作时间内提供了正常劳动的前提下,用人单位依法应支付的最低劳动报酬。

本规定所称正常劳动,是指劳动者按依法签订的劳动合同约定,在法定工作时间或劳动合同约定的工作时间内从事的劳动。劳动者依法享受带薪年休假、探亲假、婚丧假、生育(产)假、节育手术假等国家规定的假期间,以及法定工作时间内依法参加社会活动期间,视为提供了正常劳动。

第四条 县级以上地方人民政府劳动保障行政部门负责对本行政区域内

用人单位执行本规定情况进行监督检查。

各级工会组织依法对本规定执行情况进行监督，发现用人单位支付劳动者工资违反本规定的，有权要求当地劳动保障行政部门处理。

第五条 最低工资标准一般采取月最低工资标准和小时最低工资标准的形式。月最低工资标准适用于全日制就业劳动者，小时最低工资标准适用于非全日制就业劳动者。

第六条 确定和调整月最低工资标准，应参考当地就业者及其赡养人口的最低生活费用、城镇居民消费价格指数、职工个人缴纳的社会保险费和住房公积金、职工平均工资、经济发展水平、就业状况等因素。

确定和调整小时最低工资标准，应在颁布的月最低工资标准的基础上，考虑单位应缴纳的基本养老保险费和基本医疗保险费因素，同时还应适当考虑非全日制劳动者在工作稳定性、劳动条件和劳动强度、福利等方面与全日制就业人员之间的差异。

月最低工资标准和小时最低工资标准具体测算方法见附件。

第七条 省、自治区、直辖市范围内的不同行政区域可以有不同的最低工资标准。

第八条 最低工资标准的确定和调整方案，由省、自治区、直辖市人民政府劳动保障行政部门会同同级工会、企业联合会/企业家协会研究拟订，并将拟订的方案报送劳动保障部。方案内容包括最低工资确定和调整的依据、适用范围、拟订标准和说明。劳动保障部在收到拟订方案后，应征求全国总工会、中国企业联合会/企业家协会的意见。

劳动保障部对方案可以提出修订意见，若在方案收到后 14 日内未提出修订意见的，视为同意。

第九条 省、自治区、直辖市劳动保障行政部门应将本地区最低工资标准方案报省、自治区、直辖市人民政府批准，并在批准后 7 日内在当地政府公报上和至少一种全地区性报纸上发布。省、自治区、直辖市劳动保障行政部门应在发布后 10 日内将最低工资标准报劳动保障部。

第十条 最低工资标准发布实施后，如本规定第六条所规定的相关因素发生变化，应当适时调整。最低工资标准每两年至少调整一次。

第十一条 用人单位应在最低工资标准发布后 10 日内将该标准向本单位全体劳动者公示。

第十二条 在劳动者提供正常劳动的情况下,用人单位应支付给劳动者的工资在剔除下列各项以后,不得低于当地最低工资标准:

(一)延长工作时间工资;

(二)中班、夜班、高温、低温、井下、有毒有害等特殊工作环境、条件下的津贴;

(三)法律、法规和国家规定的劳动者福利待遇等。

实行计件工资或提成工资等工资形式的用人单位,在科学合理的劳动定额基础上,其支付劳动者的工资不得低于相应的最低工资标准。

劳动者由于本人原因造成在法定工作时间内或依法签订的劳动合同约定的工作时间内未提供正常劳动的,不适用于本条规定。

第十三条 用人单位违反本规定第十一条规定的,由劳动保障行政部门责令其限期改正;违反本规定第十二条规定的,由劳动保障行政部门责令其限期补发所欠劳动者工资,并可责令其按所欠工资的1至5倍支付劳动者赔偿金。

第十四条 劳动者与用人单位之间就执行最低工资标准发生争议,按劳动争议处理有关规定处理。

第十五条 本规定自2004年3月1日起实施。1993年11月24日原劳动部发布的《企业最低工资标准》同时废止。

CHAPTER 6

第六章

延迟发放工资的法律后果

四川乐山鑫河电力综合开发有限公司与谭治惠劳动争议纠纷案[①]

▶【案情简介】>>>

上诉人(原审被告):四川乐山鑫河电力综合开发有限公司,住所地:乐山市金口河区滨河路一段69号。

法定代表人:费治军,该公司总经理。

委托代理人:周文奇,乐山鑫河电力综合开发有限公司人力资源部副部长。

委托代理人:杨玉庭,四川君合律师事务所律师。

被上诉人(原审原告):谭治惠,女,重庆市人。

委托代理人:谢国成,四川英济律师事务所律师。

委托代理人:唐跃华,四川英济律师事务所律师。

上诉人四川乐山鑫河电力综合开发有限公司(以下简称鑫河公司)为与被上诉人谭治惠劳动争议纠纷一案,不服四川省乐山市金口河区人民法院(2014)金口民初字第57号民事判决,向本院提起上诉。本院依法组成合议庭,于2015年1月16日对本案进行了公开开庭审理,上诉人鑫河公司的委托代理人周文奇、杨玉庭,被上诉人谭治惠的委托代理人唐跃华到庭参加了诉讼。本案现已审理终结。

原审法院审理查明:谭治惠于2001年9月6日到鑫河公司处工作。2012

① 四川乐山鑫河电力综合开发有限公司与谭治惠劳动争议纠纷二审民事判决书,中国裁判文书网,http://wenshu.court.gov.cn/content/content?DocID=7f5df468-b4c6-42fd-98d8-a3de704d1c02,2015-02-27。

年8月1日起，谭治惠（乙方）与鑫河公司（甲方）签订无固定期限的劳动合同，合同解除前担任公司的党委委员。

2013年3月，鑫河公司对《鑫河公司管理制度汇编》（以下简称《管理制度汇编》）进行了修订，该制度第四编第三章人事管理制度第四条考勤制度中4.4.11.3规定：职工在合同期内打架、斗殴情节恶劣、违约或严重违反公司管理制度，符合解除劳动合同关系或除名条件的，公司与其终止劳动合同关系和除名，并追收违约金和上岗培训费。第五条待遇中5.1.4规定：各分支企业实行产量、质量、成本、安全、管理挂钩的计件工资制，以年度目标任务为基数，分解到月，按月考核计发工资及奖金。公司机关综合各分支企业的标准，按照职能、岗位考核的情况计发工资。2013年3月10日，《鑫河公司管理制度汇编》已报乐山市金口河区人力资源和劳动保障局备案。

2013年5月12日，鑫河公司工会第一次职工代表大会，一致通过《管理制度》和《劳动合同》，对管理制度中第四编第三章人事管理制度第五条修订为：各分支企业实行产量、质量、成本、安全、管理挂钩的计件工资制，以年度目标任务为基数，分解到月，当月工资次月考核，次次月计发工资及奖金。公司机关综合各分支企业的标准，按照职能、岗位考核的情况当月工资次月考核，次次月计发工资及奖金。2013年5月15日，《劳动合同》已报乐山市金口河区人力资源和劳动保障局备案。

2013年2月27日，鑫河公司工会委员会印发鑫河工委议（2013）1号工会工作会议纪要，内容如下：2013年2月26日下午，公司工会主席郭龙君在公司二楼会议室主持召开了工会工作会，会议就公司推迟工资发放事宜进行了座谈，并形成以下纪要。（1）会议听取了郭龙君同志对公司1—2月的生产经营情况通报；（2）与会者充分认识到公司目前所面临的困难和疲软的铁合金市场给公司带来的困境，都表示十分关注公司的发展；（3）会议一致同意，在公司生产经营困难时，可以推迟工资发放时间，但最迟不能超过6个月。参会人员有工会主席、2名工会委员、16名职工代表。

2013年11月12日，鑫河公司工会委员会印发鑫河工委议（2013）2号关于工会工作会议纪要，内容如下：2013年11月12日上午，公司工会主席郭龙君在公司二楼会议室主持召开了工会工作会，会议就2013年10月28日谭治惠与卢春兰打架一事进行了座谈，并形成以下纪要。（1）会议听取了部分工会委员和职工代表对“10·28”事件的看法和处理意见；（2）会议认为“10·28”的责任应全部由谭治惠负责,建议公司对其严厉处理;(3)会议指出公司在管理工作中还有疏漏,在制度执行上不严谨;(4)会议要求,在今后工作中,工会要正确引导职工的思想,并切实做好公司制度执行情况的督促检查工作。参会人员有工会主席、4名工会委员、2名职工代表。

2012年12月31日至2013年1月2日谭治惠请事假3天;2013年1月25日、28日、29日谭治惠请事假3天;2013年2月25日至27日谭治惠请事假3天;2013年3月25日谭治惠请病假1天;2013年3月11日谭治惠请事假1天;2013年4月10日至12日谭治惠请事假3天;2013年5月2日至3日谭治惠请事假2天;2013年6月13日至14日谭治惠请事假2天;2013年7月3日至5日谭治惠请事假3天;2013年8月21日下午至23日谭治惠请事假2天半;2013年8月27日下午谭治惠请病假半天;2013年9月6日下午谭治惠请事假半天;2013年9月9日谭治惠请事假1天;2013年9月18日下午和22日谭治惠请事假1.5天;2013年10月18日下午和21日谭治惠请事假1.5天;谭治惠共请事假27天、病假1.5天。按照鑫河公司的请假管理规定,病假是基础工资(1000元)÷30日×0.9×请假天数的标准计算,谭治惠请病假1.5天应扣除工资45元;事假是应发工资3000元(不含工龄工资110元)÷30日×请假天数的标准计算,谭治惠请事假27天,应扣除工资2700元。

2013年10月28日,谭治惠因1月至8月累计请假23.5天(其中:事假22.5天、病假1天)被扣除请假工资。谭治惠提出复核请求,经鑫河公司副总经理郭龙君、王露安排监督管理部、人力资源部、行政办公室组织联合调查,查证按照鑫河公司管理规定,其请假天数统计属实、事假工资扣除计算无误。随后,谭治惠又提出查看核对扣款明细,征得鑫河公司副总经理王露同意。在人力资源部查询核对过程中,谭治惠因查看公司的其他相关资料,被公司财务人员卢春兰制止,谭治惠便与卢春兰发生抓扯。10月29日,卢春兰的亲属到鑫河公司要求解决纠纷,被劝离。10月30日,谭治惠突然晕倒在鑫河公司副总经理郭龙君办公室,立即被送往乐山市金口河区人民医院救治。随后,谭治惠的两名亲属来到公司机关,在办公场所吵闹、对公司领导进行谩骂。10月30日至31日,谭治惠又分别被送往红华实业总公司职工医院、中国人民武装警察部队四川省总队医院检查、治疗。

2013年11月20日10时43分—12时56分,鑫河公司总经理费治军在办公室找谭治惠谈话,参加人员有副总经理王露、监督管理部负责人,由监督管理部负责人负责记录。费治军对谭治惠与卢春兰发生的抓扯,及谭治惠的亲属到公司吵闹滋事的行为作出严厉批评,并提出初步处理意见:(1)谭治惠在11月25日前作出深刻的书面检查,向卢春兰公开赔礼道歉;(2)撤销党委委员职务;(3)降级;(4)调离公司机关,另行安排工作。谭治惠拒绝接受处理意见。

2013年11月20日13时30分左右,谭治惠通过中通快递向鑫河公司邮寄《关于解除与四川乐山鑫河电力综合开发有限公司劳动合同的通知》。通知如下:"本人是谭治惠,自2001年9月入职四川乐山鑫河电力综合开发有限公司(以下简称公司)工作至今,已满十二年有余。2013年8月25日后公司至今未向我支付工资报酬,违反了劳动法的相关规定。鉴于公司存在上述违法行为,现本人正式向公司通知并将有关事项函告如下:(1)因公司未向本人及时足额支付工资报酬,本人依法享有单方即时解除劳动关系的权利,现本人正式通知解除公司与本人的劳动合同,该解除效力自公司收到本函之日生效;(2)请公司依法向本人支付从2013年8月25日起至今的工资报酬;(3)劳动合同解除后,请公司依法按2001年9月至今每年一个月的工资标准(每满一年支付一个月工资;六个月以上不满一年的,按一年计算;不满六个月的,支付半个月工资)向本人支付经济补偿金;(4)请公司将社保资料交付本人。"鑫河公司副总经理王露于同日17时06分签收谭治惠的《关于解除与四川乐山鑫河电力综合开发有限公司劳动合同的通知》。

2013年11月21日,鑫河公司向公司工会委员会递交关于"10·28"事件的情况报告。鑫河公司工会委员会于2013年11月22日,对《鑫河公司关于"10·28"事件的情况报告》进行回复:(1)情况报告事实清楚、客观,与实际一致;(2)同意公司对谭治惠同志作开除处理;(3)同意公司与谭治惠同志解除劳动关系。

2013年11月21日、22日、25日,谭治惠继续到鑫河公司。2013年11月25日,中共乐山市金口河区鑫河电力综合开发有限公司党委和鑫河公司联合以鑫河司(2013)41号文件作出《关于谭治惠同志所犯错误的处理决定》……鉴于谭治惠同志所犯错误事实和恶劣态度,依据《中国共产党纪律处分条例》规定,2013年11月25日公司党委会议研究并一致同意:给予谭治惠同志撤销中共乐山市金口河区鑫河电力综合开发有限公司党委委员职务处分。同日,根据《公司管理制度》规定,公司总经理办公会议研究决定:给予谭治惠同志开除公职处理,并解除与公司的劳动关系。自即日起,谭治惠同志所有行为均与本公司无关。《关于谭治惠同志所犯错误的处理决定》向谭治惠宣布并送达,谭治惠拒绝签字。

2013 年 11 月 26 日 9 时许,鑫河公司安排谭治惠办理工作移交,10 时左右,谭治惠在打印的清点交接文件书写“因公司拖欠工资,我主动提出与鑫河公司解除劳动合同关系而移交此工作”,致移交工作未顺利进行,随后谭治惠将党委公章私自带走。10 时 26 分,鑫河公司员工曾介向 110 指挥中心报警,金口河区公安分局永和派出所干警吴加利、谢小龙接到 110 指挥中心指令后出警,接(报)处警登记表的处警情况为:谭治惠是鑫河公司员工,负责党委工作,保管党委公章。因违反公司规定,前几天被公司开除。2013 年 11 月 26 日 9 时许,谭治惠在移交工作的时候以公司未付工资、移交工作不走程序为由,拒绝将党委公章交出,并且情绪激动。鑫河公司员工曾介见可能发生冲突,于是报警。民警了解情况后,告知双方劳动合同问题应该交由劳动局解决,双方不得因此事发生冲突和作出违法犯罪行为。2013 年 11 月 27 日,工作移交才办理完毕。

另查明:2012 年 12 月,鑫河公司对谭治惠 2001 年 9 月至 2007 年期间的社会保险进行了补缴;谭治惠 2008 年至 2013 年 11 月期间的社会保险,鑫河公司已全部缴纳。谭治惠已在鑫河公司领取社会保障卡。

另查明:谭治惠于 2013 年 11 月 26 日向乐山市金口河区劳动争议仲裁委员会申请劳动争议仲裁,申请事项为:1. 裁决确认申请人与被申请人之间的劳动合同已于 2013 年 11 月 20 日依法解除;2. 裁决被申请人为申请人补交 2001 年 9 月至 2013 年 11 月的社会保险;3. 裁决被申请人支付申请人 38875 元经济补偿金(12.5 个月的工资);4. 裁决被申请人将社会保险资料交付给申请人。乐山市金口河区劳动争议仲裁委员会于 2014 年 1 月 27 日作出金劳人仲案字(2013)第 20 号仲裁裁决书,裁决如下:1. 不支持申请人谭治惠 2013 年 11 月 20 日与被申请人四川乐山鑫河电力综合开发有限公司解除劳动关系;2. 不支持申请人谭治惠要求被申请人 2001 年 9 月至 2013 年 11 月的社会保险要求;3. 不支持申请人谭治惠要求被申请人支付经济补偿金 38875 元;4. 不支持申请人谭治惠要求被申请人将社保资料交付给申请人的请求。谭治惠不服仲裁裁决,于 2014 年 2 月 28 日上诉原审法院。

本案审理过程中,谭治惠放弃要求鑫河公司为其补交 2001 年 9 月至 2013 年 11 月的社会保险;放弃要求鑫河公司将社会保险资料交付给谭治惠的诉讼请求。谭治惠自认鑫河公司 2013 年 11 月 21—25 日期间发放的 5 天工资(即

500 元)退还鑫河公司。

原审法院认为:根据双方当事人的诉辩主张,本案的争执焦点在于:(1)《管理制度汇编》能否作为鑫河公司的规章制度;(2)关于谭治惠 2013 年 11 月 20 日是否合法解除劳动关系;(3)鑫河公司是否应支付谭治惠经济补偿金。

一、《管理制度汇编》能否作为鑫河公司的规章制度

《最高人民法院关于审理劳动争议案件适用法律若干问题的解释》(现已失效)第十九条规定,用人单位根据劳动法第四条之规定,通过民主程序制定的规章制度,不违反国家法律、行政法规及政策规定,并已向劳动者公示的,可以作为人民法院审理劳动争议案件的依据。2012 年 8 月 1 日起,谭治惠(乙方)与鑫河公司(甲方)签订无固定期限的劳动合同,劳动合同约定:"……第九条劳动合同解除的条件(一)双方协商一致,劳动合同可以解除。(二)甲方解除合同:1. 乙方有下列情形的甲方可以随时解除劳动合同:……(2)严重违反甲方的规章制度的;……第十六条其他约定事项……3. 甲方各项管理规章制度的发布、修改、调整均在甲方的网站或公告栏公布,乙方应及时到甲方的网站或公告栏上了解相关信息。第十七条附则……甲方依照法定程序制定的并在企业内公开发布的各项规章制度作为本合同的有效附件,对双方均有约束力。如果甲方的规章制度中有违反国家法律法规的部分,则该部分无效,其余部分有效……同时,谭治惠还签订建立劳动关系保证书,本人自愿作以下入职保证……5. 本人已经知悉公司的管理制度,并愿意遵照执行。"2013 年 5 月 12 日,鑫河公司工会第一次职工代表大会,一致通过《鑫河公司管理制度》(以下简称《管理制度》)和《鑫河公司劳动用工合同》。

综上分析,原审法院认为,鑫河公司职工代表于 2013 年 5 月 12 日一致通过的《管理制度》,履行了民主程序,此《管理制度汇编》作为规章制度,不违反国家法律、行政法规及政策规定,但未向劳动者公示的,不能作为人民法院审理劳动争议案件的依据。

二、关于谭治惠 2013 年 11 月 20 日是否合法解除劳动关系

根据劳动合同法第三十八条规定,用人单位有下列情形之一的,劳动者可以解除劳动合同:(1)未按照劳动合同约定提供劳动保护或者劳动条件的;(2)未及时足额支付劳动报酬的;(3)未依法为劳动者缴纳社会保险费的;(4)用人单位的规章制度违反法律、法规的规定,损害劳动者权益的;(5)因本法第二十六条第一款规定的情形致使劳动合同无效的;(6)法律、行政法规规定劳动者可以解除劳动合同的其他情形。用人单位以暴力、威胁或者非法限制人身自由的手段强迫劳动者劳动的，或者用人单位违章指挥、强令冒险作业危及劳动者人身安全的，劳动者可以立即解除劳动合同，不需要事先告知用人单位。劳动者单方提出解除劳动合同，只要具备法律规定形式、条件，无须双方达成一致意见，也无须征得用人单位的同意，劳动者单方解除劳动合同，属于行使消灭性形成权，一经行使，便产生解除或终止劳动关系的效力，劳动者事后的撤销行为不产生任何法律效力，劳动关系的解除状态不因劳动者意思的改变而变更。

《工资支付暂行规定》第十八条所称"无故拖欠"，系指用人单位无正当理由超过规定付薪时间未支付劳动者工资。不包括：(1)用人单位遇到非人力所能抗拒的自然灾害、战争等原因。无法按时支付工资；(2)用人单位确因生产经营困难、资金周转受到影响，在征得本单位工会同意后，可暂时延期支付劳动者工资，延期时间的最长限制可由各省、自治区、直辖市劳动行政部门根据各地情况确定。其他情况下拖欠工资均属无故拖欠。

本案中，鑫河公司未按照合同的约定，及时足额支付谭治惠 9—10 月工资，谭治惠以此为由，于 2013 年 11 月 20 日单方解除与鑫河公司的劳动关系，符合法律规定。谭治惠在当日发出解除通知后，鑫河公司也于当日签收，双方的劳动关系已于同日合法解除。

本案审理过程中，谭治惠放弃要求鑫河公司为其补交 2001 年 9 月至 2013 年 11 月的社会保险，及将社会保险资料交付给谭治惠的诉讼请求，是其对自己民事权利的处分，该院依法予以支持。

鑫河公司在答辩中提出的谭治惠因严重违反公司的规章制度而被公司合法开除，公司未及时发放 9—10 月工资，是因谭治惠 9 月、10 月考勤与公司意见不统一，故未及时发放，不是公司恶意拖欠，谭治惠要求支付经济补偿金没有法律依据的辩称，与该院查明事实不符，鑫河公司在本案中没有提交自然灾害、战争或公司确因生产经营困难、资金周转受到影响的证据，其延迟发放工资并非短暂现象和仅限于有争议月份，制定的制度未向职工公示，其辩称意见该院依法不予采纳。

三、鑫河公司是否应支付谭治惠经济补偿金

谭治惠自 2001 年 9 月 6 日至 2012 年 7 月 31 日期间，在鑫河公司工作。自 2012 年 8 月 1 日起，谭治惠与鑫河公司签订无固定期限的劳动合同。《中华人民共和国劳动合同法》第四十六条规定，有下列情形之一的，用人单位应当向劳动者支付经济补偿:(一)劳动者依照本法第三十八条规定解除劳动合同的……。第四十七条规定,经济补偿按劳动者在本单位工作的年限,每满一年支付一个月工资的标准向劳动者支付。六个月以上不满一年的,按一年计算;不满六个月的,向劳动者支付半个月工资的经济补偿。……本条所称月工资是指劳动者在劳动合同解除或者终止前十二个月的平均工资。

本案中,谭治惠、鑫河公司于2001年9月6日建立劳动关系,于2013年11月20日解除了劳动关系,谭治惠在鑫河公司处工作十二年二个月零十四天,但因《中华人民共和国劳动合同法》于2008年1月1日起施行,根据该法第九十七条规定……本法施行之日存续的劳动合同在本法施行后解除或者终止,依照本法第四十六条规定应当支付经济补偿的,经济补偿年限自本法施行之日起计算;本法施行前按照当时有关规定,用人单位应当向劳动者支付经济补偿的,按照当时有关规定执行。在《中华人民共和国劳动合同法》施行前,《最高人民法院关于审理劳动争议案件适用法律若干问题的解释》(现已失效)第十五条规定,用人单位有下列情形之一,迫使劳动者提出解除劳动合同的,用人单位应当支付劳动者的劳动报酬和经济补偿,并可支付赔偿金:……未按照劳动合同约定支付劳动报酬或者提供劳动条件的;克扣或者无故拖欠劳动者工资的……用人单位应当支付经济补偿的规定,因此,鑫河公司应支付谭治惠经济补偿金。谭治惠2012年12月应得工资为3100元、2013年1—10月应得月工资为3110元、2013年11月应得工资为2610元、2012年的年终奖为5721.35元,月平均为476.78元,扣除病假、事假工资2745元,谭治惠在劳动合同解除前十二个月的平均工资为2878.48元。谭治惠在诉求中以每月3110元的标准计算经济补偿金,即以月平均工资3110元计算经济补偿金的主张,对其合理部分依法予以支持。

谭治惠在庭审中自认退还鑫河公司多发的500元工资,是其对自己民事权利的处分,该院不持异议。

综上所述,原审法院依照《中华人民共和国劳动合同法》第三十八条第一款第(二)项、第四十六条第(一)项、第四十七条、第九十七条第三款、《最高人民法院关于审理劳动争议案件适用法律若干问题的解释》第十五条、《中华人民共和国劳动合同法实施条例》第二十七条、《最高人民法院关于民事诉讼证据的若干规定》第二条的规定,判决如下:(1)确认谭治惠与四川乐山鑫河电力综合开发有限公司之间的劳动关系于2013年11月20日解除;(2)四川乐山鑫河电力综合开发有限公司在本判决生效后十日内，支付谭治惠经济补偿金35981元，扣除多发的500元工资，四川乐山鑫河电力综合开发有限公司应支付35481元；(3)驳回谭治惠的其他诉讼请求。

如果未按本判决指定的期间履行给付金钱义务，应当依照《中华人民共和国民事诉讼法》第二百五十三条规定，加倍支付迟延履行期间的债务利息。

本案案件受理费5元(已减半收取)，由四川乐山鑫河电力综合开发有限公司承担。

上诉人鑫河公司不服原审法院的上述民事判决向本院提起上诉称：谭治惠向上诉人发出的《解除劳动合同通知书》不是其真实意思表示；《解除劳动合同通知书》不符合双方签订的《劳动合同书》第九条的约定，不能达到解除劳动合同的效果。原判认定上诉人与谭治惠于2013年11月20日合法解除劳动关系的事实错误。原判认定上诉人制定的《管理制度汇编》未向劳动者公示与事实不符。谭治惠与上诉人签订的劳动合同书及劳动关系保证书中明确说明：本人已经知悉公司的管理制度，并愿意遵照执行。谭治惠严重违反上诉人公司规章制度，被公司合法开除，上诉人与谭治惠的劳动关系于2013年11月25日解除。请求二审法院依法判令：驳回谭治惠的上诉请求。

被上诉人答辩称：原判认定上诉人与谭治惠的劳动关系于2013年11月20日解除正确。上诉人制定的《管理制度汇编》中有关劳动报酬发放的规定明显违反劳动合同法的相关规定，不能作为本案定案的依据。上诉人主张劳动合同于2013年11月25日解除不成立。原判认定事实清楚，证据充分，适用法律正确。请求二审法院依法驳回上诉，维持原判。

上诉法院经审理查明：上诉人鑫河公司制定的《管理制度汇编》中关于工资、奖金的规定为："各分支企业实行产量、质量、成本、安全、管理挂钩的计件工资制，以年度目标任务为基数，分解到月，按月考核计发工资及奖金。"2013年5月12日修订为："各分支企业实行产量、质量、成本、安全、管理挂钩的计件工资制，以年度目标任务为基数，分解到月，当月工资次月考核，次次月计发工资及奖金。"

上诉法院对原审法院查明的其余事实予以确认。

上诉法院认为：鑫河公司《管理制度汇编》中制定的劳动纪律等规章制度属管理性规定，经过民主程序制定，并进行了公示，对劳动者有约束力。但是《管理制度汇编》中涉及劳动报酬的规定与劳动者个人的切身利益相关，不属于管理性规定的范畴，及时足额支付劳动报酬是用人单位的根本义务，鑫河公司应当按照法律规定或者双方签订的《劳动合同》的约定，发放工资报酬。变更《劳动合同》约定的工资发放时间，不应基于合同以外的第三人的意思表示，而应当与劳动者达成合意。谭治惠于 2012 年 8 月 1 日与鑫河公司签订的劳动合同书及劳动关系保证书，鑫河公司于 2013 年 5 月 12 日修订了《管理制度汇编》中关于工资、奖金的发放时间，鑫河公司没有提供证据证明就其该修订后的内容与谭治惠形成了合意。故，鑫河公司应当按照双方签订的《劳动合同》的约定，及时足额向谭治惠发放工资报酬。鑫河公司主张公司的《管理制度汇编》是公司通过民主程序制定的，已向谭治惠公示，对其有约束力，法院不予支持。谭治惠以鑫河公司未及时足额向其支付工资报酬为由，于 2013 年 11 月 20 日向鑫河公司送达了《解除劳动合同通知书》，符合法律规定。鑫河公司认可于同日收到《解除劳动合同通知书》，但认为谭治惠单方解除劳动合同不符合双方签订的《劳动合同书》第九条的约定，不能达到解除劳动合同的效果。鉴于鑫河公司存在未按双方签订的《劳动合同》的约定及时足额支付谭治惠工资报酬的情形，依照《中华人民共和国劳动合同法》第三十八条第一款："用人单位有下列情形之一的，劳动者可以解除劳动合同：……（二）未及时足额支付劳动报酬的"规定，谭治惠依法享有单方解除劳动合同的权利，用人单位在收到解除劳动合同通知书后即产生解除劳动关系的效力。故，谭治惠与鑫河公司双方的劳动关系于 2013 年 11 月 20 日解除。鑫河公司的该项上诉理由不能成立，法院不予支持。

鑫河公司上诉主张谭治惠于 2013 年 11 月 20 日向公司发出解除劳动关系通知后同年 11 月 25 日还在公司继续上班，解除与公司的劳动关系不是其真实意思表示。但是，鑫河公司未提供证据证明谭治惠于 2013 年 11 月 21—25 日，接受了鑫河公司的何种劳动安排，且谭治惠也明确否认其在上班。故，鑫河公司上诉主张谭治惠于 2013 年 11 月 20 日解除与公司的劳动关系不是其真实意思表示的上诉理由不能成立，法院不予支持。

从本案查明的事实看，鑫河公司于 2013 年 11 月 25 日作出给予谭治惠开除公职的处理决定，明显滞后于谭治惠于 2013 年 11 月 20 日向鑫河公司发出解除劳动关系通知书。鉴于谭治惠与鑫河公司双方的劳动关系已于 2013 年 11 月 20 日解除，在双方已不存在劳动关系情况下，鑫河公司于 2013 年 11 月 25 日再以鑫河司（2013）41 号文件对谭治惠除名，于法无据。因此，鑫河公司主张与谭治惠的劳动关系于 2013 年 11 月 25 日解除的上诉理由不能成立，法院不予支持。

综上所述，原判认定事实清楚，适用法律正确。

▶【案件焦点】> > >

企业由于资金紧张或者其他的资金问题可能出现工资延迟发放的情况,这一问题如果长期存在则会直接导致严重的社会问题,拖欠农民工工资行为尤其严重。

▶【学理分析】> > >

延时发放工资会产生什么法律后果？按照劳动法第五十条“工资应当以货币形式按月支付给劳动者本人。不得克扣或者无故拖欠劳动者的工资”,以及《工资支付暂行规定》第七条“工资必须在用人单位与劳动者约定的日期支付。如遇节假日或休息日,则应提前在最近的工作日支付。工资至少每月支付一次,实行周、日、小时工资制的可按周、日、小时支付工资”的规定,工资必须按月支付。超过约定的工资发放日,就应视为拖欠工资。

劳动保障监察条例关于“欠薪”“欠保”的处罚规定如下:逾期不支付工资可罚双倍。用人单位有下列行为之一的,由劳动保障行政部门分别责令限期支付劳动者的工资报酬、劳动者工资低于当地最低工资标准的差额或者解除劳动合同的经济补偿;逾期不支付的,责令用人单位按照应付金额 50% 以上 1 倍以下的标准,向劳动者加付赔偿金:克扣或者无故拖欠劳动者工资报酬的;支付劳动者的工资低于当地最低工资标准的;解除劳动合同未依法给予劳动者经济补偿的。瞒报职工人数最高处 3 倍罚款。

劳动保障监察条例规定,用人单位向社会保险经办机构申报应缴纳的社会保险费数额时,瞒报工资总额或者职工人数的,由劳动保障行政部门责令改正,并处瞒报工资数额 1 倍以上 3 倍以下的罚款。

根据我国劳动合同法相关规定,用人单位未及时足额支付劳动报酬的,劳动者可以解除劳动合同,用人单位应当向劳动者支付经济补偿。不管用人单位生产经营是否困难,最终都不能无限期的拖欠劳动者工资。即便企业面临破产,劳动者若在破产清算之前及时申请劳动仲裁,工资也是可以追回的。

▶【法条链接】> > >

中华人民共和国劳动法

第五十条 工资应当以货币形式按月支付给劳动者本人。不得克扣或者无故拖欠劳动者的工资。

中华人民共和国劳动合同法

第三十条 用人单位应当按照劳动合同约定和国家规定,向劳动者及时足额支付劳动报酬。

用人单位拖欠或者未足额支付劳动报酬的,劳动者可以依法向当地人民法院申请支付令,人民法院应当依法发出支付令。

第三十八条第一款 用人单位有下列情形之一的,劳动者可以解除劳动合同:

(一)未按照劳动合同约定提供劳动保护或者劳动条件的;

(二)未及时足额支付劳动报酬的;

(三)未依法为劳动者缴纳社会保险费的;

(四)用人单位的规章制度违反法律、法规的规定,损害劳动者权益的;

(五)因本法第二十六条第一款规定的情形致使劳动合同无效的;

(六)法律、行政法规规定劳动者可以解除劳动合同的其他情形。

第八十五条 用人单位有下列情形之一的,由劳动行政部门责令限期支付劳动报酬、加班费或者经济补偿;劳动报酬低于当地最低工资标准的。应当支付其差额部分;逾期不支付的,责令用人单位按应付金额的百分之五十以上百分之一百以下的标准向劳动者加付赔偿金:

(一)未按照劳动合同的约定或者国家规定及时足额支付劳动者劳动报酬的;

(二)低于当地最低工资标准支付劳动者工资的;

(三)安排加班不支付加班费的;

(四)解除或者终止劳动合同,未依照本法规定向劳动者支付经济补偿的。

工资支付暂行规定

第十八条 各级劳动行政部门有权监察用人单位工资支付的情况。用人单位有下列侵害劳动者合法权益行为的,由劳动行政部门责令其支付劳动者工资和经济补偿,并可责令其支付赔偿金:

(一)克扣或者无故拖欠劳动者工资的;

(二)拒不支付劳动者延长工作时间工资的;

(三)低于当地最低工资标准支付劳动者工资的。经济补偿和赔偿金的标准,按国家有关规定执行。

CHAPTER 7

第七章

职业病的相关规定

泉州市华瑞电源有限公司与陈秀华劳动争议纠纷案[①]

▶【案情简介】> > >

上诉人(原审被告并为原告):泉州市华瑞电源有限公司,住所地:福建省泉州市泉港区南埔镇工业区。

法定代表人:李仁东,该公司董事长。

委托代理人:庄宏图,福建闽荣律师事务所律师。

委托代理人:王志坚,福建闽荣律师事务所律师。

被上诉人(原审原告并为被告):陈秀华,女,住福建省泉州市泉港区。

委托代理人:林志广,福建普阳律师事务所律师。

委托代理人:沈枫荣,福建普阳律师事务所律师。

上诉人泉州市华瑞电源有限公司(以下简称华瑞电源公司)因与被上诉人陈秀华劳动争议纠纷一案,不服福建省泉州市泉港区人民法院(2013)港民初字第1414号民事判决,向法院提起上诉。法院受理后依法组成合议庭于2014年2月14日公开开庭进行了审理。上诉人华瑞电源公司的委托代理人王志坚、庄宏图律师和被上诉人陈秀华的委托代理人沈枫荣律师到庭参加诉讼。本案现已审理终结。

原审判决查明,原告陈秀华自2006年6月2日起在被告华瑞电源公司担任管理人员,执行计时工资制。工资于次月15日支付,被告为原告办理了社会保险手续。2011年3月27日,原、被告签订《劳动合同书》一份,约定劳动合同期

---

① 泉州市华瑞电源有限公司与陈秀华劳动争议纠纷二审民事判决书,中国裁判文书网,http://wenshu.court.gov.cn/content/content? DocID = eee8acbf - 5fb4 - 4af3 - 8007 - 640fc06f8da2,2014 - 06 - 30。

限从2011年3月27日起至2014年3月27日止。2012年10月31日,因被告未落实卫生防护距离和未经批准擅自恢复生产等原因,泉州市泉港区人民政府作出泉港政综(2012)253号《关于责令泉州市华瑞电源有限公司停止生产的通知》,责令其自接到该通知即日起全面停止生产,待整改落实完毕后,报经泉州市环保局批准同意后方可恢复生产。自2013年2月1日起,被告全面停止生产,原告亦未到被告处上班,被告至今未恢复生产,也未向原告发放停产期间的工资。2013年3月11日,原告向泉港仲裁委申请劳动仲裁。2013年3月18日,泉港仲裁委作出泉港劳仲案(2013)5号先予执行裁决,裁决被告先行支付原告经济补偿金人民币8105元(该款已履行完毕)。2013年4月25日,泉港仲裁委对原告提出的劳动仲裁申请作出泉港劳仲案(2013)5号裁决。原、被告对该裁决均不服,分别于2013年5月7日、5月10日诉诸原审法院。原告请求判令:(1)被告向原告支付解除劳动关系经济补偿金人民币13702.50元;(2)被告支付拖欠原告工资人民币2751元;(3)被告向原告支付拖欠工资总额25%的经济补偿金人民币688元;(4)被告向原告支付拖欠工资的赔偿金人民币1827元;(5)被告支付原告未休年休假工资人民币1260元;(6)被告支付原告法定节假日应得工资840元、加班工资人民币504元;(7)被告支付原告休息日加班工资人民币8064元;(8)被告为原告办理并足额缴纳社会基本养老保险和医疗保险;(9)被告向原告支付因血铅超标住院治疗的医疗费、住院伙食补助费、营养费、护理费、误工费等共计人民币6550元(暂计至起诉之日止)。被告请求判决驳回原告的全部诉讼请求。原审确定陈秀华为原告,华瑞电源公司为被告,双方并互为原被告予以合并审理。审理中,原、被告确认双方之间的劳动合同于2013年3月11日解除。另查明,被告华瑞电源公司成立于2002年9月25日,公司类型为有限责任公司,经营范围为极板及蓄电池制造。另外,2012年度原告月基本工资:2012年1—4月为1600元、5—12月为1800元,加权平均为1733.33元;各月的应得工资为:1月为1065元、2月为1652元、3月为1758元、4月为1758元、5月为1965元、6月为1725元、7月为1965元、8月为2065元(含加班工资为100元)、9月为1665元、10月为1785元、11月为1905元、12月为1965元,年终奖为645元,合计人民币21918元(含加班工资100元),该年度原告月平均工资为人民币1826.50元。以上事实,双方当事人均无异议。

原审判决认为:

1. 关于被告华瑞电源公司应支付原告陈秀华经济补偿金数额如何确定的

问题。被告因环保问题被责令停产，又其员工中多人因工作致血铅超标住院治疗等事实，可认定被告未提供相应的劳动安全卫生条件，原告为此提出解除劳动合同，依《中华人民共和国劳动合同法》第三十八条第一款第（一）项、第四十六条第（一）项的规定，被告应付原告自 2008 年 1 月 1 日起至解除劳动合同时止的经济补偿。2008 年 1 月 1 日之前，依《最高人民法院关于审理劳动争议案件适用法律若干问题的解释》第十五条第（二）项的规定，被告亦应向原告支付经济补偿。计算该项经济补偿的工作年限应以原告在被告处工作的期间（自 2006 年 6 月 2 日起至 2013 年 3 月 11 日止）确定。原告主张以其 2012 年度月平均工资标准计算经济补偿，因被告对此月平均工资计算期间不持异议，予以确认。因此，被告应付原告经济补偿金数额确定为 12785.50 元（1826.50 元/月 ×7 月）。

2. 关于被告华瑞电源公司应否支付原告陈秀华自 2013 年 2 月 1 日起至 3 月 11 日止的工资人民币 2751 元以及 25% 的经济补偿金人民币 688 元、赔偿金人民币 1827 元的问题。自 2013 年 2 月 1 日起，被告开始全面停止生产，至今未恢复生产，原告亦未到被告处上班，为被告提供劳动，结合本案实际，以被告按当地最低工资标准即 1050 元/月支付原告工资为宜，被告应付原告该期间的工资为 1400 元。因原告在工资支付期限届满前即提出仲裁申请，且双方对停产期间应否支付及如何支付工资问题存在争议，依法不应认定被告存在拖欠原告工资行为。因此，原告要求被告支付拖欠工资的经济补偿、赔偿金，不符合法律规定，不予支持。

3. 关于被告华瑞电源公司应否支付原告陈秀华自 2012 年 1 月 1 日起至 2013 年 3 月 11 日止法定休假日应得工资人民币 840 元、加班工资人民币 504 元、休息日加班工资人民币 8064 元的问题。依原告提供的考勤记录，可知原告在 2012 年 1 月至 2013 年 1 月期间的出勤刷卡情况，即 2012 年 1 月刷卡 18 天（工资天数 18 天）、2 月刷卡 29 天（工资天数 29 天）、3 月刷卡 31 天（工资天数 31 天）、4 月刷卡 30 天（工资天数 31 天）、5 月刷卡 30 天（工资天数 31 天）、6 月刷卡 27 天（工资天数 27 天）、7 月刷卡 27 天（工资天数 31 天）、8 月刷卡 28 天（工资天数 31 天）、9 月刷卡 25 天（工资天数 26 天）、10 月刷卡 26 天（工资天数 28 天）、11 月刷卡 29 天（工资天数 30 天）、12 月刷卡 30 天（工资天数 31 天）、2013 年 1 月刷卡 26 天（工资天数 27 天），共计刷卡 356 天（工资天数 371 天）。原告提供的刷卡记录被告虽不予认可，但因原告的刷卡情况由被告掌握，而被告未提供相关证据加以反驳,原告提供的刷卡记录予以采信。根据上述刷卡记录,可知原告在上述期间法定休假日上班情况,即2012年清明节(4月4日)上班1天、端午节(6月23日)上班1天、国庆节(10月3日)上班1天,共加班3天。2012年1月至2013年1月共397天,扣除法定休假日12天、休息日113天后,实际应上班天数为272天。据此,原告休息日加班天数为81天(356天-272天-3天,该天数指不能安排补休的天数,下同)。至于2013年2月1日后原告是否存在加班事实的问题,因被告已停产,原告未提供证据证明其有加班之事实,且被告提出异议,原告主张该期间有加班,依据不足,不予采信。根据《中华人民共和国劳动法》第四十四条规定,休息日安排劳动者工作又不能安排补休的,支付不低于工资的百分之二百的工资报酬;法定休假日安排劳动者工作的,支付不低于工资的百分之三百的工资报酬。而休息日、法定休假日加班工资应以月基本工资为基数计算。结合本案实际,鉴于被告发放给原告的工资天数多于正常上班应发工资天数87天[371天-(272天+12天)],以月基本工资为基数计算,被告已付原告休息日加班工资为6933.33元(1733.33元/月÷21.75天/月×87天),故被告尚应支付原告休息日加班工资计人民币5977.01元(1733.33元/月÷21.75天/月×81天×200%-6933.33元);法定休假日加班工资计人民币478.16元(1733.33元/月÷21.75天/月×3天×200%,不含被告已发的法定休假日期间工资)。

4. 关于被告华瑞电源公司应否支付原告陈秀华自2012年1月1日至2013年3月11日止未休年休假工资人民币1260元的问题。依原告的工作年限,其可休年休假5天。被告未安排原告休年休假,应按未休年休假天数支付年休假工资。计算未休年休假的月平均工资标准应剔除加班工资,依上一焦点所述,被告已付原告休息日加班工资应确定为6933.33元,即该款项确定为1240.39元[(21918元-6933.33元-100元)÷12]。因被告自2013年2月1日起已停止生产,原告仅作为留守人员为被告提供劳动,故该期间不折算年休假天数。按自2012年1月1日起至2013年1月31日止折算,被告应加付原告未休年休假工资为570.29元(1240.39元/月÷21.75天/月×5天×200%,其中,折算后不足1整天的部分不计,正常工作期间的工资被告已发,不含在内)。

5. 关于原告请求被告为其办理并足额缴纳社会基本养老保险费和医疗保险费应否予以支持的问题。被告已为原告办理了社会保险手续,无须再办理。至于被告应否为原告足额缴纳社会基本养老保险费和医疗保险费即社会保险费问题，因是否足额缴社会保险费发生的争议，是国家社会保险征缴部门与缴费义务主体之间的行政关系，不属于人民法院受理劳动争议案件的范围。因此，对原告要求被告为其足额缴纳社会基本养老保险费和医疗保险费的主张，均不予审查处理。

6. 关于原告请求被告支付其因血铅超标住院治疗的医疗费、住院伙食补助费、营养费、护理费、误工费等共计人民币6550元（暂计至起诉之日止）的问题。原告主张其因血铅超标住院治疗，即其患有职业病，但其未依法先行经过职业病诊断、鉴定及工伤认定等前置程序，直接请求被告支付医疗费等相关费用，不符合法定程序要求，故对此亦不予审查处理。

综上所述，劳动者的合法权益受法律保护。原告陈秀华自2006年6月2日起至2013年3月11日止与被告华瑞电源公司存在劳动合同关系的事实清楚，证据充分，予以认定。双方的劳动合同解除后，被告依法应支付原告解除劳动合同经济补偿人民币12785.50元（扣除已支付的人民币8105元，被告尚应支付原告经济补偿4680.50元）、停产期间的工资人民币1400元、未休年休假工资人民币570.29元、法定休假日加班工资478.16元、休息日加班工资5977.01元。被告辩称原告主张加班工资部分超过仲裁时效，以及辩解原告请求办理社保、缴纳社保费用超过仲裁时效，与法不符，不予采纳。依照《中华人民共和国劳动法》第四十四条第（二）项、第（三）项，《中华人民共和国劳动合同法》第三十八条第一款第（一）项，第四十六条第（一）项，第四十七条第一款、第三款、第九十七条第三款，《最高人民法院关于审理劳动争议案件适用法律若干问题的解释》第十五条第（二）项，《最高人民法院关于审理劳动争议案件适用法律若干问题的解释（二）》第十一条，《最高人民法院关于审理劳动争议案件适用法律若干问题的解释（三）》第九条，《最高人民法院关于审理劳动争议案件适用法律若干问题的解释（四）》第五条第一款、第二款第（四）项，《中华人民共和国劳动合同法实施条例》第二十七条，《职工带薪年休假条例》第三条、第五条第一款、第三款，《企业职工带薪年休假实施办法》第四条、第十条第一款、第十一条、第十二条第一款、第二款，《工资支付暂行规定》第十二条和《中华人民共和国民事诉讼法》第六十四条第一款，《中华人民共和国劳动争议调解仲裁法》第二十七条，《最高人民法院关于民事诉讼证据的若干规定》第二条的规定，判决如下：（1）被告泉州市华瑞电源有限公司应于本判决生效之日起十日内支付原告陈秀华经济补偿4680.50元、停产后工资1400元、未休年休假工资570.29元、法定休假日加班工资478.16元、休息日加班工资5977.01元,合计人民币13105.97元;(2)驳回原告陈秀华的其他诉讼请求。如果被告未按本判决指定的期间履行给付金钱义务,应当依照《中华人民共和国民事诉讼法》第二百五十三条之规定,加倍支付迟延履行期间的债务利息。本案案件受理费人民币10元,由被告泉州市华瑞电源有限公司负担。

宣判后,被告华瑞电源公司不服,向法院提起上诉。

上诉人华瑞电源公司上诉称:

1. 原审判决上诉人应支付被上诉人经济补偿金4680.50元,明显错误。被上诉人在劳动仲裁时就明确以要求终止双方劳动关系为由诉请裁决上诉人支付经济补偿金,在提起民事诉讼时也是以双方劳动关系终止为由主张经济补偿金,而上诉人是被泉港区人民政府责令关停的,根据劳动合同法第四十四条第五款的规定及从客观情况来看,上诉人与被上诉人之间的劳动关系也确实属于终止。根据劳动合同法第九十七条第三款的规定,上诉人与被上诉人之间终止劳动关系的,计算被上诉人经济补偿金的起算点应从2008年1月1日以后开始计算。虽然上诉人公司有出现部分劳动者血铅超标入院治疗的情况,但是血铅超标的原因是多样的,既有劳动者个人不愿意严格采取防护措施,也有劳动者从业年限较长、劳动者个人体质等各种客观因素,在未经相关卫生监督部门依法作出认定前,原审判决贸然认定上诉人未提供相应的劳动安全卫生条件显然没有依据。

2. 原审判决上诉人应支付被上诉人未休年假工资570.29元,明显错误。被上诉人在工作期间从未要求休年假,而且上诉人的生产过程也是断断续续,实际上在生产过程中已经休了年假,再且,上诉人在年终有发放名为"年终奖"的645元给被上诉人,该645元系根据被上诉人的工龄来计算的,实际上就是未休年休假的工资。

3. 原审判决上诉人应支付被上诉人停产后工资1400元,明显错误。上诉人自2013年2月1日以后就全面停止生产,被上诉人并没有到上诉人公司上班,由于双方在劳动合同中约定的是计件工资,被上诉人没有上班,就不存在工资支付问题,原审判决上诉人支付被上诉人按当地最低工资1050元计算的停产后工资1400元,明显缺乏法律依据。

4. 原审判决上诉人应支付被上诉人法定休假日加班工资478.16元、休息日加班工资5977.01元,明显错误。被上诉人属于上诉人公司的管理人员,计时工资，根据被上诉人的考勤情况及工资表，上诉人已支付其加班工资。请求依法改判驳回被上诉人的原审诉讼请求。

被上诉人陈秀华答辩称：(1)上诉人被限期停产，整改完毕可恢复生产，不存在劳动合同法上规定的法定终止情形。(2)上诉人未支付年休假的工资，按规定未休年休假应按日工资的三倍支付工资。(3)工人2月1日后未上班是上诉人的通知要求，但应依法保障工人享有最低工资的权利。(4)原审判决对停产后工资的认定正確，是上诉人不安排被上诉人上班，而不是被上诉人主动不上班。

经审理查明，当事人二审中的主要争议是：(1)原审判决确定经济补偿金的计算年限是否正确。(2)上诉人应否支付被上诉人未休年休假工资及停产后至解除劳动关系期间的工资。(3)上诉人应否支付被上诉人法定休假日加班工资和休息日加班工资。除上述争议所涉事实外，双方当事人对原审判决查明的其他事实均无争议，法院依法对当事人无争议的事实予以确认。

二审法院认为，上诉人因环保问题被政府部门责令停产整顿，其员工中多人因血铅超标患病而入住医院治疗的事实，可以相互印证证实上诉人未能为劳动者提供相应的劳动安全卫生条件，被上诉人提出解除劳动合同，并要求上诉人支付经济补偿金，符合法律规定，本院予以支持。根据《中华人民共和国劳动合同法》第九十七条和《最高人民法院关于审理劳动争议案件适用法律若干问题的解释》（现已失效）第十五条第（二）项的规定，原审判决认定上诉人应支付被上诉人经济补偿金的工作年限应以被上诉人受聘于上诉人之日起算是正确的。上诉人以其停产系被政府相关部门责令关停致本案劳动合同终止为由，主张被上诉人享有经济补偿金的工作年限应自2008年1月1日之日起算，有悖于法律规定，法院不予支持。原审判决认定被上诉人2012年度月平均工资为1826.50元，对此双方当事人均没有提出异议，且均同意按照被上诉人2012年度月平均工资标准计算经济补偿，故对原审判决确定的被上诉人应得的经济补偿12785.50元，应予以维持。根据国务院《职工带薪年休假条例》第三条的规定，被上诉人可休年休假5天。上诉人未安排被上诉人休年休假，根据人力资源和社会保障部《企业职工带薪休假实施办法》第十条、第十一条、第十二条的规定，上诉人应支付被上诉人未休年休假工资。上诉人主张其支付被上诉人2012年度年终奖645元，实际上是支付被上诉人应休而未休年休假的工资，对此，被上诉人不予认可，上诉人又未能提供证据予以证明，法院不予认定，上诉人以此为由,主张免于支付该笔款项,法院不予支持。对原审判决确定的被上诉人未休年休假工资数额570.29元(1240.39元/月÷21.75天/月×5天×200%),因双方当事人均未提出异议,法院予以照准。上诉人停产后,致使被上诉人未能正常上班,在双方劳动关系未解除之前,上诉人应给予被上诉人生活费,以保障被上诉人最低生活需求,原审判决以当地最低工资标准计付上诉人应付而未付该期间工资1400元是正确的。上诉人以停产后,被上诉人未正常上班为由,主张免于支付被上诉人该笔工资,理由不能成立,法院不予支持。根据《中华人民共和国劳动法》第四十四条的规定,用人单位休息日安排劳动者工作又不能补休的,支付不低于工资的百分之二百的工资报酬;法定休假日安排劳动者工作的,支付不低于工资的百分之三百的工资报酬。上诉人主张其每月已支付被上诉人的休息日加班工资及法定节假日加班工资,因被上诉人对此不予认可,且上诉人又未能提供证据予以证实此系双方协商一致的加班工资支付方式,故法院对此不予采纳。对原审以被上诉人的基本工资为基数,并根据被上诉人的实际加班天数和上诉人已支付的加班工资,计算上诉人尚应支付的法定节假日加班工资和休息日加班工资的方式和判决数额,当事人均无异议,法院予以照准。综上,原审判决认定事实清楚,适用法律正确,应予维持。据此,依照《中华人民共和国民事诉讼法》第一百七十条第一款第(一)项的规定,判决如下:

驳回上诉人泉州市华瑞电源有限公司的上诉,维持原判。

▶【案件焦点】>>>

用人单位的性质直接决定了不同行业劳动者在职业病角度的巨大差距,但是却不能忽视职业病对劳动者的巨大伤害,用工单位为了减少企业员工的工资,存在着减少劳动者福利待遇的行为,我国劳动法对劳动者职业病作出了明确的界定,采用了列举法,同时也兼顾了用工单位的利益。

▶【学理分析】>>>

一、群发性职业病的界定

界定群发性职业病,给群发性职业病设定人数标准,是制定群发性职业病及其他相关法律的基础和前提。《中华人民共和国职业病防治法》第二条第二款规定:本法所称职业病,是指企业、事业单位和个体经济组织等用人单位的劳动者在职业活动中,因接触粉尘、放射性物质和其他有毒、有害因素而引起的疾病。根据该定义,群发性职业病应界定为:在同一个企业、事业单位和个体经济组织的劳动者中,有10个或10个以上的劳动者因接触同一种物质(粉尘、放射性物质和其他有毒、有害物质等因素)而引起的同一种疾病。把群发性职业病的劳动者人数设定为10人或10人以上,主要理由在于:

我国民事诉讼法有关于代表人诉讼制度的规定,即一方或者双方当事人人数众多时,由众多的当事人推选出代表人代表本方全体当事人进行诉讼,维护本方全体当事人的利益,代表人的诉讼行为对本方全体当事人发生效力。群发性职业病事件涉及人数较多,如果多数甚至所有的患病劳动者能联合起来,提起代表人诉讼,不仅可以节约诉讼成本,减少等待的时间,而且维权成功的可能性会提高很多。因此,把群发性职业病的人数设定为10人,也方便劳动者日后为了维权而诉诸法律。

二、我国相关法律在群发性职业病的认定上的不足

(一)群发性职业病认定过程漫长

根据我国《职业病诊断与鉴定管理办法》的规定,我国职业病认定程序是:诊断—鉴定—再鉴定,即劳动者如果对诊断结论有异议,可以申请鉴定,如果对鉴定结论还有异议,可以向原鉴定机构所在地省级卫生行政部门申请再鉴定,省级职业病诊断鉴定委员会的鉴定为最终鉴定。但是,我国法律对于职业病诊断的时间并没有明确的规定,只是规定"当事人对职业病诊断有异议的,在接到职业病诊断证明书之日起30日内,可以向做出诊断的医疗卫生机构所在地设区的市级卫生行政部门申请鉴定""当事人对市级职业病诊断鉴定委员会的鉴定结论不服的,在接到职业病诊断鉴定书之日起15日内,可以向原鉴定机构所在地省级卫生行政部门申请再鉴定"。由此可见,这是一个不确定的、漫长的过程,无形中拖延了劳动者应得到补偿的时间。

(二)职业病认定标准存在问题

在职业病认定上,我国采取的是严格的封闭式名录,即凡是职业病名录中有的就是职业病,名录中没有的,即使是因工作原因造成的疾病也不能被认为是职业病;有些因职业病导致的疾病只有达到非常严重的程度才可以构成职业病;有些职业病诊断标准本身就有问题。在某集团属下的3家电池厂的400人重金属镉超标事件中,根据现行职业病诊断标准,只有当身体中的尿镉达到一定程度时,才可以被认定为镉中毒,但在临床上,当劳动者身体中长期尿镉超标,会造成肾衰竭,而肾衰竭以后尿镉就不超标了,不超标也就不能被认定为职业病。该企业多名员工因为镉中毒后肾功能损伤,都被认定为不属于职业病范畴。该企业400多人镉超标,但都没有达到国家规定的中毒标准,不能被认为是职业病。由于工作因素导致疾病,却不能被认定为职业病,说明我国职业病诊断标准存在问题。

三、解决问题的几点建议

(一)完善群发性职业病相关立法

根据目前国内群发性职业病立法空白的现状,笔者建议,在我国的职业病防治法中设立专门的章节,对群发性职业病的防治作出具体规定,包括对群发性职业病的界定、群发性职业病的诊断鉴定的程序、诊断鉴定的机关设置、对一些特殊的群发性职业病应采取的措施、对群发性职业病患者的赔偿以及对相关部门和企业权利义务的设定,等等。只有这样,才能让群发性职业病的防治有法可依,减少甚至杜绝群发性职业病发生的可能性,更好地保护劳动者的合法权益。

(二)简化群发性职业病的认定程序

群发性职业病涉及人数多,让每一个患病的劳动者逐一提供所有材料,走完所有程序,既不必要,也不现实。因此,对于群发性职业病的认定,应适用简易程序。笔者建议,在同一用人单位工作的10名或者10名以上的劳动者因接触同一有毒、有害等物质导致患上同一种疾病的,只要可以互相证明劳动关系并且被当地(劳动者单位所在地或者户籍所在地)任何一所具有资质的医院诊断为职业病的,无须提供其他材料,就都可以被认定为职业病,获得职业病相关赔偿。

(三)对某些特殊情况适用特殊程序

对于在同一用人单位、劳动者患同类疾病的比例高于一般人的,可以由相关部门成立专门的鉴定委员会,对形成疾病的原因、工作环境、疾病症状等因素进行综合分析。例如,上文提及的电池厂员工镉中毒超标事件,对于这种群体性的与职业有关的疾病,应对其工作与疾病之间的关系进行有针对性的调查研究,只要调查显示结果疾病与工作环境存在因果关系,就应认定为职业病。此外,还应修改我国的职业病名录,使其能够与时俱进,以完善我国的职业病防治体系,更好地维护劳动者的合法权益。

根据我国职业病防治法的有关规定,卫生部、劳动和社会保障部下发了关于印发《职业病分类和目录》的通知。国家规定的纳入职业病范围的职业病分10类115种。具体包括如下：

1. 尘肺。具体包括：(1)矽肺；(2)煤工尘肺；(3)石墨尘肺；(4)炭黑尘肺；(5)石棉肺；(6)滑石尘肺；(7)水泥尘肺；(8)云母尘肺；(9)陶工尘肺；(10)铝尘肺；(11)电焊工尘肺；(12)铸工尘肺；(13)根据《尘肺病诊断标准》和《尘肺病理诊断标准》可以诊断的其他尘肺。

2. 职业性放射性疾病。具体包括：(1)外照射急性放射病；(2)外照射亚急性放射病；(3)外照射慢性放射病；(4)内照射放射病；(5)放射性皮肤疾病；(6)放射性肿瘤；(7)放射性骨损伤；(8)放射性甲状腺疾病；(9)放射性性腺疾病；(10)放射复合伤；(11)根据《职业性放射性疾病诊断标准(总则)》可以诊断的其他放射性损伤。

3. 职业中毒。具体包括：(1)铅及其化合物中毒(不包括四乙基铅)；(2)汞及其化合物中毒；(3)锰及其化合物中毒；(4)镉及其化合物中毒；(5)铍病；(6)铊及其化合物中毒；(7)钡及其化合物中毒；(8)钒及其化合物中毒；(9)磷及其化合物中毒；(10)砷及其化合物中毒；(11)铀中毒；(12)砷化氢中毒；(13)氯气中毒；(14)二氧化硫中毒；(15)光气中毒；(16)氨中毒；(17)偏二甲基肼中毒；(18)氮氧化合物中毒；(19)一氧化碳中毒；(20)二硫化碳中毒；(21)硫化氢中毒；(22)磷化氢、磷化锌、磷化铝中毒；(23)工业性氟病；(24)氰及腈类化合物中毒；(25)四乙基铅中毒；(26)有机锡中毒；(27)羰基镍中毒；(28)苯中毒；(29)甲苯中毒；(30)二甲苯中毒；(31)正已烷中毒；(32)汽油中毒；(33)一甲胺中毒；(34)有机氟聚合物单体及其热裂解物中毒；(35)二氯乙烷中毒；(36)四氯化碳中毒；(37)氯乙烯中毒；(38)三氯乙烯中毒；(39)氯丙烯中毒；(40)氯丁二烯中毒；(41)苯的氨基及硝基化合物(不包含三硝基甲苯)中毒；(42)三硝基甲苯中毒；(43)甲醇中毒；(44)酚中毒；(45)五氯酚(钠)中毒；(46)甲醛中毒；(47)硫酸二甲酯中毒；(48)丙烯酰胺中毒；(49)二甲基甲酰胺中毒；(50)有机磷农药中毒；(51)氨基甲酸酯类农药中毒；(52)杀虫脒中毒；(53)溴甲烷中毒；(54)拟除虫菊酯类农药中毒；(55)根据《职业性中毒性肝病诊断标准》可以诊断的职业性中毒性肝病；(56)根据《职业性急性化学物中毒诊断标准(总则)》可以诊断的其他职业性急性中毒。

4. 物理因素所致职业病。具体包括：(1)中暑；(2)减压病；(3)高原病；(4)航空病；(5)手臂振动病。

5. 生物因素所致职业病。具体包括:(1)炭疽;(2)森林脑炎;(3)布氏杆菌病。

6. 职业性皮肤病。具体包括:(1)接触性皮炎;(2)光敏性皮炎;(3)电光性皮炎;(4)黑变病;(5)痤疮;(6)溃疡;(7)化学怀皮肤灼伤;(8)根据《职业性皮肤病诊断标准(总则)》可以诊断的其他职业性皮肤病。

7. 职业性眼病。具体包括:(1)化学性眼部灼伤;(2)电光性眼炎;(3)职业性白内障(含放射性白内障、三硝基甲苯白内障)。

8. 职业性耳鼻喉口腔疾病。具体包括:(1)噪声聋;(2)铬鼻病;(3)牙酸蚀病。

9. 职业性肿瘤。具体包括:(1)石棉所致肺癌、间皮瘤;(2)联苯胺所致膀胱癌;(3)苯所致白血病;(4)氯甲醚所致肺癌;(5)砷所致肺癌、皮肤癌;(6)氯乙烯所致肝血管瘤;(7)焦炉工人肺癌;(8)铬酸盐制造业工人肺癌。

10. 其他职业病。具体包括:(1)金属烟热;(2)职业性哮喘;(3)职业性变态反应性肺泡炎;(4)棉尘病;(5)煤矿井下工人滑囊炎。

▶【法条链接】> > >

中华人民共和国劳动合同法

第四十一条 有下列情形之一,需要裁减人员二十人以上或者裁减不足二十人但占企业职工总数百分之十以上的,用人单位提前三十日向工会或者全体职工说明情况,听取工会或者职工的意见后,裁减人员方案经向劳动行政部门报告,可以裁减人员:

(一)依照企业破产法规定进行重整的;

(二)生产经营发生严重困难的;

(三)企业转产、重大技术革新或者经营方式调整,经变更劳动合同后,仍需裁减人员的;

(四)其他因劳动合同订立时所依据的客观经济情况发生重大变化,致使劳动合同无法履行的。

裁减人员时,应当优先留用下列人员:

(一)与本单位订立较长期限的固定期限劳动合同的;

(二)与本单位订立无固定期限劳动合同的;

(三)家庭无其他就业人员,有需要扶养的老人或者未成年人的。

用人单位依照本条第一款规定裁减人员,在六个月内重新招用人员的,应当通知被裁减的人员，并在同等条件下优先招用被裁减的人员。

第四十二条 劳动者有下列情形之一的，用人单位不得依照本法第四十条、第四十一条的规定解除劳动合同：

（一）从事接触职业病危害作业的劳动者未进行离岗前职业健康检查，或者疑似职业病病人在诊断或者医学观察期间的；

（二）在本单位患职业病或者因工负伤并被确认丧失或者部分丧失劳动能力的；

（三）患病或者非因工负伤，在规定的医疗期内的；

（四）女职工在孕期、产期、哺乳期的；

（五）在本单位连续工作满十五年，且距法定退休年龄不足五年的；

（六）法律、行政法规规定的其他情形。

工伤认定办法

第四条 职工发生事故伤害或者按照职业病防治法规定被诊断、鉴定为职业病，所在单位应当自事故伤害发生之日或者被诊断、鉴定为职业病之日起30日内，向统筹地区社会保险行政部门提出工伤认定申请。遇有特殊情况，经报社会保险行政部门同意，申请时限可以适当延长。

按照前款规定应当向省级社会保险行政部门提出工伤认定申请的，根据属地原则应当向用人单位所在地设区的市级社会保险行政部门提出。

第十一条 社会保险行政部门工作人员在工伤认定中，可以进行以下调查核实工作：

（一）根据工作需要，进入有关单位和事故现场；

（二）依法查阅与工伤认定有关的资料，询问有关人员并作出调查笔录；

（三）记录、录音、录像和复制与工伤认定有关的资料。

调查核实工作的证据收集参照行政诉讼证据收集的有关规定执行。

第十九条 《认定工伤决定书》应当载明下列事项：

（一）用人单位全称；

（二）职工的姓名、性别、年龄、职业、身份证号码；

（三）受伤害部位、事故时间和诊断时间或职业病名称、受伤害经过和核实情况、医疗救治的基本情况和诊断结论；

（四）认定工伤或者视同工伤的依据；

（五）不服认定决定申请行政复议或者提起行政诉讼的部门和时限；

（六）作出认定工伤或者视同工伤决定的时间。

《不予认定工伤决定书》应当载明下列事项：

（一）用人单位全称；

（二）职工的姓名、性别、年龄、职业、身份证号码；

（三）不予认定工伤或者不视同工伤的依据；

（四）不服认定决定申请行政复议或者提起行政诉讼的部门和时限；

（五）作出不予认定工伤或者不视同工伤决定的时间。

《认定工伤决定书》和《不予认定工伤决定书》应当加盖社会保险行政部门工伤认定专用印章。

第二十条 社会保险行政部门受理工伤认定申请后，作出工伤认定决定需要以司法机关或者有关行政主管部门的结论为依据的，在司法机关或者有关行政主管部门尚未作出结论期间，作出工伤认定决定的时限中止，并书面通知申请人。

第二十一条 社会保险行政部门对于事实清楚、权利义务明确的工伤认定申请，应当自受理工伤认定申请之日起15日内作出工伤认定决定。

第四编

企业内部管理制度

CHAPTER 1

第一章

经济性裁员的试用条件

郑学传、海南省国营红华农场与临高红华糖业有限公司劳动争议纠纷案[①]

►【案情简介】>>>

上诉人(原审被告):郑学传。

委托代理人:谭永斌,海南川海律师事务所律师。

上诉人(原审第三人):海南省国营红华农场,住所地:海南省临高县多文镇。

法定代表人:杨云飞,该农场场长。

委托代理人:程冠贤,海南毓广律师事务所律师。

被上诉人(原审原告):临高红华糖业有限公司,住所地:海南省临高县多文镇红华农场内。

法定代表人:吴承安,该公司执行董事。

委托代理人:吴华,海南海地律师事务所律师。

委托代理人:张焕玲,海南海地律师事务所实习律师。

上诉人郑学传、海南省国营红华农场(以下简称红华农场)因与被上诉人临高红华糖业有限公司(以下简称红华糖业公司)劳动争议纠纷一案,不服海南省临高县人民法院(2014)临民初字第927号民事判决,向法院提起上诉。法院于2015年6月8日立案受理后,依法组成合议庭于2015年7月16日公开开庭审

---

① 郑学传、海南省国营红华农场与临高红华糖业有限公司劳动争议纠纷一案的民事判决书,中国裁判文书网,http://wenshu.court.gov.cn/content/content?DocID=5af8b97b-a14c-4de7-a31a-690211478042,2015-10-10。

理了本案。郑学传委托代理人谭永斌，红华农场的委托代理人程冠贤与红华糖业公司委托代理人吴华、张焕玲到庭参加诉讼。本案现已审理终结。

一审法院审理查明：2006年红华糖厂因经营管理不善，生产无法继续运营，其开办单位红华农场经上级主管单位海南省农垦总局对红华糖厂总体改制方案予以批准，且《红华糖厂职工安置方案》经职工代表大会通过后，予以改制，并于2006年4月21日与洋浦南华糖业集团有限公司（以下简称洋浦南华公司）签订《资产转让合同》，将红华糖厂国有企业资产转让给洋浦南华公司使用经营。该合同主要内容为：(1)合同项下转让的资产为红华糖厂的全部生产经营性资产，包括房屋建筑物和制糖机器设备等，该场生活区资产及糖厂所占用土地不予转让；(2)转让方式为协议转让；(3)合同项下的资产评估价值为27246000元，红华农场按照《红华糖厂职工安置方案》测算的职工安置费（职工经济补偿金）5727921元划拨等价资产给洋浦南华公司，用于安置红华糖厂447名在职职工，评估价为21518079元资产以24242679元转让给洋浦南华公司；(4)红华农场、洋浦南华公司双方在银行开设一共管账户，在本合同签署后15个工作日内，由洋浦南华公司将不低于一次性提取的用于职工安置资产总额的一半资产转入共管账户，并保证该账户存款不减少，以便有效监督安置费的使用，落实职工安置待遇；(5)本合同项下的国有资产的转让属有条件转让，洋浦南华公司必须按照《职工安置合同》的约定，接收红华农场因本合同项下的资产转让而须由洋浦南华公司安置的447名在职职工，并妥善安置；(6)本合同以海南中明智会计师事务所有限公司海南中明智评报字〔2005〕第4059号《海南省红华农场委估资产评估报告书》《职工安置合同》《土地承包合同》作为合同附件。《资产转让合同》签订后，洋浦南华公司于2006年6月21日成立了红华糖业公司，并于同年7月31日向该公司开设在建设银行的账户汇入了2863960.5元，又于2014年5月4日再次汇入2863960.5元。根据《资产转让合同》的约定，红华农场与洋浦南华公司还于同日签订了作为附件的《土地承包合同》《职工安置合同》，其中《土地承包合同》的主要内容为：红华农场将红华糖厂生产区域土地使用权长期承包给洋浦南华公司使用；土地承包期限自2006年4月21日始至2036年4月20日止共三十年。该《职工安置合同》的主要内容为：(1)洋浦南华公司依法整体受让红华糖厂国有资产后，负责妥善安置红华糖厂职工，采取聘用方式留用红华糖厂职工，安排在受让后的红华糖厂就业，继续履行原劳动合同，或与职工协商一致变更劳动合同；(2)由洋浦南华公司安置红华糖厂职工,其劳动关系不变,不解除劳动合同,不进行身份置换,仍保留其国有企业职工身份不变,仍为红华农场职工;(3)由红华农场负责根据《海南省人民政府改制关闭破产国有企业职工安置办法》和国家现行有关改制企业职工安置法律、法规和政策,测算出解除红华糖厂职工劳动合同应支付给职工个人的经济补偿金标准并制作成明细表,职工个人的经济补偿金标准明细表是职工安置合同不可分割的附件,作为今后职工被解除劳动合同须支付给职工的经济补偿金标准的依据之一;(4)红华糖厂职工安置费按照国家劳动部《违反和解除劳动合同的经济补偿办法》(劳部发〔1994〕481 号,现已失效)、《海南省人民政府改制关闭破产国有企业职工安置办法》(琼府〔2002〕72 号)等规定解除劳动合同,发给经济补偿金有关条款测算,用于测算经济补偿金的职工月工资标准按照洋浦南华公司整体受让红华糖厂国有资产前 12 个月正常上岗职工的月平均工资。经红华农场测算,洋浦南华公司认可,红华糖厂职工安置费总额为 5727921 元;(5)职工养老、工伤、失业、生育、保险等各项社会保险费按国家、海南省及海南省农垦总局社会保障局有关规定缴纳,属于职工承担部分,由洋浦南华公司代扣,属洋浦南华公司承担部分,由洋浦南华公司缴交,与代扣部分费用一并缴纳给红华农场统一上缴社保机构;(6)职工聘用期间,由于生产经营发生严重困难需要解除劳动合同的,洋浦南华公司需要以书面方式向红华农场说明理由,征得红华农场同意后,由红华农场解除劳动合同。

合同签订后,洋浦南华公司于 2006 年 6 月 21 日投资设立红华糖业公司,并于 2006 年 7 月 1 日接收了红华糖厂在职职工,与他们签订了劳动合同,同时与待岗外出的职工确认了劳动关系。2014 年 4 月,由于红华糖业公司生产经营发生严重困难,长期严重亏损,红华糖业公司拟决定于 2014 年 6 月 1 日起关停公司,并将《临高红华糖业有限公司停产后员工分流安置与经济型裁员方案》张贴公示,之后与郑学传签订《解除劳动合同协议书》,郑学传领取了 2006 年 1 月 1 日至 2014 年 5 月的经济补偿金。郑学传与红华糖业公司因 2006 年以前的工作年限经济补偿金发生争议,于 2014 年 7 月 10 日向临高县劳动仲裁委员会提出劳动争议仲裁申请,临高县劳动仲裁委员会于 2014 年 9 月 2 日作出仲裁临劳人仲裁字(2014)第 13 号裁决:原红华糖厂及红华糖业公司的工作年限应合并计算;红华糖业公司应分别根据合并计算的工作年限,每满一年发给一个月的经济补偿金,标准为劳动合同终止前 12 个月的平均工资;红华糖业公司应为郑学传补缴 2006 年至 2011 年的住房公积金及 2006 年至 2009 年的失业保险金。红华糖业公司不服，故向法院起诉请求：(1)红华糖业公司无须向郑学传支付2006年1月1日之前的经济补偿金，郑学传在原国营红华糖厂的工作年限不应合并计算为红华糖业公司的工作年限。(2)郑学传2006年1月1日之前的经济补偿金由红华农场支付。(3)驳回郑学传要求红华糖业公司补缴2006年至2011年的住房公积金和2006年至2009年的失业保险金的请求。

一审法院认为：企业改制是指依法改变企业原有的资本结构、组织形式、经营管理模式或体制等，使其在客观上适应企业发展的新需求的过程。企业改制的形式有整体改制和部分改制两种类型。红华糖厂因经营管理不善，生产无法继续运营，其开办单位红华农场经上级主管部门批准，并经职工代表大会对《红华糖厂职工安置方案》表决通过后，于2006年4月21日与洋浦南华公司签订《资产转让合同》《职工安置合同》《土地承包合同》，以生活区资产及糖厂所占用土地予以保留，转让红华糖厂全部经营性资产附带职工安置的形式进行改制。根据上述合同所约定"由洋浦南华公司安置红华糖厂职工，其劳动关系不变，不解除劳动合同，不进行身份置换，仍保留其国有企业职工身份不变，仍为红华农场职工；由红华农场负责根据《海南省人民政府改制关闭破产国有企业职工安置办法》和国家现行有关改制企业职工安置法律、法规和政策，测算出解除红华糖厂职工劳动合同应支付给职工个人的经济补偿金标准并制作成明细表，职工个人的经济补偿金标准明细表是职工安置合同不可分割的附件，作为今后职工被解除劳动合同须支付给职工的经济补偿金标准的依据之一；职工养老、工伤、失业、生育、保险等各项社会保险费按国家、海南省及海南省农垦总局社会保障局有关规定缴纳，属于职工承担部分，由洋浦南华公司代扣，属洋浦南华公司承担部分，由洋浦南华公司缴交，与代扣部分费用一并缴纳给红华农场统一上缴社保机构；职工聘用期间，由于生产经营发生严重困难需要解除劳动合同的，洋浦南华公司须以书面方式向红华农场说明理由，征得红华农场同意后，由红华农场解除劳动合同"的内容来看，红华糖厂的改制属于部分改制，且红华糖业公司与郑学传重新签订劳动合同后，仍与红华农场保留着双重劳动关系。按照《资产转让合同》《职工安置合同》的约定，洋浦南华公司在红华糖厂改制时已经按照《红华糖厂职工安置方案》测算出红华糖厂职工在该厂工作期间的经济补偿金为5727921元，并已经分期划入以红华糖业公司开设的与红华农场共管账户中，在红华糖业公司由于经营困难原因须解除合同并经红华农场同意后，按此测算数额作为改制之前解除合同经济补偿金标准支付给郑学传。

因此，红华糖业公司主张在与郑学传重新签订劳动合同后，郑学传仍与红华农场存在双重劳动关系的主张有事实根据。故红华糖业公司现仅解除改制后企业与郑学传之间的劳动关系，仅应承担自与红华糖业公司建立劳动关系之日起的解除劳动合同经济补偿金的支付义务。郑学传主张其2006年前的工作年限应当合并计算为红华糖业公司的工作年限，没有事实根据和法律依据。因此，红华糖业公司因经营困难原因导致与郑学传解除劳动合同时，郑学传的2006年改制前的经济补偿金应由红华农场依照《资产转让合同》以及《职工安置合同》的约定予以承担，并根据《红华糖厂职工安置方案》测算出职工在该红华糖厂工作期间的经济补偿金，从共管账户中予以支付。

关于红华糖业公司的第三项要求驳回郑学传要求其补缴2006年至2011年的住房公积金和2006年至2009年的失业保险金的请求。根据《中华人民共和国劳动法》《社会保险费征缴暂行条例》的有关规定，用人单位未按时足额缴纳社会保险费应由社会保险经办机构或相关行政部门责令限期缴纳或者罚款，逾期仍拒不缴纳的，由劳动保险行政部门或者税务机关申请人民法院依法强制征缴，征缴社会保险费属于社会保险费征缴部门的法定职责，不属于人民法院受理民事案件的范围，不予处理。经一审法院审判委员会讨论决定，依照《中华人民共和国劳动合同法》第四十六条第（二）项，《中华人民共和国劳动法》第一百条，《中华人民共和国劳动合同法实施条例》第十条，《社会保险费征缴暂行条例》第十三条，《中华人民共和国民事诉讼法》第一百六十四条的规定，判决如下：(1)红华糖业公司无须向郑学传支付2006年1月1日之前的经济补偿金，郑学传在原国营红华糖厂的工作年限不应合并计算为红华糖业公司的工作年限；(2)郑学传2006年1月1日之前的经济补偿金由红华农场支付。

上诉人郑学传不服一审判决上诉称：(1)一审判决认定事实不清。红华农场将全部经营性资产转让给洋浦南华公司后，没有留下任何资产和业务，不属于部分改制。郑学传与红华农场已不存在劳动关系。红华糖厂改制后，红华糖厂与郑学传的劳动关系已经不复存在。(2)根据《职工安置合同》第十条的约定，红华农场已向洋浦南华公司划拨了职工安置费，应由红华糖业公司向职工支付经济补偿金。按照《资产转让合同》及《红华糖厂职工安置方案》的约定，红华糖业公司应当及时将经济补偿金支付给郑学传，但其一直未支付，应当按照合并计算的工作年限向上诉人支付经济补偿金。请求二审撤销原判，改判郑学传在原国营红华糖厂的工作年限合并计算为在红华糖业公司的工作年限，并支付2006年1月1日之前的经济补偿金。

上诉人红华农场不服一审判决上诉称：一审判决认定事实不清，证据不足，适用法律错误。郑学传的经济补偿金应由红华糖业公司按合并后的工作年限支付。双方《资产转让合同》《职工安置合同》中有关“劳动关系不变”“保留其国有企业职工身份不变”等约定均与国有企业改制方面的规定与法律、政策相冲突，没有法律效力。红华糖厂经改制转让，正处“待清理”注销状态，红华糖业公司主张双重劳动关系没有事实根据和法律依据。请求二审撤销一审判决，改判郑学传的工作年限合并计算为红华糖业公司的工作年限，郑学传2006年1月1日之前经济补偿金由红华糖业公司支付。

被上诉人红华糖业公司答辩称：一审判决认定事实清楚，适用法律正确。依照相关法律、政策及《资产转让合同》的约定，2006年前郑学传经济补偿金的支付义务人系红华农场，郑学传在红华农场工作年限不应合并计算为红华糖业公司的工作年限。红华糖业公司是新成立的法人，与红华糖厂之间不存在延续关系，不是红华糖厂改制后的企业，郑学传在红华糖业公司的工作年限应自其与红华糖业公司建立用工关系之日起算。红华糖业公司制定了《临高红华糖业有限公司停产后员工分流安置与经济性裁员方案》（以下简称方案），方案规定了计算解除合同经济补偿金的工作年限（自2006年1月1日起至2014年6月30日止，共8.5年）和测算标准。郑学传已与红华糖业公司签订了《解除劳动合同协议书》，并已领取了按方案测算支付的经济补偿金，这说明郑学传已与红华糖业公司达成按2006年1月1日起计算其在红华糖业公司的工作年限的合意。请求二审驳回上诉，维持原判。

二审审理期间，红华糖业公司提交以下证据：证据1.《职工社保费缴纳明细》，拟证明郑学传一直以红华农场名义缴纳社保，在2014年与红华糖业公司解除用工关系后，仍保留与红华农场的劳动关系；证据2.《职工享受养老保险待遇清单》，拟证明部分职工是在红华农场为其办理了退休手续，领取了退休金，享受基本养老保险待遇，佐证了2006年郑学传并未与红华农场解除劳动合同，劳动关系至今存在。经质证，郑学传对两份证据的真实性、关联性有异议，实际缴纳社保是郑学传与红华糖业公司一起出资的，与红华农场没关系。红华农场认为，对真实性没有异议，但对关联性有异议，因为两份证据中的人都不是本案当事人。二审法院认为，红华糖业公司提交的两份证据中的职工不是涉案当事人，其缴纳社保或享受养老保险待遇的内容与本案没有关联，故本院不予采信。

经二审法院审理查明：根据2006年《红华糖厂职工安置方案》测算的职工安置费共计5727921元，存于红华糖业公司开设在建设银行账户中，至今未发放给职工。另外，郑学传属于红华农场职工，由红华农场安排到红华糖厂工作。红华糖业公司成立后，郑学传2006年7月至2009年的养老、工伤、失业、生育、保险等各项社会保险费属于职工承担部分由红华糖业公司代扣，属于红华糖业公司承担部分由红华糖业公司缴交，与代扣部分费用一并交给红华农场上缴社保机构。2009—2014年郑学传的各项社会保险费由红华糖业公司直接缴交给社保机构。二审庭审中，郑学传与红华农场均表示2006年后双方不存在劳动关系。法院二审查明的其他事实与一审一致。

二审法院认为：本案争议焦点为郑学传经济补偿金计付的工作年限应否合并计算，2006年1月1日前的经济补偿金应由谁根据何种标准支付。经济补偿金是用人单位与劳动者解除劳动关系时，用于保障劳动者在短期内基本生活的一种保障方式。经济补偿金是以用人单位与劳动者劳动关系终止为前提的，故本案经济补偿金的认定需要综合考量郑学传与红华农场及红华糖业公司的劳动关系的状态及承继关系。

首先，2006年以后郑学传与红华糖业公司及红华农场是否存在双重劳动关系。劳动关系是用人单位与劳动者之间存在的法律关系，其主要表现为劳动者在用人单位的管理和安排下从事劳动，并由用人单位支付劳动报酬及办理社会保险等相关待遇。本案中，2006年4月21日，红华农场与红华糖业公司签订《资产转让合同》将其全部生产经营性资产转让给红华糖业公司，并由红华糖业公司安置包括郑学传在内的447名在职职工。2006年7月1日，红华糖业公司与郑学传签订劳动合同，郑学传在红华糖业公司工作并由红华糖业公司支付劳动报酬，交纳社会保险等，双方成立劳动关系。关于郑学传与红华农场是否继续保持劳动关系，虽然《职工安置合同》中约定郑学传原劳动关系不变，不解除劳动合同，仍保留国企职工身份，仍为红华农场职工，但双方在事实上已经没有工作和报酬的对应劳动关系，且红华农场和郑学传在庭审中均认可双方不存在劳动关系，故郑学传与红华糖业公司及红华农场在本案中不存在双重劳动关系，其与红华农场在2006年后已经不存在劳动关系。红华糖业公司辩称郑学传与红华农场仍然存在劳动关系，与本案事实不符，不予采纳。

其次，关于经济补偿金计付年限应否合并计算。本案红华农场将红华糖厂全部生产经营性资产转让给红华糖业公司，并由红华糖业公司负责安置郑学传。在该资产转让及职工安置过程中,郑学传被安排到红华糖业公司并非基于其自身原因。根据《中华人民共和国劳动合同法实施条例》第十条规定,劳动者非因本人原因从原用人单位被安排到新用人单位工作的,劳动者在原用人单位的工作年限合并计算为新用人单位的工作年限。原用人单位已经向劳动者支付经济补偿的,新用人单位在依法解除、终止劳动合同计算支付经济补偿的工作年限时,不再计算劳动者在原用人单位的工作年限。本案中,红华农场虽然在《职工安置合同》中约定了郑学传的经济补偿金,并与红华糖业公司设立共管账户管理该经济补偿金,但至今未向郑学传发放,故不能认为红华农场已向劳动者支付经济补偿,因而2014年红华糖业公司与郑学传解除劳动合同,郑学传的经济补偿金计付工作年限应合并计算,由红华糖业公司支付。

最后,根据《中华人民共和国劳动合同法》第四十七条第一款、第三款的规定,郑学传的经济补偿金应根据其在红华农场及红华糖业公司的工作年限,每满一年支付一个月工资的标准向劳动者支付。六个月以上不满一年的,按一年计算;不满六个月的,向劳动者支付半个月工资的经济补偿。其中月工资是指劳动者在劳动合同解除或者终止前十二个月的平均工资。2006年以后的经济补偿金红华糖业公司已经支付,应予以扣除。关于郑学传上诉主张经济补偿金的具体数额,此与其在劳动仲裁中主张的计付标准一致,此不属于二审新增的诉讼请求,未超出一审审理的范围,法院以劳动仲裁的主张为准。红华糖业公司答辩主张其与红华农场的《资产转让合同》《职工安置合同》等已经约定了2006年前经济补偿金的支付问题,其不承担该期间经济补偿金的支付义务。本院认为,此系红华糖业公司与红华农场之间的合同约定,不能对抗法律关于保护劳动者的经济补偿金计付的规定,如双方关于合同的争议,不属于本案劳动争议处理的范围,红华糖业公司可以基于合同约定另行主张。红华糖业公司辩称郑学传已与其签订了《解除劳动合同协议书》,并已领取了按方案测算支付的经济补偿金,这说明郑学传已与红华糖业公司达成按2006年1月1日起计算其在红华糖业公司的工作年限的合意。法院认为,郑学传与红华糖业公司签订《解除劳动合同协议书》并不能认为其放弃对2006年1月1日前的经济补偿金,故对其主张不予支持。

综上所述,一审判决对2006年1月1日前郑学传经济补偿金的计付问题认定不当,应予以纠正。红华农场与郑学传的上诉请求于法有据,予以支持。

▶【案件焦点】> > >

经济性裁员是由于企业发生经营困难时，采取裁员的方式帮助企业渡过难关，经济性裁员必须经过主管部门批准才能够实施，因为经济性裁员对大量劳动者都产生影响，因此必须限制性的使用经济性裁员。

▶【学理分析】> > >

一、我国经济性裁员制度的立法现状

经济性裁员制度是劳动法中的一个十分重要的制度。经济性裁员是指用人单位由于生产经营状态发生变化等经济方面的原因而出现劳动力过剩而大批裁员，并以此作为改善生产经营状态的一种手段。

经济性裁员制度赋予用人单位以较宽泛的劳动合同的解除权，但它又不同于用人单位单个对劳动者的解雇或辞退。首先，表现为引起经济性裁员的原因不是来自职工的过错，而是来自用人单位的经济状况、技术革新、企业结构重组等原因；其次，经济性裁员不是用人单位单个地同劳动者解除劳动合同，而是成批地辞退劳动者，大规模地同劳动者解除劳动合同；最后，由于经济性裁员是大批量辞退劳动者，它对社会可能带来较大的不利影响，因此用人单位必须严格地依照法定的程序进行并接受政府的监督而不得随意滥用。由于经济性裁员是用人单位非因劳动者过错而于劳动合同期限之前解除劳动合同，因此用人单位须对被裁人员进行经济上的补偿，以实现双方利益的均衡。

经济性裁员是市场经济中不可避免的现象。通过裁员，用人单位可以裁减企业富余人员，减轻企业的负担，降低生产成本，保持企业的市场竞争力。经济性裁员是用人单位用人自主权的体现。也是市场经济条件下现代企业的客观要求。

经济性裁员虽为市场经济所不可避免，但大量的裁减员势必造成大量的失业，不仅牵系劳动者的切身利益，而且对社会的稳定也会造成影响，所以我们对经济性裁员既要允许又要从严限制。我国 1995 年颁布的劳动法和 1994 年 11 月 14 日劳动部颁发的《企业经济性裁减人员规定》在实体和程序方面对企业的经济裁员行为予以规范：

（一）经济裁员的法定许可条件

我国劳动法第二十七条和《企业经济性裁减人员规定》第四条明文规定了

用人单位可以裁员的情况:(1)用人单位濒临破产进行法定整顿期间,确须裁员的。此时企业的经济性裁员是企业预防破产的一种预防措施。(2)用人单位生产经营状况发生严重困难,确须裁员的。用人单位的生产状况发生困难指企业发生了如严重亏损,开工严重不足,产品严重积压之类的困难,并达到当地政府规定的严重困难企业标准,需要通过裁员来克服困难。

(二)经济性裁员的禁止性条件

劳动法第二十九条和《企业经济性裁减人员规定》的第五条对企业的裁员行为规定了禁止性条件:(1)患职业病或因工负伤并被确认为全部或部分丧失劳动能力的。职业病和工伤都是由劳动过程中的职业危害因素所造成的。在劳动者因此造成全部或部分丧失劳动能力的条件下,用人单位应保障其生活和劳动权,不得将此类劳动者作为被裁员的对象。这也体现了立法对公平法律原则的维护。(2)患病或负伤并在规定的医疗期内,劳动者患病或因工负伤,用人单位应依法给予一定的医疗期,并有在此期限保障其医疗和生活的义务。如果此期限未满,用人单位不得将伤病者作为经济性裁员的对象进行裁减。(3)女职工在孕期、产期、哺乳期内。这种禁止性条件是为了保护妇女儿童的特殊权益。体现了劳动立法对特殊群体就业权的保护。(4)法律、法规规定的其他情形。这些情况主要有:劳动者在法定的节假日内;在劳动关系的争议期间;或劳动者在实施工会行为或职工代表行为内;以及劳动者同用人单位约定不得裁员的期限;等等。在上述的情形下,用人单位不得将劳动者裁减。

(三)经济性裁员的程序性条件

经济性裁员必然会造成劳动者失业,对社会和劳动者本人都将产生重大影响。因此,劳动立法从保护劳动者权益的角度和加强政府对失业的宏观调控的角度出发,对经济性裁员规定了必要的程序,以防止企业的滥用行为。这些程序包括提前30日向工会或全体职工说明情况;提出裁减人员方案;将被裁减人员方案征求工会或全体职工意见;向当地行政部门报告并听取劳动行政部门的意见;公布裁减人员的方案,与被裁减人员办理解除劳动合同的手续,并按有关规定向被裁减人员支付经济补偿金。

为了维护劳动者的合法权益,立法还确立了经济补偿制度,以使劳动者在被裁员失去工作和生活来源之后从用人单位那里获得一定物质帮助以实现两者利益的平衡。劳动部于1994年12月3日发布的《违反和解除劳动合同经济补偿办法》(现已失效)对经济性裁员经济补偿制度作出了明确的规定。经济补偿制度的确立是劳动立法贯彻公平原则的体现。

二、我国经济性裁员制度的不足

由前所述,我国对经济性裁员制度有较完备的规定,然而在实践中,该制度的实施却不尽如人意。随着社会、经济形势的发展,该制度的缺陷和不足日益凸显。这些不足主要表现为:

(一)企业经营困难的界定问题,即企业经济原因质的规定问题

我国立法将用人单位濒临破产整顿期和用人单位生产状态发生严重困难确需裁员的两种情形作为企业经济性裁员的法定许可条件。对于第一种条件我们不难界定。企业濒临破产的情形我们可以根据我国企业破产法第三条规定的破产界限进行界定。对于第二个条件,我国目前立法没有对其作出明确的规定,而只有企业经营状态恶化并达到当地规定的严重困难企业标准的模糊的规定。这种规定势必要求政府根据各企业的不同情况制定企业财务、生产、销售、利润等方面的各种标准,然后再根据此标准来判断各企业是否符合经济性裁员的条件。

(二)裁减员工标准的问题

由于劳动者个体的差异,劳动立法需要对那些特殊的劳动者进行特殊的保护,以促进社会的公平与正义。因此企业在进行经济性裁员时也需要对劳动者的个人情况加以充分考虑,而不应该是"一刀切"的做法。然而我国劳动立法在被裁人员的标准上并无明文的规定,这不能不说是一个遗憾。而在实践中,一些企业安排职工下岗行为不规范。这都说明我国在企业经济性裁员制度方面确立被裁减人员的标准有其现实的必要性。建立一个科学、合理的裁员标准,一则可以防止一些企业经营者的"人治"因素,规范他们的行为;二则可以体现社会的公平,对那些社会弱者以及需要特别保护的劳动者的合法权益进行保障。

(三)经济补偿的问题

"下岗"制度与失业制度顺利并轨的关键在于解决有关利益方面的障碍问题,即如何对下岗的职工进行补偿。迄今为止,国家一直没有出台有关标准和补偿方式的具体规定,致使对经济补偿问题的处理缺乏制度方面的依据。由于已经实施的补偿通常是企业自行实施的,补偿的标准之间的差距也很大。这不仅造成下岗职工群体内利益分配的巨大差异,也使多数职工与企业的劳动关系难以解除。我国劳动法和劳动部于 1994 年 12 月 3 日发布的《违反和解除劳动

合同的经济补偿的办法》(现已失效)对经济裁员的补偿金作出了初步的规定。其中规定的标准为按劳动者在本单位的工作年限和解除劳动合同前12个月的平均工资水平,并没有区别新旧体制下被裁人员的不同而对被裁人员实行"一刀切"的统一补偿办法。但这对那些在实行劳动合同制以前参加工作的劳动者来说损失较大。因为他们参加工作的年限长,对国家、企业的贡献较大,那么按照上面的标准对他们进行补偿的话,那么他们得到补偿的数目将很小。

(四)被裁人员的就业保护的问题

劳动权是人权的基本内容,就业权是劳动权的基本内容,也是生存权的表现形式。一个完整的经济性裁员制度不应只包括裁员制度本身,它还应包括对被裁人员的善后保护制度,只有这样才能保证裁员制度的顺利进行。因此,我国立法应加强被用人单位裁减之后的劳动者就业权的保护。劳动法第二十九条和《企业经济性裁减人员规定》第四条虽然对企业经济性裁员行为设立了禁止性的条款,已对这些特殊群体的就业予以特别保护,但仍不完善。因此在我国实施下岗与失业并轨以后,对被国有、集体企业裁减的失业人员,尤其是再就业能力较差的人员以及一些特殊地区的人员还应实施就业保护政策,尽量扩大再就业的比重。

三、我国经济性裁员制度的完善

为了适应我国国有企业改革的需要,促进全国统一劳动力市场的形成,我们必须完善我国经济性裁员制度。

(一)强化政府的宏观调控

在这一方面,法国的劳动立法值得我们借鉴:在1975—1986年,所有的经济性裁员都必须得到劳动行政部门的批准。但鉴于该制度存在着政企不分和行政对企业的内部问题干预得太多等问题,法国1986年7月的法律取消了这一规定。从此,劳动行政部门只对经济性裁员的程序和"社会性计划"进行监督,而不再对企业裁员的经济性原因的真实性和严重程度进行控制。当然,政府要宏观调控经济,要宏观控制失业,但我们可以从企业裁员的规模上、程序上以及对企业的各种政策优惠措施上等方面做文章。比如,政府可以通过征收失业保险税和对企业实行税收和财政的优惠措施来控制企业的裁员行为。通过优化企业的外部环境为企业的生存和发展创造良好的氛围,促进企业的发展,从而促进就业,减少企业的裁员行为。在政府对经济性裁员的宏观调控上,我们还可以仿效德国的做法,对企业需要裁员时向劳动行政部门的报告期限作出规定，如提前30日报告。同时规定有关部门对企业裁员报告的批准期限，即企业裁员的“禁止期间”。由此，我们可以加强政府对企业经济性裁员的调控力度。

（二）加强工会的干预力度

法国劳动法律规定：企业每年应向企业委员会或员工代表提交年度报告，汇报企业内工作岗位的进展，对工作岗位进行预测并采取可能的职业培训来预防企业裁员的发生。同时企业委员会或员工代表协助企业建立裁员的标准。只有在咨询企业委员会或员工代表的意见之后，根据非歧视性的原则来确立裁员的标准。在企业进行经济性裁员时，雇主应征求企业委员会或员工代表的意见，制定关于避免裁员和安置雇员的“社会性计划”方案。否则，企业的裁员计划将被劳动行政当局或司法当局确认该裁员无效。德国劳动立法在经济性裁员的程序上要求雇主将裁员的报告提前30日通知劳动当局，同时雇主必须将有关的裁员事由、人数、时期等书面通知企业职工委员会，并与其特别商量如何避免解雇或裁员结果的可能性，然后雇主将同职工委员会的报告附于对行政机关的书面报告中，如该报告没有附带企业职工委员会对裁员的态度则无效。由此可见，法国和德国在立法上加强工会在经济性裁员时同雇主的协商功能，同时强化了工会对雇员的劳动保护。我们可以借鉴德国、法国的做法，强化工会在经济性裁员程序中的干预力量，强化工会的协调、维权功能，保护劳动者的合法权益。为保障工会在这方面的建议权的实现，我们可以通过立法赋予工会以诉讼权利并对用人单位课以法定义务。

（三）制定科学的裁员标准

前面我们提到了法国的企业委员会在经济裁员方面其中一个作用就是同企业协商，根据非歧视的原则来确立裁员的标准。根据法国立法的规定，在裁员过程中，企业要避免经营者个人主观方面的因素实行非歧视原则，并考虑以下几方面的因素：被裁人员的家庭负担、工龄、职业资格、年龄和身体状况。同时德国立法要求雇主在确定被裁人员时，必须依社会观念来加以衡量，优先解雇那些不需要保护的人。而对那些年老、体弱的社会弱者，如果雇主没有依照合情合理的标准来衡量厂方利益和社会观念即终止劳动合同，该行为将因具有“社会不正当性”，其解雇行为无效。裁减人员的标准可由用人单位和工会进行集体谈判时由集体合同进行规定。在制定这些标准时，我们应该充分考虑劳动者在单位的工龄、劳动者的工作能力以及工作态度、劳动者的身体状况和家庭负担,等等。因此建立一个科学、合理、周全的裁员标准,对于体现社会公平正义,实现权利和义务的平等都具有十分重要的意义。

(四)完善经济补偿制度

经济性裁员制度是为了缓解企业暂时的经营困境以降低生产成本的一种手段。它是企业在劳动合同期限届满之前解除劳动合同。而对劳动者而言,他们本身并无过错,而且一旦被裁员,这些将给他们的生活带来巨大的不利影响。再者,通过经济性裁员,实行积极的失业保障制度,是为了给失业人员提供再次创业的机会。如果按企业濒临破产或发生经营困难前12个月的平均工资来计算补偿金,那么被裁人员所得的补偿金数目势必非常小。这不足以平衡企业与劳动者之间的权利和义务关系。因此,我们有必要提高对被裁人员的经济补偿标准,防止企业将应由自己承担的经营风险转嫁给劳动者。另外,我们应该完善对实行劳动合同制以前参加工作的劳动者的劳动贡献补偿制度。劳动贡献补偿应在统一政策,并大致统一的标准的前提下由政府统一组织实施,至少在特定地区范围内组织实施。我们应多元化规定劳动贡献补偿的方式并给被裁人员以选择机会。既可以以货币的形式支付补偿金,也可以结合企业改组、改制给予被裁人员部分资产所有权或企业股权的方式。

(五)加强被裁人员的就业保护

首先,我们必须执行劳动法第二十七条的规定,严格规范企业用工的申报制度,确保被裁人员优先录用权的实现。其次,我们应该完善我国的失业保障制度和系列社会保障制度以免除被裁人员的后顾之忧。我国目前的失业保障制度且存在很多的问题,诸如其适用范围过窄;管理体制不健全;保障基金来源单一,承受能力有限;保障水平低,难以保障基本生活;等等。面对这些问题,我们应该制定“失业保险法”,严格规范失业保险制度的操作规程和方式;并逐步扩大失业保险的实施范围,拓宽其覆盖面,从现在的范围逐步扩大到各类劳动者;同时强化失业保险管理体制,拓宽失业保险基金的筹集渠道,有步骤地实行国家、社会和劳动者合理负担的制度。此外我们还应该实行积极的失业保险制度,用促进再就业的手段来代替单纯的失业保险金的发放,用严格的保险金给付条件、缩短给付的期限、提高转业训练和就业服务补偿的方法来促进失业人员的再就业。唯有如此,我们才能保证我国经济性裁员制度的顺利实施。

经济性裁员是市场经济制度下不可避免的现象,它也是市场优化配置劳动力资源的一种形式。经济性裁员虽然可以使企业在一定程度上缓解在市场竞争中遇到的经营困境，降低生产成本，提高在市场上的竞争力。但它的实施又会造成大量的失业，给国家、社会和劳动者个人带来十分不利的影响，造成社会的不稳定。因此我们有必要对经济性裁员制度加以完善，以充分发挥该制度的积极作用，并将它带来的负面作用限制到最低的限度。发生在20世纪五六十年代的经济性裁员制度的立法背景是其经济法制健全和社会保障制度完备。所以我们在完善我国经济性裁员制度的同时，也要完善我国的失业保险制度、养老保险制度等社会保障制度以促进一个“就业—失业—再就业”良性循环的形成，使劳动力资源永远处于一个健康的、有序的、充满活力的流转之中。

▶【法条链接】> > >

中华人民共和国劳动合同法

第四十一条 有下列情形之一，需要裁减人员二十人以上或者裁减不足二十人但占企业职工总数百分之十以上的，用人单位提前三十日向工会或者全体职工说明情况，听取工会或者职工的意见后，裁减人员方案经向劳动行政部门报告，可以裁减人员：

（一）依照企业破产法规定进行重整的；

（二）生产经营发生严重困难的；

（三）企业转产、重大技术革新或者经营方式调整，经变更劳动合同后，仍需裁减人员的；

（四）其他因劳动合同订立时所依据的客观经济情况发生重大变化，致使劳动合同无法履行的。

裁减人员时，应当优先留用下列人员：

（一）与本单位订立较长期限的固定期限劳动合同的；

（二）与本单位订立无固定期限劳动合同的；

（三）家庭无其他就业人员，有需要扶养的老人或者未成年人的。

用人单位依照本条第一款规定裁减人员，在六个月内重新招用人员的，应当通知被裁减的人员，并在同等条件下优先招用被裁减的人员。

中华人民共和国劳动法

第二十七条 用人单位濒临破产进行法定整顿期间或者生产经营状况发生严重困难，确需裁减人员的，应当提前三十日向工会或者全体职工说明情况，听取工会或者职工的意见，经向劳动行政部门报告后，可以裁减人员。

用人单位依据本条规定裁减人员，在六个月内录用人员的，应当优先录用被裁减的人员。

第二十九条　劳动者有下列情形之一的，用人单位不得依据本法第二十六条、第二十七条的规定解除劳动合同：

（一）患职业病或者因工负伤并被确认丧失或者部分丧失劳动能力的；

（二）患病或者负伤，在规定的医疗期内的；

（三）女职工在孕期、产期、哺乳期内的；

（四）法律、行政法规规定的其他情形。

第三十二条　有下列情形之一的，劳动者可以随时通知用人单位解除劳动合同：

（一）在试用期内的；

（二）用人单位以暴力、威胁或者非法限制人身自由的手段强迫劳动的；

（三）用人单位未按照劳动合同约定支付劳动报酬或者提供劳动条件的。

第四十四条　有下列情形之一的，用人单位应当按照下列标准支付高于劳动者正常工作时间工资的工资报酬：

（一）安排劳动者延长工作时间的，支付不低于工资的百分之一百五十的工资报酬；

（二）休息日安排劳动者工作又不能安排补休的，支付不低于工资的百分之二百的工资报酬；

（三）法定休假日安排劳动者工作的，支付不低于工资的百分之三百的工资报酬。

第四十九条　确定和调整最低工资标准应当综合参考下列因素：

（一）劳动者本人及平均赡养人口的最低生活费用；

（二）社会平均工资水平；

（三）劳动生产率；

（四）就业状况；

（五）地区之间经济发展水平的差异。

第七十三条　劳动者在下列情形下，依法享受社会保险待遇：

（一）退休；

（二）患病、负伤；

（三）因工伤残或者患职业病；

（四）失业；

（五）生育。

劳动者死亡后，其遗属依法享受遗属津贴。

劳动者享受社会保险待遇的条件和标准由法律、法规规定。

劳动者享受的社会保险金必须按时足额支付。

第七十九条 劳动争议发生后，当事人可以向本单位劳动争议调解委员会申请调解；调解不成，当事人一方要求仲裁的，可以向劳动争议仲裁委员会申请仲裁。当事人一方也可以直接向劳动争议仲裁委员会申请仲裁。对仲裁裁决不服的，可以向人民法院提起诉讼。

第八十条 在用人单位内，可以设立劳动争议调解委员会。劳动争议调解委员会由职工代表、用人单位代表和工会代表组成。劳动争议调解委员会主任由工会代表担任。

劳动争议经调解达成协议的，当事人应当履行。

第八十一条 劳动争议仲裁委员会由劳动行政部门代表、同级工会代表、用人单位方面的代表组成。劳动争议仲裁委员会主任由劳动行政部门代表担任。

第八十二条 提出仲裁要求的一方应当自劳动争议发生之日起六十日内向劳动争议仲裁委员会提出书面申请。仲裁裁决一般应在收到仲裁申请的六十日内作出。对仲裁裁决无异议的，当事人必须履行。

第八十三条 劳动争议当事人对仲裁裁决不服的，可以自收到仲裁裁决书之日起十五日内向人民法院提起诉讼。一方当事人在法定期限内不起诉又不履行仲裁裁决的，另一方当事人可以申请人民法院强制执行。

CHAPTER 2

第二章

辞退的法定情形

上海中企人力资源咨询有限公司与成小华劳动合同纠纷案[①]

▶【案情简介】> > >

上诉人(原审被告):上海中企人力资源咨询有限公司。

法定代表人:沙衍锫。

委托代理人:金宣净。

委托代理人:贾珺。

上诉人(原审第三人):宜庭家纺有限公司。

法定代表人:欣荣。

委托代理人:蒋继涛。

委托代理人:江琳玲。

被上诉人(原审原告):成小华。

委托代理人:杨波,上海陈震华律师事务所律师。

上诉人上海中企人力资源咨询有限公司(以下简称中企公司)、上诉人宜庭家纺有限公司(以下简称宜庭公司)因劳动合同纠纷一案,不服上海市杨浦区人民法院(2013)杨民一(民)初字第 7483 号民事判决,向法院提起上诉。法院依法组成合议庭,公开开庭进行了审理。上诉人中企公司的委托代理人金宣净、贾珺,上诉人宜庭公司的委托代理人蒋继涛,被上诉人成小华及其委托代理人

① 上海中企人力资源咨询有限公司、宜庭家纺有限公司与成小华劳动合同纠纷二审民事判决书,中国裁判文书网,http://wenshu.court.gov.cn/content/content? DocID = 8cfc3980 - 6271 - 4164 - 8e97 - 03ee4bd9d1e3,2014 - 11 - 21。

杨波到庭参加诉讼。本案现已审理终结。

原审法院经审理查明:成小华与中企公司于2011年4月25日签订劳动合同一份,合同期限为同年4月25日至2014年6月30日,中企公司将成小华派遣到宜庭公司工作,工作岗位为导购,工作地点为上海、滁州。合同还约定,在聘用期间擅自离职连续或累计超过三天,中企公司或宜庭公司有权立即解除与成小华的劳动关系,不支付任何补偿。合同签订后,宜庭公司安排成小华在其下设的上海新世界百货店工作。2013年8月20日至同年8月23日,成小华参加了宜庭公司组织的员工技能培训并参加了考试,成小华考试成绩为26分。2013年9月16日,宜庭公司向成小华发出调岗通知,通知成小华于9月18日至山姆店担任导购。成小华在《员工岗位调整审批表》上书写"家庭困难,孩子小,丈夫残疾,望领导考虑,尽量暂缓调动岗位"。宜庭公司人力资源部主管蒋继涛在成小华书写的内容下方批示"建议部门予以考虑"。2013年9月18日起,成小华仍在上海新世界百货店上班。同年9月22日,宜庭公司出具《解除劳动关系通知书》,称成小华逾期未到岗视为旷工,宜庭公司根据《员工手册》第四篇第三章规定,对成小华进行辞退处理,自2013年9月23日起执行。同年9月23日,宜庭公司向中企公司发出电子邮件,称因成小华无故旷工超过3天,故与其解除劳动关系,并要求中企公司为成小华办理相关离职手续。同年9月27日,成小华收到中企公司通过邮寄送达的上海市单位退工证明,退工证明的合同解除日期为2013年9月23日。

原审法院另查明:

1. 2013年9月24日,中企公司就解除成小华劳动合同一事向上海国际企业合作公司工会中企人力分工会发出意见征询函,工会回复无异议。

2. 成小华每月工资由标准工资(即上海市最低工资)、年资、补贴、加班费及奖金组成。成小华2012年10月至2013年9月的平均工资为人民币3182.53元(以下币种均为人民币,已扣除加班工资)。

3. 2013年12月23日,中企公司向成小华银行卡中支付工资2466.18元。

2013年10月17日,成小华向上海市杨浦区劳动人事争议仲裁委员会申请仲裁,要求中企公司支付2013年9月工资3000元,支付违法解除劳动合同赔偿金15000元。该会于同年12月3日裁决中企公司支付成小华2013年9月1日至同月23日工资2466.18元,对成小华其余请求未予支持。成小华不服,遂诉至原审法院。

成小华诉称：成小华、中企公司于2011年4月25日签订了期限自2011年4月25日起至2014年6月30日止的劳动合同，中企公司派遣成小华至宜庭公司上海新世界百货店从事导购岗位工作。2013年9月16日，宜庭公司临时通知成小华自同年9月18日起至浦东山姆店上班。因此次调动使成小华上班路途距离大大增加，且时间过于仓促，导致成小华无法合理安排好家庭生活，故成小华申请暂缓调动，但遭宜庭公司拒绝。成小华自2013年9月18日至同月30日仍在上海新世界百货店上班。9月27日，成小华收到中企公司发出的离职证明，称成小华已于2013年9月23日主动提出辞职。成小华认为中企公司解除劳动合同的行为违法，故要求中企公司支付违法解除劳动合同的赔偿金15000元，支付2013年9月工资差额533.82元。

中企公司辩称：成小华在宜庭公司工作期间连续三天未按公司要求到其应在的岗位报到上班，应视为旷工。中企公司根据宜庭公司的规章制度及双方劳动合同的约定，解除与成小华的劳动合同，系合法解除，无须支付赔偿金。仲裁裁决中企公司应支付成小华2013年9月1日至同月23日工资2466.18元，中企公司已支付完毕。同年9月23日之后双方已无劳动关系，中企公司无须再支付成小华工资。综上所述，不同意成小华的诉讼请求。

宜庭公司述称：2013年8月，宜庭公司组织员工参加技能培训，并在培训结束后组织考试，成小华的考试成绩仅为26分，系全上海所有导购员中成绩最差的，故宜庭公司将成小华调至浦东山姆店工作。成小华提出因其家庭困难、孩子小、丈夫残疾，希望能暂缓调动岗位。宜庭公司考虑到成小华实际困难，表示让成小华先到新岗位培训一个月，一个月后重新考试，如果合格，可考虑调回原岗位，但成小华仍拒不到新岗位上班。根据宜庭公司的规章制度，成小华的行为应视为旷工，故宜庭公司于2013年9月23日对成小华作辞退处理。同意中企公司的答辩意见。

原审审理中，宜庭公司向原审法院提供其公司于2010年5月制定的《员工手册》，其中规定，员工12个月内累计旷工2天(16小时)，视为严重违纪，公司将予以辞退。《员工手册》附则还规定，新员工上岗前必须认真仔细阅读该手册，由员工签字确认。成小华对该《员工手册》不予认可，称从未看到过。宜庭公司未能提供其已向成小华公示该《员工手册》的相关证据。原审审理中，成小华变更诉请，仅要求中企公司支付赔偿金7500元。

原审法院认为：中企公司作为劳务派遣企业，与成小华建立劳动关系，并将成小华派遣至宜庭公司工作，三方之间履行权利义务应遵守劳动合同法中有关劳务派遣的各项规定。宜庭公司以成小华不胜任工作为由安排成小华调岗，但该调岗决定仅变动了成小华的工作地点，成小华的工作岗位仍为导购，并未发生变更。成小华提出家庭困难，申请暂缓调岗，并拒绝至新岗位报到，仍在原岗位上班，宜庭公司据此认定成小华旷工依据不足。中企公司与成小华解除劳动合同所依据的企业规章制度为宜庭公司的《员工手册》，而宜庭公司未按规定要求成小华对《员工手册》签字确认，也无证据证明已向成小华公示告知《员工手册》的相关内容，故中企公司与成小华解除劳动合同的决定缺乏事实及法律依据。成小华要求中企公司支付赔偿金于法有据。现成小华自愿降低赔偿金数额要求，系其对自身权利的处分，并无不当，予以准许。关于成小华主张的2013年9月工资差额，因双方劳动关系于2013年9月23日解除，故中企公司支付成小华2013年9月1日至同月23日工资，并无不当，成小华要求中企公司支付差额，无依据，难以支持。据此，原审法院判决：(1)上海中企人力资源咨询有限公司应于判决生效之日起十日内支付成小华违法解除劳动合同赔偿金人民币7500元；(2)驳回成小华的其余诉讼请求。

判决后，中企公司、宜庭公司均不服，上诉于法院。

中企公司上诉称，成小华在导购岗位任职超过两年，应当对于其岗位需要知晓的基本知识充分了解并且熟知，但在宜庭公司组织了对所有导购岗位人员进行岗位基础知识再培训的前提下，成小华仍然未能考核合格，无法达到该岗位的基本要求。根据有关法律规定，宜庭公司原本安排对成小华予以调岗，但经成小华申请，且考虑到成小华的实际情况，宜庭公司改为对成小华进行相应培训，并安排成小华至川沙门店进行为期一个月的培训，该事实在劳动仲裁阶段经成小华本人及其所提供的证人证言确认。宜庭公司安排该培训，提前向成小华告知并且明示过，成小华已经知晓，但其蓄意不予遵守执行。出勤并不仅仅是指员工只要出现在公司范围内即视作在岗，而是劳动者应当按照公司的规定予以出勤并到岗工作。在明知宜庭公司安排的情形下，成小华拒绝到指定的培训地点报到并参加培训，成小华的行为已经实际构成了旷工，宜庭公司有权对成小华旷工行为作出相应处分。对成小华旷工超过3天的行为，中企公司以及宜庭公司根据规章制度与成小华解除劳动合同是合法合理。要求撤销原判主文第一项，不同意支付解除劳动合同赔偿金。

宜庭公司上诉称，2013年9月10日，成小华参加3天的培训后，考试得分为26分，宜庭公司因此认定成小华不能胜任岗位，安排调岗。成小华原工作岗位处于繁华地段，客流量大，是宜庭公司重点优质店铺，对导购员的专业知识及综合素质要求较高。而成小华新工作部门客流量较少，是宜庭公司对员工在岗培训的指定店铺。宜庭公司对成小华作出的是岗位变更，并非仅仅是变更工作地点。2013年9月10日至同月16日期间，成小华的直接主管多次告知其调动岗位，成小华知晓但拒不签收调令。同年9月16日，宜庭公司书面通知成小华调动岗位，成小华提出因家庭原因要求暂缓调岗，人事经理考虑到其家庭原因，同意将调岗变更为培训3个月，之后，再次同意改成培训1个月，对此由仲裁庭审笔录予以证实。成小华入职初期明确知晓公司规章制度，公司在成小华不能胜任原工作岗位时对成小华调岗是合法合理的。成小华在知晓岗位调动的情况下，拒不到岗，仍在原工作岗位驻足逗留。宜庭公司考虑到上海新世界门店是客流较大的公众场合，没有当众驱逐在商场专柜驻足观看却不提供劳动力的成小华，并非默认成小华仍然在工作。宜庭公司根据规章制度，对成小华旷工3天的情形作出解除劳动合同是合法的。成小华对宜庭公司的规章制度是知晓的，并在相关规定上签字确认过的，故要求撤销原判主文第一项，驳回成小华的诉请。

成小华辩称，自己已为宜庭公司工作2年，宜庭公司从未就成小华的工作能力提出异议，说明成小华具备导购能力，宜庭公司有权对员工进行考核，但考核不仅仅是考试，宜庭公司对成小华进行所谓考试是为解除劳动合同寻找合法“外衣”。成小华对调动提出异议，且宜庭公司同意予以考虑的情况下，原调动应先暂缓，成小华还是在原岗位工作，成小华出勤工作可以从公司提供的证据中得到证实，劳动者提供了劳动，都应视为正常工作，而不是旷工，公司与成小华解除劳动合同没有依据，应支付经济补偿金。要求维持原判。

经二审法院审理查明，原审法院认定事实属实。

审理中，宜庭公司提供了4组证据：(1)上海新世界店及上海山姆店的《直营进店审批单》、上海新世界店及山姆店的介绍和2013年度销售数据对比表各一份，以此证明2家门店性质不同，山姆店是专门对不能符合岗位要求的员工进行提升的门店。(2)山姆店作为培训门店的店员培训资料一份，以此证明山姆店是宜庭公司用于岗位培训的指定门店。(3)劳动仲裁庭审笔录第11页一份，以此证明双方就调岗达成合意。(4)《薪资结构及绩效考核方案确认书》附录一份，以此证明成小华对宜庭公司规章制度是明确的，并签字确认。

中企公司对宜庭公司提供的证据真实性予以认可，同意宜庭公司的意见。

成小华对证据1、2认为真实性无法确认，不能证明宜庭公司的意见，且与本案无关。对证据3认为双方协商过程中，宜庭公司曾提出过，但双方未实际执行，宜庭公司未发过书面通知。对证据4真实性予以认可，但认为该内容涉及保密义务的约定。

二审法院认为，成小华在宜庭工作期间，因成小华考试不合格，宜庭公司于2013年9月16日向成小华发出调岗通知，明确成小华调动工作岗位至山姆店工作，成小华收到该通知后，即向宜庭公司提出家庭困难、孩子幼小等原因，要求暂缓调动工作岗位，宜庭公司对此亦在该通知上表示建议部门予以考虑。宜庭公司称之后又与成小华进行协商，不同意暂缓调岗，双方口头达成一致意见，由培训3个月改为培训1个月，并提供仲裁庭审笔录予以证实。因劳动者不能胜任工作，用人单位可以对劳动者进行培训或调动岗位，然因宜庭公司发给成小华的是调岗通知，该通知中未明确是对成小华进行3个月培训，而山姆店与成小华现工作地点距离相去甚远，成小华出于自身家庭原因和对自己权利保护，在宜庭公司未发出新的书面通知明确培训1个月的情况下，成小华仍至原工作门店上班，成小华该行为与无故不到岗是有所区别的。宜庭公司在知晓成小华仍在原门店工作情况下，完全可以重新发出书面通知，明确对成小华是进行1个月培训，而非调动至山姆店工作，并告知成小华仍不参加培训的后果。如成小华在收到新的通知后仍不到岗，宜庭公司再作出辞退决定，这样才能体现出宜庭公司对劳动者进行人性化管理，有利于劳动关系的和谐建立。鉴于成小华上述行为尚未达到严重违纪程度，宜庭公司以成小华旷工3天为由，作出辞退的决定欠妥。因成小华系与中企公司存在劳动关系，故成小华要求中企公司支付违法解除劳动合同赔偿金，原审法院作出予以支持的判决并无不当。中企公司、宜庭公司的上诉要求，本院不予支持。宜庭公司二审期间提供的证据1、2，成小华对其真实性无法确认，且该组证据系宜庭公司内部资料，不能证明宜庭公司证明目的，本院不予认定。证据3已在原审中提供过，且各方已进行过质证。成小华对证据4真实性予以认可，但认为是涉及保密义务约定。因该证据是薪资结构及绩效考核方案确认书，成小华在该确认书上签名，不能证明成小华在员工手册上亦签名，故本院不予采纳。

▶【案件焦点】>>>

企业在正常管理过程中，必然存在着公司员工的流动，但是用人单位辞退公司员工的时候必须符合法律规定的情形，没有缘由地随意辞退员工，是被劳动法所禁止的，从法理的角度分析经济性裁员的适用条件具有重要的意义。

▶【学理分析】> > >

一、企业辞退员工类型

1. 双方协商解除劳动合同根据劳动合同法第三十六条规定：用人单位与劳动者协商一致，可以解除劳动合同。此种情况下，不问解除的事由，只要双方协商一致，即可解除劳动合同。

2. 用人单位单方解除劳动合同主要分为三种：

（1）劳动者有过错，用人单位可以解除劳动合同。根据劳动合同法第三十九条规定：劳动者在试用期间被证明不符合录用条件的；严重违反用人单位的规章制度的；严重失职，营私舞弊，给用人单位造成重大损害的；劳动者同时与其他用人单位建立劳动关系，对完成本单位的工作任务造成严重影响，或者经用人单位提出，拒不改正的；以欺诈、胁迫的手段或者乘人之危，使对方在违背真实意思的情况下订立或者变更劳动合同致使劳动合同无效的；被依法追究刑事责任的。有上述情形之一，用人单位可以解除劳动合同。

（2）劳动者无过错，用人单位解除劳动合同。依据劳动合同法第四十条规定：劳动者患病或者非因工负伤，在规定的医疗期满后不能从事原工作，也不能从事由用人单位另行安排的工作的；劳动者不能胜任工作，经过培训或者调整工作岗位，仍不能胜任工作的；劳动合同订立时所依据的客观情况发生重大变化，致使劳动合同无法履行，经用人单位与劳动者协商，未能就变更劳动合同内容达成协议的。有上述情形之一，用人单位提前30日以书面形式通知劳动者本人或者额外支付劳动者一个月工资后，可以解除劳动合同。

（3）用人单位经济性裁员解除劳动合同。用人单位依照企业破产法规定进行重整的，生产经营发生严重困难的，企业转产、重大技术革新或者经营方式调整，经变更劳动合同后，仍需要裁减人员的，其他因劳动合同订立时所依据的客观经济情况发生重大变化，致使劳动合同无法履行的，需要成批裁减劳动者。

二、存在问题及面临法律风险

用人单位辞退员工主要依据以上第一类、第二类规定。从实际发生的劳动争议来看，双方协商解除劳动合同一般问题不大，辞退员工问题主要发生在以上第二类规定即用人单位单方解除劳动合同。

1. 用人单位对试用期解除劳动合同认识不到位,用人单位认为在试用期可以随时解除劳动者合同,对解除合同的前提条件“在试用期被证明不符合录用条件”理解不到位:一是在招用员工时没有明确录用条件;二是在试用期缺乏有效的考核,无法证明劳动者各方面的表现与录用条件不相符;三是无确凿证据证明劳动者不符合录用条件,因而使得试用期这一法律保护措施对企业失去了作用。

2. 制定的规章制度用词含糊,未准确量化,制定程序不合法在制定规章制度时,一是对严重违反用人单位规章制度、严重失职、营私舞弊给用人单位造成的重大损害,以及劳动者同时与其他用人单位建立劳动关系对本单位工作造成严重影响或经用人单位提出,拒不改正的等规定不明确,用词含糊,未准确量化,致使员工发生上述情形时,用人单位无法迅速准确断定,给辞退工作带来被动;二是对涉及员工切身利益的规章制度未按劳动合同法的要求按程序制定执行,在发生争议时未能被劳动仲裁部门采用,往往导致用人单位仲裁失败。

3. 对“被依法追究刑事责任”把握不准,解除合同不当用人单位对劳动者以下几种情况单方解除合同把握不准,认识不清:一是劳动者涉嫌犯罪,被有关机关收容审查、拘留或逮捕的;二是劳动者虽被判处刑罚,但未超过上诉期;三是认为劳动者被判处刑罚或缓刑,劳动合同就可以自然解除。当用人单位单方解除劳动合同时,往往导致发生劳动争议。

4. 对经济性裁员理解存在偏差,解除程序不合法。一是用人单位对经济性裁员概念理解不准确,遇到经营不善的情况以经济性裁员为名辞退员工;二是用人单位经济性裁员辞退员工程序未按法定程序进行。当发生劳动争议时,用人单位往往败诉。

三、对策措施

1. 规范试用期的劳动合同管理工作,具体如下。

(1)要对“录用条件”事先进行明确界定。用人单位在招聘时对录用条件如学历、技术、证书、岗位职责要求要有详细、明确、具体的规定。

(2)要对“录用条件”事先公示。就是要让员工知道用人单位的录用条件;从法律的角度来说,就是用人单位有证据证明员工知道了本单位的录用条件。公示的方法有:①通过招聘公告来公示,并采取一定方式予以固定,以便为诉讼保留证据;②招聘员工时向其明示录用条件,并要求员工签字确认;③劳动关系建立以前,通过发送聘用函的方式向员工明示录用条件,并要求其签字确认;

④在劳动合同中明确约定录用条件或不符合录用条件的情形;⑤规章制度中对录用条件进行详细约定,并将该规章制度在劳动合同签订前进行公示,并作为劳动合同的附件。

(3)要做好平时的试用期考核工作。对劳动者在试用期有一个准确考核评估结果,以此作为证明劳动者是否符合录用条件,作为继续使用和解除劳动合同的依据。

(4)劳动者不符合录用条件的,用人单位应及时解除劳动合同。过了试用期,就无法再以劳动者不符合录用条件为由解除合同。超过试用期解除合同,就要支付较高的辞退成本。

2. 辞退有过错的员工应该依据充分、证据确凿、程序合法对于严重违反用人单位规章制度、严重失职、营私舞弊给用人单位造成的重大损害,以及劳动者同时与其他用人单位建立劳动关系对本单位工作造成严重影响的,用人单位并非可以一概辞退。何谓"严重、重大",对于用人单位而言就至关重要。因此用人单位一是在员工手册或者规章制度中对严重违纪、重大损害、严重影响等的情形要有明确量化的规定。二是保留员工严重违纪、严重失职、营私舞弊、对用人单位利益造成重大损害、劳动者同时与其他用人单位建立劳动关系对本单位工作造成严重影响的事实依据。三是对涉及员工切身利益的规章制度要经职工代表大会讨论,并公示或告知劳动者。四是用人单位单方解除劳动合同,应事先将理由通知工会,征得工会同意后,按程序解除劳动合同。

3. 准确把握劳动者"被依法追究刑事责任"的劳动合同解除根据不同的情形,采取不同的措施。一是劳动者涉嫌犯罪,被有关机关收容审查、拘留或逮捕的,不能立即解除合同,而是应依据原劳动部《关于贯彻执行〈中华人民共和国劳动法〉若干问题的意见》第二十八条的规定:劳动者涉嫌犯罪被有关机关收容审查、扣留或逮捕的,用人单位在劳动者被限制人身自由期间,可与其暂时停止劳动合同的履行,劳动者证明被无罪释放,劳动合同可恢复履行。二是劳动者虽被判处刑罚,未超过上诉期,不能立即解除合同,而应该是终审判决生效后,方可解除劳动合同。三是劳动者被判处刑罚或缓刑,用人单位就应立即发出解除合同的通知,否则劳动合同不会自然解除,劳动者刑满后,仍可回用人单位继续履行劳动合同。

4. 经济性裁员必须符合法定条件并履行法定程序,具体如下。

(1)准确把握经济性裁员的内涵及法律限制。所谓经济性裁员,是指用人单位濒临破产进行法定整顿期间或生产经营状况发生严重困难，为改善生产经营状况而辞退成批员工。法律对用人单位经济性裁员的限制是：①对于可以进行经济性裁员的用人单位必须是濒临破产，被人民法院宣告进入法定整顿期间或生产经营发生严重困难，达到当地政府规定的严重困难企业标准，确须裁减人员的企业；②企业必须在实施停止招工、清退各类外聘人员、停止加班加点、降低工资四项措施后仍无好转的，才能实施经济性裁员。

（2）用人单位经济性裁员严格按程序执行。提前30日向工会或者全体职工说明情况，并提供有关生产经营状况的资料；提出裁减人员方案；将裁减人员方案征求工会或者全体职工的意见，并对方案进行修改和完善；向当地劳动行政部门报告裁减人员方案以及工会或者全体职工的意见，并听取劳动行政部门的意见；由用人单位正式公布裁减人员方案，与被裁减人员办理解除劳动合同手续，按照有关规定向被裁减人员本人支付经济补偿金，出具裁减人员证明书。

▶【法条链接】> > >

中华人民共和国劳动法

第二十五条 劳动者有下列情形之一的，用人单位可以解除劳动合同：

（一）在试用期间被证明不符合录用条件的；

（二）严重违反劳动纪律或者用人单位规章制度的；

（三）严重失职，营私舞弊，对用人单位利益造成重大损害的；

（四）被依法追究刑事责任的。

第二十六条 有下列情形之一的，用人单位可以解除劳动合同，但是应当提前三十日以书面形式通知劳动者本人：

（一）劳动者患病或者非因工负伤，医疗期满后，不能从事原工作也不能从事由用人单位另行安排的工作的；

（二）劳动者不能胜任工作，经过培训或者调整工作岗位，仍不能胜任工作的；

（三）劳动合同订立时所依据的客观情况发生重大变化，致使原劳动合同无法履行，经当事人协商不能就变更劳动合同达成协议的。

中华人民共和国工会法

第二十一条 工会帮助、指导职工与企业、实行企业化管理的事业单位、社会组织签订劳动合同。

工会代表职工与企业、实行企业化管理的事业单位、社会组织进行平等协商，依法签订集体合同。集体合同草案应当提交职工代表大会或者全体职工讨论通过。

工会签订集体合同，上级工会应当给予支持和帮助。

企业、事业单位、社会组织违反集体合同，侵犯职工劳动权益的，工会可以依法要求企业、事业单位、社会组织予以改正并承担责任；因履行集体合同发生争议，经协商解决不成的，工会可以向劳动争议仲裁机构提请仲裁，仲裁机构不予受理或者对仲裁裁决不服的，可以向人民法院提起诉讼。

第二十二条 企业、事业单位、社会组织处分职工，工会认为不适当的，有权提出意见。

用人单位单方面解除职工劳动合同时，应当事先将理由通知工会，工会认为用人单位违反法律、法规和有关合同，要求重新研究处理时，用人单位应当研究工会的意见，并将处理结果书面通知工会。

职工认为用人单位侵犯其劳动权益而申请劳动争议仲裁或者向人民法院提起诉讼的，工会应当给予支持和帮助。

第二十三条 企业、事业单位、社会组织违反劳动法律法规规定，有下列侵犯职工劳动权益情形，工会应当代表职工与企业、事业单位、社会组织交涉，要求企业、事业单位、社会组织采取措施予以改正；企业、事业单位、社会组织应当予以研究处理，并向工会作出答复；企业、事业单位、社会组织拒不改正的，工会可以提请当地人民政府依法作出处理：

（一）克扣、拖欠职工工资的；

（二）不提供劳动安全卫生条件的；

（三）随意延长劳动时间的；

（四）侵犯女职工和未成年工特殊权益的；

（五）其他严重侵犯职工劳动权益的。

CHAPTER 3

第三章

企业内部管理制度的效力

江苏广顺与南京溧水远大公司建设工程施工合同纠纷案[①]

▶【案情简介】> > >

上诉人(原审原告):江苏广顺建设有限公司,住所地:南京市溧水区永阳镇中山西路23号。

法定代表人:陈小顺,该公司总经理。

委托代理人:王正顺,江苏方胜律师事务所律师。

被上诉人(原审被告):南京溧水远大服装有限公司,住所地:南京市溧水区经济开发区宝塔路10号。

法定代表人:胡春芳,该公司董事长。

委托代理人:史修胜。

委托代理人:张杰,北京市盈科(南京)律师事务所律师。

原审第三人:郑永宝,个体经营户。

上诉人江苏广顺建设有限公司(以下简称广顺公司)因与被上诉人南京溧水远大服装有限公司(以下简称远大公司)、原审第三人郑永宝建设工程施工合同纠纷一案,不服南京市溧水区人民法院(2013)溧民初字第348号民事判决,向本院提起上诉。法院于2014年9月3日受理本案后,依法组成合议庭于2014年9月28日公开开庭审理了本案。上诉人广顺公司的委托代理人王正顺,被上诉人远大公司的委托代理人史修胜、张杰到庭参加诉讼。原审第三人

---

① 上诉人江苏广顺建设有限公司与被上诉人南京溧水远大服装有限公司建设工程施工合同纠纷一案的民事判决书,中国裁判文书网,http://wenshu. court. gov. cn/content/content? DocID = f51c822a - f749 - 4d75 - afce - 669c118e8701,2014 - 12 - 11。

郑永宝经法院合法传唤,拒不到庭参加诉讼。本案现已审理终结。

广顺公司原审诉称,2007 年 11 月 12 日,双方签订建设工程施工合同,约定广顺公司承建远大公司综合楼主体工程,承包范围包括土建、水电、消防、防水、保温、外墙装饰等;施工图及综合楼补充说明范围内的工程量及造价采用包工包料方式确定,施工图及综合楼补充说明以外的工作量,按甲方确认的工程量及单价进行决算(以甲方书面确认为准);开工日期为 2007 年 11 月 18 日,竣工日期为 2008 年 5 月 31 日;合同价款为 1751250 元;合同签订后 7 日内支付总价 15%;工程主体竣工后付到 70%,当年内付至工程总价的 85%,余款第二年付 10%,5% 为保证金于第三年付清;本工程的工程款必须汇入广顺公司提供的账户上,否则广顺公司有权不予认可;合同中注明的乙方开户行为溧水县中山信用社,双方并对其他事项作了约定。

实际履行过程中,远大公司的综合楼工程中变更增加了地下室工程、外墙干挂大理石工程,并将该工程另行发包给个人承包;另外,远大公司又将主体工程中的门窗、消防、楼层大理石工程以及主体工程中其他变更增加的工程另行发包给个人承包;当然,附属工程亦发包给个人承包,与广顺公司无关。

2008 年 7 月 10 日,远大公司综合楼工程竣工,2011 年 1 月 6 日该工程通过竣工验收。

由于广顺公司实际承包的工程范围发生了变化,双方于 2010 年 12 月 20 日对广顺公司施工的工程量进行决算,共同确认结算价为 1614061. 89 元。但迄今为止,远大公司仅向广顺公司支付工程款 770000 元,尚欠 844061. 89 元,远大公司的行为已明显违约。现起诉至法院,请求:1. 远大公司支付工程款 844061. 89 元,并支付至判决之日止的逾期付款利息(其中至 2011 年 11 月 27 日的利息为 142522 元);2. 远大公司承担本案的全部诉讼费用。

远大公司原审辩称,其已向广顺公司支付了工程款 1390000 元,根据双方的合同价款约定,其共应向广顺公司支付 1420000 元,另外 30000 元是质保金,该款还未到支付期限,因此,其不欠工程款,请求驳回广顺公司诉讼请求。

第三人郑永宝未提出意见。

原审法院经审理查明,广顺公司(承包人)与远大公司(发包人)于 2007 年 11 月 15 日签订建设工程施工合同一份,双方约定:远大公司将其综合楼工程(以下简称综合楼工程)发包给广顺公司承建,承包范围为综合楼土建、水电、消防、防水保温、外墙装饰等;开工日期为 2007 年 11 月 18 日,竣工日期为 2008 年

5月31日，合同总价款1751250元；该合同价款采用固定价格合同，合同价款中包括的风险范围有施工图及综合楼补充说明范围内的工程及造价采用包工包料形式确定的工程；合同签订后7日内支付总价15%，第一层主体结束付总价15%，第二层主体结束付总价10%，第三层主体结束付总价10%，第四层主体结束付总价10%，工程主体竣工后付到总价70%且当年内付到工程总价85%，余款第二年付10%，5%维修保证金第三年付清。该合同亦明确约定本工程的工程款必须汇入广顺公司提供的账户内（账号：3201240201201000100872），否则广顺公司不予认可。除此之外，合同另就质量与验收、安全施工、违约等方面进行了约定。后该合同经溧水县建筑安装管理站备案。

2007年11月23日，广顺公司任命第三人郑永宝为该综合楼工程项目的施工现场负责人，由其具体负责该工程的相关施工建设。

2008年7月10日，广顺公司向远大公司提交了该综合楼工程的竣工报告。

2010年3月21日，广顺公司（乙方）与远大公司（甲方）就该综合楼工程中的消防工程签订补充协议书一份，内容为："1. 由于乙方无消防施工资质，因而甲方将消防工程另行依法分包；2. 消防工程的合同价为58000元，将在甲、乙双方综合楼工程的原合同价核减；3. 由于该工程已施工，现定价为80000元，差额22000元由乙方承担。"此后，华夏消防工程有限公司承接了该综合楼消防工程且对其进行相关施工建设。

2010年12月20日，广顺公司与远大公司双方对案涉工程进行了竣工决算，经双方共同确认扣除土建部分、扣除门窗工程、外墙干挂大理石、楼层大理石、附属工程，该综合楼工程结算价为1614061.89元（土建1430404.95元，水电183656.94元）。

2011年1月6日，经施工单位、监理单位、建设单位、设计单位共同验收，该综合楼工程竣工并且出具竣工验收证明书，证明已完成设计图纸及合同约定的各项内容，符合工程质量验收标准及规范要求，且上述四家单位均加盖了公章。该工程通过竣工验收后于2011年6月底由远大公司投入使用至今。

2012年1月11日，远大公司（甲方）与第三人郑永宝（乙方）就该综合楼主体工程及附属工程价款决算问题签订决算协议一份，该协议载明：（1）甲方综合楼工程中的地下室、外墙干挂大理石、楼层大理石、消防工程、变更增加的工程量以及附属工程系乙方承建，约定合同价490000元，现经双方结算后工程总价490000元，甲方已向乙方支付490000就上述工程款已经结清；（2）综合楼主体工程由广顺公司承建,乙方系挂靠在广顺公司的承包人,乙方向广顺公司缴纳工程总价款2%的管理费,其余款项归乙方所有;(3)甲方向乙方支付400000元负责处理甲方、乙方及广顺公司三方之间就综合楼主体工程款的纠纷,乙方保证广顺公司向法院撤回起诉及解除查封,并且广顺公司书面承诺永不再向甲方追索工程款,甲方在乙方完成上述义务后8个月内向乙方支付400000元,如乙方无法处理好上述事项,甲方无须向乙方支付400000元。乙方欠付丁志华、葛建春、贺颜喜等人的工程款或材料款由乙方在400000元中支付。

另查明,在实际施工过程中,远大公司将综合楼工程中的地下室工程、外墙干挂大理石、楼层大理石工程、消防工程、门窗工程、变更增加的工程以及附属工程七项工程直接承包给第三人郑永宝进行施工建设。其中地下室工程总造价为490000元。

诉讼过程中,广顺公司陈述远大公司共支付其工程款770000元。分别为:(1)2007年11月26日向广顺公司在上述合同中指定账户汇入260000元;(2)2008年1月7日向广顺公司在上述合同中指定账户汇入200000元;(3)2008年4月25日向广顺公司在上述合同中指定账户汇入60000元;(4)2008年5月20日汇款50000元(汇至广顺办公用品商店)。上述四笔已向远大公司开具了发票。2011年1月21日,转账支票190000元;2011年1月24日转账支票10000元,上述两笔已向远大公司开具了收据。远大公司所举证据证明其为远大公司综合楼支付款项分别有:(1)直接支付主体工程款为1470000元。①直接支付给广顺公司725000元(与广顺公司陈述不同处为将2008年5月20日50000元付款算给郑永宝,另有郑永宝借款5000元用于远大综合楼资料费,该款应算抵广顺公司的工程款);②支付给郑永宝665000元;③代广顺公司支付消防费80000元。(2)支付郑永宝地下室款490000元。(3)代广顺公司及郑永宝支付门窗、玻璃等工程款239053.82元。另有经法院审理所涉及工程款,也应算为已支付给广顺公司的工程款。

另外,庭审中,远大公司提供广顺公司与第三人郑永宝于2007年12月25日签订的远大公司综合楼工程内部施工承包合同的复印件一份,合同中载明远大公司综合楼工程由广顺公司中标,签约双方为发包方广顺公司(甲方)、承包方郑永宝(乙方),工程名称为远大公司综合楼,承包范围为甲方与业主签订的承包合同内的内容;工程内容为按图纸综合楼补充说明及有关施工说明书进行施工;合同工期为2007年11月18日至2008年5月31日计210天;合同造价

1751250元;承包原则为根据企业内部管理制度及有关规定,项目实行独立核算,按全过程、全额、全奖、全赔承包各项技术经济指标。该合同的第四条承包方式中约定:1. 业主在招标文件以及合同条款中明确的须由中标人缴纳的履约保证金、押金以及农民工工资保障金等由乙方全额承担,承包结束后,各项经济技术指标达到本承包合同要求,经甲方审计确认后全额返还;2. 甲方与建设单位签订的合同中约定的所有条款,乙方须全部接受并同意全面履行,如违反合同的条款由乙方自行负责;3. 成本单列,内部独立核算,包工包料、全额承包,资金单列,专款专用,封闭运行。用款时其计划经甲方认可。合同第六条承包指标中约定乙方按工程结算总价(发票额)的2%向甲方缴的管理费;税金、劳保统筹及其他政府规费、税费等由甲方代缴,费用在工程款中扣除;工程投标的标书费用、交易中心服务费、备案费、公证费、招投标代理费、各种规费、结算审核等费用由乙方承担,交易方式一律采用货币资金结算,对不能按时足额上交的费用,乙方应承担违约滞纳金。除此之外,该合同还对其他相关事项进行了约定。合同尾部有甲方处广顺公司签章及代表陈小顺签字,乙方处有郑永宝签字。因未能提供该合同原件,广顺公司对该份证据真实性不予以认可,且认为郑永宝只是广顺公司聘用的现场施工人员。经调查,广顺公司与第三人郑永宝并无劳动合同关系,不属于广顺公司的职工。另查明,2007年12月3日,广顺公司指定的账户被下关法院查封。2009年3月31日,广顺公司向远大公司发出书面通知,主要内容为,要求远大公司按合同约定必须将综合楼工程款汇入广顺公司指定账户,否则广顺公司不予认可并不放弃追究远大公司的违约责任。在此日期后广顺公司付款中,仅有两笔总计1万元(各5000元),广顺公司不认可,其中一笔为2010年8月25日图纸款。

上述事实,有建设工程施工合同、关于郑永宝同志的任命书、补充协议、工程竣工报告、竣工决算、收汇款票据、郑永宝出具的收条、庭审笔录等证据证实,原审法院予以确认。

原审法院认为,本案的争议焦点为:(1)郑永保与广顺公司、远大公司之间的关系;(2)除郑永保个人与远大公司之间承建的工程外,郑永保收取远大公司工程款的行为是否代表广顺公司的收款行为;(3)广顺公司、远大公司之间合同是否有效。

虽然广顺公司不认可郑永宝与其之间于2007年12月25日签订的远大公司综合楼工程内部施工承包合同,但是广顺公司与郑永宝之间并无劳动关系,广顺公司也无证据证明涉案工程的机械设备系其拥有、人员系其组织、原材料系其供应,故原审法院认定郑永宝为实际施工人,其借用广顺公司的资质进行施工;2007 年 11 月 23 日,广顺公司任命郑永宝为施工负责人,可见,郑永宝的身份为双重的,即郑永宝是工程的实际施工人,也是广顺公司的现场负责人。郑永宝与远大公司之间不仅有发包人与实际施工人的关系,同时有对远大公司综合楼工程中的地下室、外墙干挂大理石、楼层大理石、消防工程、变更增加的工程量以及附属工程承发包关系。因上述关系,加之 2007 年 12 月 3 日,广顺公司指定的账户被下关法院查封,广顺公司并无证据证明通知远大公司对工程款的支付账户进行变更,至 2009 年 3 月 31 日,广顺公司才为付款方式书面通知远大公司,故在 2009 年 3 月 31 日前,郑永宝对挂靠广顺公司所施工的工程有权收取工程款,其收取工程款的行为属有权代理行为。广顺公司、远大公司之间的合同形式上合法,实质上违反法律禁止性规定,且远大公司在庭审中,也认可郑永宝与广顺公司系挂靠关系,故应认定广顺公司、远大公司之间的合同应为无效合同。

郑永宝借用广顺公司资质所施工工程中,远大公司直接支付给广顺公司 770000 元,支付给郑永宝 620000 元,合计 1390000 元,2009 年 3 月 31 日,广顺公司向远大公司发出书面通知,要求按约定支付工程款,但远大公司事后又向郑永宝支付两笔计 10000 元(包括远大公司所述图纸 5000 元),该行为显属不当,不应计算在远大公司支付的工程款内。其他 1380000 元均应算作远大公司支付给广顺公司的工程款。另外,关于消防工程,2010 年 3 月 21 日,广顺公司(乙方)与远大公司(甲方)就该综合楼工程中的消防工程签订补充协议书明确约定,现定价为 80000 元,差额 22000 元由广顺公司承担,故该 80000 元应在总工程款中扣除。远大公司应支付给广顺公司的工程款为 1534061.89 元(双方结算工程款 1614061.89 元减去 80000 元)。现已支付 1380000 元,故远大公司还应支付给广顺公司 154061.89 元。因广顺公司、远大公司双方约定 5% 维修保证金在主体工程主体竣工的第三年付清,而 2008 年 7 月 10 日,广顺公司向远大公司提供竣工报告,故逾期利息应从 2011 年 7 月 11 日起算,关于代付门窗、玻璃款,因双方约定门窗等工程不属广顺公司承建工程且在结算中已扣除,远大公司现有证据不能证明其代付款为与广顺公司之间合同所涉及工程中的工程款。故远大公司的该主张不予支持。关于远大公司另外三案中已支付葛建春、赵俊等三人的工程款 160000 多元,因与本案无直接关联性,原审法院对远大公司的要求抵扣的意见未予采纳。综上所述，原审法院依照《中华人民共和国合同法》第五十二条，《中华人民共和国民事诉讼法》第一百四十四条，《最高人民法院〈关于审理建设工程施工合同纠纷案件适用法律问题的解释〉》第一条第二款、第十六条的规定，判决：(1)南京溧水远大服装有限公司应于判决书生效之日起十日内支付给江苏广顺建设有限公司工程款154061.89元及逾期利息(起算日为2011年7月11日，算至判决书确定还款之日止，按同期贷款利率计算)。(2)驳回江苏广顺建设有限公司其他诉讼请求。

如果未按判决指定的期间履行给付金钱义务，应当依照《中华人民共和国民事诉讼法》第二百五十三条之规定，加倍支付迟延履行期间的债务利息。

原审案件受理费13670元，诉讼保全费5000元，总计18670元，由广顺公司负担17647元，远大公司负担1023元。

广顺公司不服原审法院判决，向二审法院提起上诉称：

1. 原审法院认定事实错误。(1)双方施工合同中明确约定远大公司的工程款必须汇入上诉人提供的账户，对于上诉人收到的工程款，上诉人均及时向远大公司开具了发票或收据。上诉人的账户虽然于2007年12月被法院查封，但并不影响远大公司的付款，双方也并未就付款方式进行过变更。且在此之后，远大公司分别于2008年1月7日、2008年4月25日向上诉人账户支付了200000元和60000元。原审法院以上诉人于2009年3月向远大公司发出的催款通知为由，倒推出郑永宝在此日期前的个人收款行为，属于上诉人的收款行为，没有依据。(2)郑永宝与远大公司关于地下室工程的工程款，已在双方2012年1月的协议中明确地下室工程等七项工程即490000元，而原审法院认定地下室工程一项就490000元，明显与事实不符。(3)上诉人与郑永宝之间不是挂靠关系，郑永宝具有施工管理经验，同时也在承建远大公司的其他建设工程，上诉人聘请其作为上诉人的现场施工负责人，符合法律规定。(4)上诉人与远大公司之间的合同是双方法定代表人直接协商签订的，由上诉人直接履行，原审认定郑永宝是实际施工人，与事实不符。(5)上诉人与远大公司于2010年12月20日工程结算价为1614061.89元，是双方的真实意思表示，因考虑到远大公司将利润相对丰厚的门窗等七项工程另行发包，远大公司同意补贴80000元给上诉人作为配合费，原审法院将其扣除，没有事实和法律依据。(6)上诉人要求支付利息符合双方合同约定。

2. 原审法院对以下两个关键事实未查清。(1)2010年3月20日，远大公司及郑永宝分别向上诉人出具《声明书》，确认涉案综合楼工程中的地下室、外墙干挂大理石、楼层大理石、消防工程、门窗工程、变更增加的工程以及附属工程等，是由被上诉人独立承包，因此有关这些工程的债权债务、工程质量、工程款的支付等问题均与上诉人无关。如果郑永宝是远大公司综合楼的土建、水电工程的实际施工人，则完全可以理解为远大公司涉案的所有建筑工程实际上是由郑永宝一人承包，远大公司根本无须与上诉人谈另行发包事宜，远大公司与郑永宝也无须向上诉人专门出具《声明书》。(2)上诉人因被上诉人综合楼工程已实际支付了机械设备款、材料款、人工工资福利等款项计1550000元，其中包括郑永宝因现场施工负责而支出的手机费等。故上诉人应是工程的实际施工人。

综上，请求二审法院依法撤销原审判决，改判被上诉人支付工程款844061.89元，并支付自2009年1月1日起至判决之日止的逾期付款利息；一、二审诉讼费用由被上诉人承担。

被上诉人远大公司要求维持原判决。

原审第三人郑永宝未到庭也未答辩。

经审理查明，原审法院查明的事实基本属实，本院予以确认。

二审中，被上诉人向法庭陈述：地下室工程价款为490000元，郑永宝作为实际施工人，有些工程如门窗、干挂大理石等六项工程是由其他人做的，因为办事员不细将地下室等七项工程款写成地下室工程款490000元。此节事实有二审开庭笔录在卷证实。

二审中，法院经双方当事人同意，总结归纳双方当事人的争议焦点为：(1)郑永宝在本案中属于何种法律地位。(2)2009年3月31日前郑永宝收取远大公司的工程款是否认定为广顺公司收取。(3)消防工程款80000元是否应在总工程款中予以扣除。(4)逾期付款利息应从何时计算。

关于郑永宝在本案中属于何种法律地位问题。二审法院认为，从本案查明的事实看，郑永宝因无施工资质，为承接涉案工程挂靠在广顺公司名下，而借用广顺公司资质与远大公司签订建筑工程施工合同，应为实际施工人。广顺公司虽提出其为涉案工程的土建和水电等工程的实际施工方，郑永宝是其现场施工负责人。但其无足够证据证明涉案工程的施工机械设备系其拥有、施工人员系其组织、原材料系其供应购买，其认为其支付了相应的机械设备款和材料款，也因证据不够确实充分，难以认定，现也无证据显示上诉人对涉案工程的土建、水电的整个施工过程及质量进行监控和管理。合同的相对方远大公司也主张郑永宝挂靠在广顺公司名下，并向法院提供了广顺公司与郑永宝签订的内部承包合同（复印件），综上所述，上诉人认为其是涉案工程的土建及水电等工程的实际施工人，因证据不足，本院不予采信。另外，郑永宝同时对远大公司综合楼工程中的地下室、外墙干挂大理石、楼层大理石、变更增加的工程量以及附属工程进行直接承包，郑永宝又是上述工程的承包人。综上所述，郑永宝既是涉案工程的土建、水电工程等的实际施工人，也是涉案工程的地下室等工程的直接承包者。

关于郑永宝于2009年3月31日前收取远大公司支付的工程款是否认定为广顺公司收取的问题。二审法院认为，双方合同签订后，远大公司支付工程款均是按照双方约定，直接打进广顺公司指定的账户，双方并无争议。但在2007年12月3日，广顺公司指定的账户被下关法院查封后，远大公司不能向该账户支付工程款，广顺公司也未通知远大公司变更付款账户的情况下，双方就后续付款问题产生争议。远大公司就其向郑永宝支付工程款的问题，向法院陈述其是接到上诉人法定代表人电话要求付款后，每次均由郑永宝来领取支票，将工程款汇入相应的账号。上诉人虽否认让郑永宝领取支票，但其却又认可郑永宝将5万元款项打入溧水县永阳广顺办公用品商店的这一笔，说明其让郑永宝去远大公司领取支票的事实是客观存在的。另外，如上诉人所述郑永宝去被上诉人处领取支票其不知情是真实的话，通常情况下，其应当及时与对方协商付款方式，向被上诉人主张工程款，但上诉人未能合理解释在其指定账号被法院查封后，至2009年3月31日期间的一年多时间里，未收到远大公司支付的工程款，其并未及时与远大公司进行交涉和索要工程款的理由，现也无证据显示上诉人在该期间，已向远大公司主张过相应的工程款。综上所述，结合郑永宝在本案中的身份情况，二审法院认为，郑永宝从远大公司领取工程款的行为，能够代表广顺公司，换言之，郑永宝收取的615000元的工程款，应视为远大公司支付给广顺公司的工程款，上诉人认为郑永宝不能代表其收取工程款的上诉意见，法院不予采纳。

关于消防工程款80000元是否应当在总工程款中予以扣除问题。二审法院认为，广顺公司承包的涉案工程中含消防工程，因广顺公司不具备消防施工资质，该工程需要另外发包，因此双方就消防工程签订了补充协议，该协议中明确约定，该消防工程现定价为80000元，原定价58000元，差额22000元由广顺公司承担,故该80000元应在总工程款中扣除。上诉人认为80000元消防工程款根据合同约定是要扣除,但是双方在决算时,被上诉人同意作为补偿给上诉人的配合费,所以不应当予以扣除,双方最后结算的工程款即为双方认可的1614061.89元,被上诉人对此不予认可,上诉人对此未提供相应证据证明。经查,2010年12月20日,双方决算中对此并无相关说明,故本院对上诉人的该上诉意见,不予采纳。

关于逾期付款利息的起算时间问题。二审法院认为,广顺公司与远大公司双方于2010年12月20日,对案涉工程进行了竣工决算,工程结算价为1614061.89元,扣除质保金80703元,减去远大公司已支付1380000元及垫付的80000元消防费用,此时,远大公司应支付工程款为73358.89元,远大公司未及时支付,应承担相应的责任,故该款项的利息应从2010年12月21日起计算,原审法院从2011年7月11日起计算利息不当,本院予以纠正。另根据双方合同约定,远大公司应于工程竣工后三年内支付质保金,故质保金80703元的利息应从2011年7月11日支付。

综上所述,原审法院认定事实部分错误,导致判决错误,二审法院依法予以改判。

▶【案件焦点】> > >

企业的内部管理行为法律不加以规定,而是由公司章程规定,但是在公司章程的实施过程中,就会存在法律所禁止的行为,因此公司章程的制定及公司的日常管理是企业自己管理的范围。劳动法对企业内部管理行为进行了部分调整。

▶【学理分析】> > >

深化企业内部改革,转换企业经营机制,是增强企业活力的重要途径。企业劳动人事工资制度的改革与职工的切身利益紧密相关,需要建立企业内部劳动管理的法律机制,建立健全企业内部劳动管理的各项规章制度,使企业和职工有法可依,有章可循,做到依法治厂,把企业内部劳动管理纳入法制的轨道。

一、改革呼唤造就新的企业劳动管理法律机制

法律手段是依靠国家立法和其他强制力使企业的管理工作规范化和制度化,从而建立并维护某种秩序的重要方法。用法律手段既可以根据法律、法规

的有关规定结合企业的具体情况制定企业劳动管理的规章制度,又能够充分发挥行政手段、经济手段的效用。这样企业就能及时地根据经营管理中出现的新情况进行调整,使那些行之有效的行政和经济措施规范化、制度化,从而确立企业劳动管理的正常秩序,达到依法管理企业的目的。

建立企业内部劳动管理法律机制,是使企业管理规范化、标准化、法制化的需要。将企业的劳动处理手段、管理方法以法律包括依法制定的规章制度的形式明确具体地规定下来,使其既具有法律的效力,又有科学的内容,从而使企业按照现代化大生产的客观要求进行运转,避免决策随意性,以取得较高的经济效益。因此,必须建立企业内部劳动管理的法律机制。

二、构建企业内部劳动法律机制的基本思路

(一)劳动用工制度立法目标——全员劳动合同制立法

劳动合同制是一种新的用工制度,它把企业与劳动者的权利义务用法律的形式确定下来,把国家、企业、个人三者的利益更好地结合起来,企业能够根据生产和工作需要增减人员和择优用人,职工也可以在一定范围内自由选择职业,企业可以解聘职工,职工可以辞职。实行劳动合同制度改革了固定用工制度,引进了竞争机制,搞活了用工制度。要加强全员劳动合同制立法,建立企业用人自主,劳动者择业自由,以合同形式确定和保障企业与职工双方责、权、利的劳动人事制度,运用法律手段保证劳动合同制的顺利实施,企业和劳动者通过签订和履行劳动合同达到合理使用、科学调配劳动力的目的。为了推行劳动合同制,应当对所有职工实行厂内“在岗、下岗、待业”动态劳动管理,经考试、考核合格的择优选聘上岗,不合格者下岗培训,经培训仍达不到要求没有被选聘的,列为企业编余职工,由企业另行安置或厂内待业。因此应当改变以下三种制度:

1. 变固定工与合同工并存为单一合同用工制度。

1986 年,国务院发布改革劳动制度四项暂行规定,对新招工人实行劳动合同制,这是一次重大改革,但对原有的固定工没有多大触动。固定工与合同工并存给劳动管理带来困难,不能从根本上消除旧习惯对合同制的消极影响,不利于巩固和发展劳动合同制的成果。改革固定工制度,要从根本上打破长期存在的“铁饭锅”“大锅饭”,建立单一的合同用工制度。

2. 变工人劳动用工合同制为干部工人用工合同制。

干部终身制像固定工一样阻碍劳动合同制的实行,很多劳动者不能发挥特长,又不能合理流动,因此要打破干部的“铁交椅”,对干部实行合同制管理。通过劳动合同,根据生产和工作的需要确定招工的种类和录用干部的要求,对劳动者量才录用,发挥劳动者的专长,合理使用劳动力。

3. 变集体劳动合同制为以集体劳动合同为原则,企业与个人签订劳动合同为实现方式。

集体劳动合同制是工会与企业行政签订以劳动(工作)条件、生活条件为主要内容的合同制度,规定了劳动者集体劳动(工作)条件,并且适用于每个职工。而每个劳动者的具体劳动条件,要在符合集体合同规定的全体劳动者的集体劳动工作条件的情况下,通过每个劳动者与单位行政签订劳动合同来实现,如果个人劳动合同的劳动条件低于集体劳动合同规定的集体劳动条件,则合同无效。因此企业与个人要在集体劳动合同原则指导下签订个人劳动合同,以实现集体劳动合同规定的权利义务。

劳动合同是劳动合同制的法律形式。应聘上岗人员与企业都要签订劳动合同,明确相互的权利义务关系,它是合同双方享有权利、履行义务和评判劳动纠纷责任的依据,具有法律效力。因此,要建立劳动合同管理机制,一是认真签订劳动合同,合同双方要认真议定合同条款。签订合同必须遵守法律和坚持自愿协商、平等互利的原则。二是严格履行劳动合同,这是实行劳动合同制的关键,要贯彻诚实信用和平等互利的原则,双方的权利义务是统一的,在法律上地位是平等的,都应严格履行合同。三是妥善解决劳动合同纠纷,这是实行劳动合同制的保障,劳动合同纠纷不及时妥善解决,就会影响劳动合同制的顺利实行。

(二)劳动工资立法目标——劳动成果与劳动报酬结合的工资立法

1. 劳功成果的质与量决定工资的基本内容。

工资制度改革主要是实行更能全面反映职工劳动数最和质量的企业内部工资分配制度,完善利益驱动机制,要把效益性同科学性结合起来,工资制度要体现按劳分配,即工资量反映劳动量,分配法律机制要充分体现按劳分配原则,建立与企业发展相联系的工资分配机制。基本思路是推行"岗位技能工资制",由劳动技能、工作责任、劳动强度、劳动环境等基本要素构成,让责任重、强度大、环境差的岗位和业务技术水平高的职工得到较高的工资,鼓励职工提高技术水平,创造更多优质的劳动成果。

2. 建立劳动工资奖励机制。

劳动工资立法要完善奖励机制,以鼓励职工节约物资、提高产品质量,促进生产发展,增加职工收入,以便更好地贯彻按劳分配原则。一要建立工龄奖励工资，充分调动老技术工人和知识分子的积极性，发挥老职工经验丰富的特长，安排他们到劳动强度适当的工作岗位，分配上适当照顾他们的利益。二要建立浮动职务职称津贴，解决工资等级与技术等级背离、职级不符、脑体倒挂问题。三要调整一线岗位津贴，体现劳动差别。总之要建立奖励制度依法理顺各类人员的工资分配关系。

3. 建立劳动工资惩罚机制。

在建立工资分配激励机制时要建立劳动工资惩罚机制，以加强职工的责任心。对于违反劳动合同、不负责任或违反操作规程，而生产废品或损坏工具以及利用职权谋取私利给国家或企业造成经济损失的，应当依法减少其工资并给以经济处罚；构成犯罪的，应当移交司法机关追究刑事责任。

（三）劳动保险制度立法目标——社会保险立法

1. 企业待业保险制度。

职工待业保险可以让企业有用人自主权，可以精简机构和职工，使上岗人员满负荷工作，全部工资分配给上岗人员，以提高工作效率和经济效益。但会出现剩余劳动力，带来部分职工短暂失业现象，应当建立和完善企业待业保险制度，有待业救济金以维持待业人员一定时期的生活，以保证社会秩序的稳定。同时开创一些就业渠道，安置被精简的职工，这样要"先开渠后放水"，造成一个机会再安排，可以创造条件发展"第三产业"因势利导让待业人员在待业期间分享"第三产业"的利润，也可以有条件地辞退一部分职工，让他们发挥特长去自谋职业，有步骤地解决富余劳动力。

2. 社会基本保险系统。

分动制度改革之后社会基本保障要求在保险基金的筹集和使用、保险待遇的规定以及保险的实施体制等方面进行改革，由国家、企业和个人共同合理负担职工社会保险金，建立既能体现职工对国家、企业的贡献，又能体现职工共享社会共同劳动成果的社会基本保险制度，向社会化、专业化和法治化转变。

▶**【法条链接】**＞＞＞

中华人民共和国劳动合同法

第四条　用人单位应当依法建立和完善劳动规章制度，保障劳动者享有劳动权利、履行劳动义务。

用人单位在制定、修改或者决定有关劳动报酬、工作时间、休息休假、劳动安全卫生、保险福利、职工培训、劳动纪律以及劳动定额管理等直接涉及劳动者切身利益的规章制度或者重大事项时,应当经职工代表大会或者全体职工讨论,提出方案和意见,与工会或者职工代表平等协商确定。

在规章制度和重大事项决定实施过程中,工会或者职工认为不适当的,有权向用人单位提出,通过协商予以修改完善。

用人单位应当将直接涉及劳动者切身利益的规章制度和重大事项决定公示,或者告知劳动者。

第三十八条 用人单位有下列情形之一的,劳动者可以解除劳动合同:

(一)未按照劳动合同约定提供劳动保护或者劳动条件的;

(二)未及时足额支付劳动报酬的;

(三)未依法为劳动者缴纳社会保险费的;

(四)用人单位的规章制度违反法律、法规的规定,损害劳动者权益的;

(五)因本法第二十六条第一款规定的情形致使劳动合同无效的;

(六)法律、行政法规规定劳动者可以解除劳动合同的其他情形。

用人单位以暴力、威胁或者非法限制人身自由的手段强迫劳动者劳动的,或者用人单位违章指挥、强令冒险作业危及劳动者人身安全的,劳动者可以立即解除劳动合同,不需事先告知用人单位。

第三十九条 劳动者有下列情形之一的,用人单位可以解除劳动合同:

(一)在试用期间被证明不符合录用条件的;

(二)严重违反用人单位的规章制度的;

(三)严重失职,营私舞弊,给用人单位造成重大损害的;

(四)劳动者同时与其他用人单位建立劳动关系,对完成本单位的工作任务造成严重影响,或者经用人单位提出,拒不改正的;

(五)因本法第二十六条第一款第一项规定的情形致使劳动合同无效的;

(六)被依法追究刑事责任的。

第八十条 用人单位直接涉及劳动者切身利益的规章制度违反法律、法规规定的,由劳动行政部门责令改正,给予警告;给劳动者造成损害的,应当承担赔偿责任。

企业劳动争议协商调解规定

第四条 企业应当建立劳资双方沟通对话机制,畅通劳动者利益诉求表达渠道。

劳动者认为企业在履行劳动合同、集体合同，执行劳动保障法律、法规和企业劳动规章制度等方面存在问题的，可以向企业劳动争议调解委员会（以下简称调解委员会）提出。调解委员会应当及时核实情况，协调企业进行整改或者向劳动者做出说明。

劳动者也可以通过调解委员会向企业提出其他合理诉求。调解委员会应当及时向企业转达，并向劳动者反馈情况。

CHAPTER 4

第四章

竞业禁止的相关规定

张来与浙江泰达安全技术有限劳动合同纠纷案[①]

►【案情简介】> > >

上诉人(原审原告):张来。

委托代理人(特别授权代理):许祖岳。

被上诉人(原审被告):林凤姣。

委托代理人(特别授权代理):丁蕾、丁敬成。

被上诉人(原审被告):浙江泰达安全技术有限公司。

法定代表人:何明。

委托代理人(特别授权代理):黄麟、陈晓忠。

上诉人张来因与被上诉人林凤姣、浙江泰达安全技术有限公司(以下简称泰达公司)损害公司利益责任纠纷一案,不服杭州市西湖区人民法院(2012)杭西商初字第2860号民事判决,向法院提起上诉。本院于2013年3月12日立案受理后,依法组成合议庭进行审理。本案现已审理终结。

原审法院审理查明:2001年11月28日,浙江省人防地下空间开发工程有限公司(以下简称人防公司)、张来、邵秋生出资成立浙江明达工程安全检测检验服务有限公司(以下简称浙江明达公司),注册资本为10万元,经营范围为"安全工程检测检验,安全工程评价,安全技术咨询,家电修理,网络技术服务"。该公司不设董事会,设执行董事和董事各一名,其中邵秋生任执行董事,钮建声

① 张来与林凤姣、浙江泰达安全技术有限公司二审民事判决书,中国裁判文书网,http://wenshu. court. gov. cn/content/content? DocID = e297b5c8 - 8a9b - 4128 - 8797 - d802d6d241cd,2014 - 05 - 04。

任董事,不设监事会,设执行监事一名,由张来担任;同时邵秋生受聘兼任经理。

2004 年 3 月,浙江明达公司股东会作出决议,同意人防公司将其持有的浙江明达公司 40% 股权(出资额为 4 万元)分别转让给邵秋生、张来、方仕立 1 万元、1 万元和 2 万元,公司名称变更为杭州明达工程安全检测检验服务有限公司(以下简称杭州明达公司)。2004 年 3 月 31 日,邵秋生、张来、方仕立通过杭州明达公司章程。2004 年 4 月 28 日,杭州明达公司就公司名称、股权变动进行变更登记。至此,杭州明达公司的股权结构为,邵秋生、张来各出资 4 万元,分别占 40%,方仕立出资 2 万元,占 20%。2005 年 3 月 15 日,邵秋生、方仕立以非专利技术方式("一种地下车库的建造方法及井筒式地下立体车库"技术成果,作价 450 万元)分别出资 225 万元,邵秋生、陆执中、何明以货币方式分别出资 22.5 万元、22.5 万元、5 万元,拟共同设立泰达公司。浙江天华会计师事务所有限公司就此作出天华验字(2005)第 137 号验资报告。当月 21 日,泰达公司经工商管理部门核准成立,注册资本为 500 万元,经营范围为"地下空间开发技术咨询,企业管理咨询,地下空间安全技术咨询;其他无须报经审批的一切合法项目";陆执中任执行董事,邵秋生任经理,何明任监事。之后,泰达公司的经营范围相继于 2005 年 7 月 6 日、2006 年 8 月 9 日、2007 年 6 月 6 日增加"煤炭开采和洗选业、金属、非金属矿及其他矿采选业的安全评价(乙级、有效期至 2008 年 4 月 28 日)""丙级地质灾害危险性评估(有效期至 2009 年 4 月 16 日)""小型露天采石场开采方案编制(有效期至 2010 年 3 月 22 日)";于 2007 年 7 月 3 日变更为"服务:地下空间开发技术咨询,企业管理咨询,地下空间安全技术咨询,浙江省内的安全评价(具体经营范围见安全评价机构资质证书,乙级,有效期至 2008 年 4 月 28 日),丙级地质灾害危险性评估(有效期至 2009 年 4 月 16 日),小型露天采石场开采方案编制(有效期至 2010 年 3 月 22 日);其他无须报经审批的一切合法项目"。

2008 年 8 月、9 月,陆蕾以受让陆执中股权(出资额为 8.75 万元)的方式成为泰达公司的股东,同时,泰达公司选举陆执中为执行董事、何明为监事,聘任邵秋生为经理,任期均为三年。同年 9 月,泰达公司就其股权变动和经营范围所涉安全评价机构资质证书的有效期延长为 2011 年 5 月 7 日进行变更登记。2009 年 3 月 5 日,杭州明达公司因未参加 2007 年度、2008 年度年检,被浙江省工商行政管理局吊销营业执照。2009 年 5 月 13 日,邵秋生死亡。邵秋生在泰达公司的股权中的一半由其妻子林凤娇所有,另一半作为邵秋生的遗产由女儿邵佶婧继承。之后,经股权转让和非专利技术出资改变为货币出资,泰达公司于2009年12月16日进行变更登记,其中股东变更为“方仕立,45万元;何明,50万元;陆蕾,87.5万元;林凤娇,90万元;邵佶婧,90万元;陆执中,137.5万元”,组织机构变更为方仕立任监事、何明任总经理、陆执中任执行董事。2010年1月6日,张来以股权确认纠纷为由将林凤娇、泰达公司诉至原审法院,认为杭州明达公司以邵秋生名义向泰达公司以货币方式出资22.5万元,要求判令林凤娇归还邵秋生自泰达公司已取得红利10万元给杭州明达公司,泰达公司将原登记在邵秋生名下49.5%出资额(22.5万元)变更为杭州明达公司所有,未支付红利(按审计结果确定)及以后该出资额可得红利直接支付给杭州明达公司。

原审法院于2010年4月19日作出(2010)杭西商初字第99号民事裁定,认为张来以股东身份提起该案诉讼未履行股东代表诉讼应履行的前置程序或提供存在紧急情况、不立即起诉将会使公司利益受到难以弥补的损害的相关证据,其起诉不符合受理条件,故驳回张来的起诉。张来不服该裁定,向杭州市中级人民法院提起上诉。杭州市中级人民法院于2010年6月28日作出(2010)浙杭商终字第890号民事裁定,认为杭州明达公司因被吊销营业执照已处于解散状态,张来提起代表诉讼的前提应为杭州明达公司明确拒绝直接诉讼,由于杭州明达公司未依法成立清算组,对该案诉讼的意思表示无法体现,张来在此情况下直接提起代表诉讼不符合法律规定的前置条件,故裁定驳回上诉、维持原裁定。随后,张来向原审法院申请对杭州明达公司进行强制清算,并于2010年12月8日撤回清算申请。2011年4月,张来向杭州市中级人民法院申请对杭州明达公司进行强制清算。杭州市中级人民法院于2011年7月1日作出裁定予以受理。2011年12月27日,杭州明达公司清算组向杭州市中级人民法院递交申请报告,称杭州明达公司没有资金且三位股东对清算费用垫付问题意见不一,导致清算公告至今未能刊登,同时,杭州明达公司主要财产、财务账簿和重要文件等至今仍未向清算组移交,也不知去向,导致清算工作无法开展,故要求法院依法裁定终结清算程序。

杭州市中级人民法院于2011年12月28日作出(2011)浙杭商清(算)字第3号民事裁定,认为“因杭州明达公司及其清算义务人未能向清算组移交公司财产、印章、账册、重要文件等,也未能提供明确的线索,导致清算无法进行。张来可以向杭州明达公司其他相关责任人主张有关权利。法院依法对杭州明达公司清算组提交的清算报告予以确认,且杭州明达公司清算组提请本院终结清算程序符合法律规定”,依照《最高人民法院关于适用〈中华人民共和国公司法〉若干问题的规定(二)》第十八条第二款之规定,裁定终结杭州明达公司的强制清算程序。2012 年 3 月,张来以侵害企业出资人权益纠纷为由将林凤娇、泰达公司诉至原审法院,要求林凤娇归还邵秋生自泰达公司处已取得红利 5 万元(具体按审计结果确定)给杭州明达公司,泰达公司将原登记在股东邵秋生名下 49.5% 出资额未支付红利 10 万元(具体按审计结果确定),以及以后该出资额可得红利直接支付给杭州明达公司。后应张来的申请,原审法院于 2012 年 6 月 13 日作出(2012)杭西商初字第 800 号民事裁定,裁定准予张来撤回起诉。

原审法院另查明,2004 年 3 月 31 日通过的杭州明达公司章程第三十九条规定,“董事、经理不得自营或者为他人经营与其所任职公司同类的营业或从事损害本公司利益的活动。从事上述营业或者活动的,所得收入应当归公司所有”;第四十一条规定,“董事、监事、经理执行公司职务时违反法律、行政法规或者公司章程的规定,给公司造成损害的,应当承担赔偿责任”。泰达公司财务会计报告显示其在 2005 年至 2008 年均有盈利。泰达公司表示其向邵秋生支付过报酬并分配红利,但拒绝向原审法院作出详细说明。张来在庭审中明确其系以监事身份代表杭州明达公司提起本案诉讼;其所称杭州明达公司与泰达公司存在同业竞争所指的相同的经营内容,为与矿山有关的安全工程评价和安全技术咨询,杭州明达公司没有从事泰达公司经营范围所涉地下空间安全技术咨询业务;在 2005 年 1 月 1 日前,杭州明达公司从事安全工程评价和安全技术咨询业务不需要资质,2005 年 1 月 1 日《安全评价机构管理规定》开始施行后,杭州明达公司未取得相关安全评价机构资质,但委派邵秋生为代表与陆执中等人共同成立泰达公司,泰达公司取得安全评价机构资质实际使用了杭州明达公司的资料、人员、安全评价人员的资格证书等。原审法院又查明,张来未在杭州明达公司的强制清算程序中向杭州明达公司清算组提出,杭州明达公司应就其所称的邵秋生的行为主张权利。目前,杭州明达公司的工商注销登记手续尚未办理。

原审法院审理认为:

1. 张来关于邵秋生作为杭州明达公司的董事、经理存在违反忠实义务(竞业禁止)的理由存在矛盾,且均不能成立。(1)如果邵秋生系受杭州明达公司的委托、使用杭州明达公司的资金、以自己的名义出资成为泰达公司的股东,则邵秋生与杭州明达公司之间存在名义股东和实际股东的关系，在杭州明达公司对邵秋生担任泰达公司的经理明知且未表示反对的情况下，邵秋生不存在违反对杭州明达公司的忠实义务的可能。（2）张来关于邵秋生成为泰达公司股东系受杭州明达公司委派，且使用杭州明达公司的22.5万元资金和相关人员、资料的主张并无有效证据予以证明，对此不予采信。（3）事实上，杭州明达公司在经营范围上与泰达公司并不重合。首先，张来已明确杭州明达公司并不从事泰达公司在2005年3月成立之初经营范围中所具有的地下空间安全技术咨询业务，即杭州明达公司经营范围中的“安全技术咨询”与泰达公司的“地下空间安全技术咨询”不重合；其次，泰达公司在后续经营中增加的“煤炭开采和洗选业、金属、非金属矿及其他矿采选业的安全评价（乙级）”“丙级地质灾害危险性评估（有效期至2009年4月16日）”“小型露天采石场开采方案编制（有效期至2010年3月22日）”经营项目属于许可经营项目，杭州明达公司因不具有相关的资质或取得相应的行政许可而无法开展该些项目的经营，不能以杭州明达公司的经营范围中有安全工程检测检验、安全工程评价、安全技术咨询的内容，即认定泰达公司经营与杭州明达公司的同类业务，而将邵秋生在泰达公司的收入归入杭州明达公司。

2. 目前杭州明达公司虽未被注销工商登记，但杭州市中级人民法院已作出裁定终结对杭州明达公司的强制清算程序，应认定杭州明达公司已不具有民事主体资格，张来无须以监事身份代表杭州明达公司提起诉讼，（2011）浙杭商清（算）字第3号民事裁定所称“张来可以向杭州明达公司其他相关责任人主张有关权利”不是指张来可直接提起监事代表诉讼，而是指股东在人民法院以无法清算或者无法全面清算为由终结强制清算程序时，可以向控股股东等实际控制公司的主体主张有关权利。

3. 张来以邵秋生作为杭州明达公司董事、经理存在损害公司利益行为为由主张归入权，泰达公司不是该类纠纷的适格被告。

综上所述，张来的诉讼请求缺乏事实和法律依据，不予支持。依照《中华人民共和国公司法》第一百四十九条、《中华人民共和国民事诉讼法》第六十四条、《最高人民法院关于民事诉讼证据的若干规定》第二条之规定，判决：驳回张来的诉讼请求。案件受理费1050元减半收取525元，由张来负担。

宣判后，张来不服，向法院提起上诉称：

1. 一审法院对被告行为违反了公司法关于忠实义务之规定进行错误解读。

受杭州明达公司全体股东的委托，由杭州明达公司出资现金22.5万元及有关公司资料和人员、安全评价员资格证书，委派邵秋生为代表以其个人名义与陆执中、方仕立、何明、陆蕾共同出资设立了泰达公司。受公司委托之下邵秋生在泰达公司经营行为属杭州明达公司权利，则邵秋生与杭州明达公司之间存在名义股东和实际股东的关系。邵秋生作为杭州明达公司法定代表人对公司负有“忠实义务”，当其自身利益与公司利益发生冲突时，必须以公司利益为重。邵秋生违反了公司董事、高级管理人员的忠实义务，利用公司的资源谋取个人利益。邵秋生在未经杭州明达公司股东同意担任杭州明达公司法定代表人期间，同时担任有经营范围相同竞争对手泰达公司的经理，邵秋生陆续自泰达公司处已取收入，将本应上交杭州明达公司的收益占为己有，均未上缴杭州明达公司。

2. 一审法院认为杭州明达公司在经营范围上与泰达公司并不重合这是错误的。杭州明达公司业务经营范围为安全工程评价、安全技术咨询等，其后设立的泰达公司的经营范围为安全工程评价、安全技术咨询等。两者存在经营业务的重合。这实际上是将本属于杭州明达公司的商业机会转由泰达公司所有，而且剥夺了杭州明达公司之后与该交易相对人继续合作的经济利益，损害杭州明达公司利益。至于《安全评价机构管理规定》，属于规章，仅对于行业内部有效。经营范围的法律法规规定属于工商行政管理部门，所以法律依据不足。即使对于行业内部有效，泰达公司取得安全评价的资质是利用杭州明达公司出资的现金及有关公司的资料和人员、安全员资格证书，应该说安全评价的资质由两家公司共同取得，共同经营。企业经营过程中资质可以挂靠，杭州明达公司仍然有经营权利，只是被杭州明达公司的高级管理人员拿来为泰达公司服务，导致杭州明达公司营业困难，损害杭州明达公司利益。

3. 被上诉人行为违反公司法关于竞业禁止之规定。受杭州明达公司全体股东的委托，委派邵秋生为代表以其个人名义与陆执中、方仕立、何明、陆蕾共同出资设立泰达公司。以上委托仅同意邵秋生按公司法要求去经营泰达公司，杭州明达公司股东没有同意邵秋生利用职务便利为自己或者他人谋取属于公司的商业机会，自营或者为他人经营与所任职公司同类的业务的行为。

4. 一审法院认为张来提交的证据18无邵秋生签字且内容存在矛盾而不予确认，是认定错误。因受杭州明达公司全体股东的委托，由杭州明达公司出资现金22.5万元，对邵秋生无关。所以在借条上本人签字是不适宜的，邵秋生也不同意签字。但是邵秋生作为杭州明达公司法定代表人，其与公司之间形成的是一种基于信任而产生的委托或信托关系，最后用法人章代替了签字符合法律要求。

5. 一审判决认定事实错误，定性不正确。本案中张来是杭州明达公司的监事，同时也是公司股东，所以“张来可以向杭州明达公司其他相关责任人主张有关权利”，以邵秋生作为杭州明达公司董事、经理存在损害公司利益行为为由主张归入权；泰达公司应是该类纠纷的适格被告。

6. 为查明案件事实，特请求法院对泰达公司的财务状况进行审计。邵秋生身为杭州明达公司法定代表人，又与他人设立了泰达公司，属于经营与其所属公司同类的业务，且在性质上是营利的，其行为违反了公司法关于竞业禁止之规定。审计条件已经成就，法律理应保护。

综上所述，请求二审法院撤销一审判决，依法改判支持上诉人的一审诉请，被上诉人承担本案的全部诉讼费用。

被上诉人林凤娇答辩称：

1. 杭州明达公司与泰达公司在经营范围上不重合，一审中张来在庭审中明确杭州明达公司与泰达公司存在同类经营，根据林凤娇在一审中提交的证据可以明确自2005年1月1日起要从事煤矿方面的安全评价必须注册资金在100万元以上，并取得资质的企业才可以从事安全评价经营活动，而杭州明达公司的注册资金只有10万元，也没有取得资质证书，泰达公司成立起就取得了安全评价的资质证书，杭州明达公司的经营范围不包括煤矿业的经营评价，故与泰达公司的经营范围不重合，不可能产生邵秋生任职的公司违反同类营业从而损害杭州明达公司利益。

2. 张来关于邵秋生作为杭州明达公司的董事违反忠实义务的理由存在矛盾，不能成立。张来称邵秋生受杭州明达公司出资委托成立泰达公司，但林凤姣不认可委托事宜的存在，对张来陈述的邵秋生成立泰达公司，杭州明达公司股东均知道并认可的事情予以认可，在杭州明达公司股东同意并认可的情况下，邵秋生并不违反竞业禁止的相关规定。

3. 由于泰达公司成立于2005年3月，自成立之日起杭州明达公司股东就明确邵秋生的出资行为，根据规定，张来如果认为损害公司利益的应在两年内主张权利，现张来于2012年提起诉讼，已超过诉讼时效。请求驳回上诉，维持原审判决。

被上诉人泰达公司答辩称：

1. 张来在《民事上诉状》中一方面诉称“邵秋生受杭州明达公司全体股东的委托,委派邵秋生为代表以其个人名义与陆执中、方仕立、何明、陆蕾共同出资设立了泰达公司”,另一方面又诉称“邵秋生在未经杭州明达公司股东同意之下担任杭州明达公司法定代表人期间,同时担任竞争对手泰达公司的经理,违反公司忠实义务”,该两种说法明显矛盾,不能自圆其说。如果按照张来的第一种说法,邵秋生出资参与设立并曾担任泰达公司经理是经过杭州明达公司全体股东的同意,此种情况下,即便邵秋生作为高管人员的行为有损于杭州明达公司的合法利益,那么根据《公司法》第一百四十九条的规定,邵秋生的行为没有违反忠实义务和勤勉义务,杭州明达公司无权主张权利。如果按照张来的第二种说法,因邵秋生与杭州明达公司的另一股东同时也是泰达公司的股东即方仕立合计持有杭州明达公司60%的股权,足以通过同意邵秋生担任泰达公司的杭州明达公司股东会决议。在杭州明达公司对邵秋生担任泰达公司的经理明知且未表示反对的情况下,邵秋生不存在违反杭州明达公司的忠实义务的可能。

2. 杭州明达公司在经营范围上与泰达公司并不重合,一审法院认定正确。一审庭审中,张来已明确其所指的杭州明达公司与泰达公司相同经营内容为:与矿山有关的安全工程评价和安全技术咨询。而泰达公司在成立之初2005年3月至7月期间的经营范围为“地下空间开发技术咨询,企业管理咨询,地下空间安全技术咨询;其他无须报经审批的一切合法项目”,张来明确杭州明达公司并不从事前述与地下空间有关的评价咨询业务,故两公司在此期间不存在同业经营之说。泰达公司从2005年7月6日之后新增加的经营范围如“浙江省内的安全评价、小型露天采石场开采方案编制”均属于行政许可经营项目,杭州明达公司因不具有相关的资质或取得相应的行政许可而无法开展前述业务的经营,故两公司从2005年7月之后也不存在业务范围重合的可能。

3. 邵秋生曾在泰达公司担任经理职务的行为不违反公司法关于竞业禁止的规定。

4. 张来提交的证据18借条没有邵秋生的签字,也与张来此前庭审中的陈述相矛盾,不具有真实性。

5. 一审法院认定“泰达公司不是本案所涉纠纷的适格被告”准确。因泰达公司与杭州明达公司没有业务关系,更没有实际控制杭州明达公司,故泰达公司不是杭州市中级人民法院(2011)浙杭商清(算)字第3号民事裁定书所认定的张来可以主张权利的其他相关责任人;且杭州明达公司经强制清算程序后已不具有民事主体资格，故张来无法代表杭州明达公司提起诉讼。

6. 张来无权申请法院对泰达公司的财务状况进行审计。财务状况是公司的商业机密，不能轻易被公开或被他人审计；且泰达公司并非本案纠纷的适格主体，与本案没有关联性，故张来无权申请法院对泰达公司的财务状况进行审计。请求二审法院依法驳回张来的上诉，维持原判。

二审期间，双方当事人均未向本院提交新的证据材料。

经审理，法院二审查明的事实与原审法院查明的事实一致，法院予以确认。

法院认为：当事人对自己提出的诉讼请求所依据的事实有责任提供证据加以证明；没有证据或者证据不足以证明当事人的事实主张的，由负有举证责任的当事人承担不利后果。本案中，张来主张邵秋生违反公司董事、高级管理人员的忠实义务而向邵秋生配偶林凤娇和泰达公司要求支付相应款项，审查本案现有证据，杭州明达公司在经营范围上与泰达公司并未重合且工商登记的经营范围，仅表明公司可以从事的业务种类而不能表明公司实际经营了该些业务种类，而张来也未能举证证明邵秋生在泰达公司任职期间，利用杭州明达公司的职务便利，谋取了属于杭州明达公司的商业机会并利用该商业机会实际从事了相关种类业务，故张来于本案中应当承担举证不利的法律后果。因仅凭邵秋生在泰达公司任职的行为，并不足以认定邵秋生违反了对杭州明达公司的忠实义务，且张来于本案中所主张的请求权基础系针对邵秋生，泰达公司并非本案的适格被告，故张来关于审计泰达公司财务状况的申请本院亦不予准许。综上，原审判决事实认定清楚，法律适用正确，上诉人张来的上诉理由依据不足，本院不予支持。

▶【案件焦点】> > >

企业为了公司的长远发展，尤其是科学技术型企业为了保障公司的发展要素不被行业竞争者获悉，与掌握商业秘密的知情人签订保密协议，内容涉及竞业禁止。竞业禁止一定程度上限制了劳动者劳动自由选择权，因此应该提供一定的补偿。

▶【学理分析】> > >

一、竞业禁止的概念及其确立动机

所谓竞业禁止，亦称竞业避止，有广义和狭义之分。广义上的竞业禁止是指不得从事与特定营业有竞争性并具有物质利益的营业行为，其义务主体为不特定的多数人。狭义上的竞业禁止是针对特定义务人的特定竞争行为而言，义务主体为特定的且往往与权利主体有法律上的权利义务关系。如委托、雇佣等关系。本文所论述的竞业禁止是指狭义的竞业禁止，具体说，是指义务人不得自营或为他人经营与其任职或原任职企业相同或相类似的事务。从本质上看，它是为保护企业的经济利益而对职工或雇员就业选择权的一种限制。按产生的依据不同，可以将竞业禁止分为法定竞业禁止和约定竞业禁止。法定竞业禁止是指义务人的竞业禁止义务是基于法律的直接规定而产生的，即义务人的竞业禁止义务不是由当事人约定，而是由法律强制加于义务人；而约定竞业禁止是指义务人的竞业禁止义务是基于合同（民事合同或劳动合同）的约定而产生的。按限制的时间不同，可以将竞业禁止分为在职时竞业禁止和离职后竞业禁止。在职时竞业禁止是指义务人在与用人单位的劳动关系存续期间，不得经营同类或类似的事务；离职后竞业禁止是指当事人在与原用人单位的劳动关系终止后的一定期间，不得自营或为他人经营与其原任职企业相同或类似的事务。

竞业禁止作为各国协调平衡用人单位与劳动者之间权益冲突的一种法律制度，各国确立这一制度的动机又何在呢？追根溯源，这主要是源于现有的商业秘密保护措施对于权利人的保护不足。从目前的实践看，保护权利人商业秘密的手段有二：一是当侵权行为出现时，以侵犯商业秘密为由，要求侵权行为人承担侵权责任；二是与接触商业秘密雇员签订保密协议，要求雇员承担保密义务。从某种程度上说，这两种手段对保护权利人商业秘密能起到一定作用，但也不是绝对“保险手段”。因为行为人一旦发生侵权，权利人同时也面临两难境界：一是均须证明他人有侵权行为或违约行为，而此类行为的举证是非常困难的；二是即使能获得有关证据，但在取得这些证据之前，商业秘密可能已经丧失，这是无法弥补的。因而前两种对于商业秘密的保护手段仅是一种事后补救手段，对权利人利益的维护未免显得迟缓、不周全，甚至失去意义。在这样的背景下，各国和企业竞相呼唤一种对保护商业秘密有事先防范的制度——竞业禁止应运而生。竞业禁止作为保护商业秘密的一种有效手段，它克服了现有保护商业秘密措施的事后救济手段的不足，这是一种必要而且必须建立的法律行为规范。然而，在现实实践中，竞业禁止又有其自身发展的局限性。即它在保护雇主经济利益的同时，也对公民的劳动权甚至生存权进行了一定的限制。主要表现在：一方面，竞业禁止在一定程度和一定范围内限制了公民的就业权和自由择业权。也就是说那些离职的公民，如果限制其在所熟悉的专业范围内选择工作，就等于限制了其劳动就业权和生存权。另一方面，竞业禁止限制了公民特长的施展，有可能造成人才的浪费，损害公共利益。在竞争日益激烈的人才市场中，人才本身就是一种共享资源，如果我们一味地对这部分人实行竞业禁止，不但不利于各尽所能，人尽其才，甚至有可能妨碍科学的进步和社会生产力的发展。

由此可见，确立竞业禁止的潜在动机不能是单方面的，在立法的过程中既要考虑保护企业商业秘密、维护公平竞争，又要充分考虑到维护公民劳动的自由权，实现人才资源的有效配置。根据我国劳动法第三条规定，劳动者享有平等就业和选择职业的权利。所以说，没有前提的竞业禁止很可能违反宪法和劳动法规，侵犯了员工的择业权利，其本身就构成一种权力的滥用。如何确立完善的竞业禁止制度，协调雇主经济利益与雇员劳动权、就业权间的冲突，是雇佣双方相互博弈的结果，也是当前人才流动日益频繁的市场经济中亟须解决的一个重要问题，更是摆在我国广大法律工作者面前的一个重大课题。

二、我国竞业禁止制度的立法现状与不足

我国关于竞业禁止问题已有零星的立法，但不够系统、完善、科学，适用范围也极其有限，不能达到有效地防止行为人侵犯用人单位商业秘密的目的。更多的用人单位仅通过跟行为人签订竞业禁止协议的方式来保护其商业秘密，但这些协议又缺乏相应的法律规制，难免造成行为人应尽竞业禁止义务的扩大化，损害了行为人的正当权益。认真分析起来，我国目前在这方面的立法现状还存在以下不足。

1. 法定竞业禁止规范零散且适用主体有限。现有法定竞业禁止条款主要散见于公司法、合伙企业法、个人独资企业法等法律文件之中。根据公司法第一百四十八条规定，董事、经理不得自营或为他人经营与其所任职公司同类的营业或者从事损害本公司利益的活动。从事上述营业或活动的，所得收入应归公司所有。合伙企业法第三十二条第一款也规定："合伙人不得自营或者同他人合作经营与本合伙企业相竞争的业务。"根据合伙企业法第九十九条规定，合伙人违反本法规定，从事与本合伙企业相竞争的业务或者与本合伙企业进行交易，给合伙企业或其他合伙人造成损失的，依法承担赔偿责任。根据个人独资企业法第二十条规定，投资人委托或聘用管理人员未经投资人同意，不得从事与本企业相竞争的业务。笔者认为，董事、经理、合伙人等为企业的高级管理人员，由于职务、身份的关系，他们直接掌管或知悉本公司商业秘密。若允许他们从事同类营业，将有可能利用职务之便利，或利用其职权获得的商业秘密来与公司进行竞争，以谋取私利，从而损害企业的合法权益。所以应对董事、经理等企业高级管理人员施以强制性竞业禁止义务。但目前的法律仅对董事、经理等这些企业高管人员在任职期内的竞业行为进行限制，而对离职后其所应尽到的竞业禁止义务没有进行明文规定。同样道理，对于公司制企业之外的合伙企业中的企业高级管理人员也应科以强制性竞业禁止义务，遗憾的是目前相关法律也尚未作出明确规定。

2. 相关竞业禁止规定保护范围较窄，不利于公平竞争秩序的建立和保护。我国有关竞业禁止的规定都侧重于保护科技成果或技术秘密，特别是部委颁布的一些规章，更只是保护涉及国家经济建设、科技发展的重要技术秘密。而对于在市场经济中广泛应用并具有一定经济价值的经营方法、客户名单、货源信息等广义的商业秘密则保护力度明显不够，这不利于公平竞争秩序的形成。

3. 现有竞业禁止的相关规定过于原则，难于适应司法实践。如国家科委《关于加强科技人员流动中技术秘密管理的若干意见》中针对于科技人员流动及科技人员业余兼职而泄露或使用原单位或本单位商业秘密的行为，赔偿责任及损害计算办法规定非常不明确，而且单位应向科技人员支付的竞业禁止补偿费数额、标准、支付办法等也规定得非常原则，司法实践上难以执行。又如作为调整我国劳动关系的劳动法，也仅在第二十二条原则性地规定了员工的保密条款，但没有具体制定相应的违反第二十二条款的法律责任。如违反保密约定，是否承担赔偿责任？赔偿标准又是什么？等等，都没有作出明确规定，很难适应司法实践的需要。

三、在劳动法中设立竞业禁止条款的立法建议

笔者认为，我们应结合我国的具体国情，在劳动法中设立统一、科学、完善的竞业禁止条款，重新确立保护商业秘密的权利、义务关系，从而弥补我国现有立法分散的不足。

第一，要考虑在劳动法中设立竞业禁止的授权性条款。目前，由于用人单位对员工竞业禁止条件要求越来越苛刻，劳动法应在竞业禁止条款中就约定竞业禁止合同的形式，主要内容，有效要件，履行、终止事由等重要问题作出明确规定，以保护竞业禁止义务人的合法权益。如《德国商法典》第七十四条规定："营业主与商业辅助人之间所作的约定如目的在于雇佣关系终了一定期限内，限制营业上活动的，必须作成书面形式，且必须由营业主将其签名并记载该约款的证书交给辅助人。”而第六十条又规定：“不经业主的允许，商业辅助人既不得经营营业，也不得以自己和他人的计算进行属于业主的营业部的交易。”如前文所述，董事、经理等这些基于其身份、地位可能会接触到企业商业秘密的企业高管人员，公司法等法律有必要科以其强制性竞业禁止义务。但是，从另外一个角度看，并不是所有的职工都会或可能会接触到单位的商业秘密，况且职工兼职或离职后从事同业活动也未必绝对导致原单位商业秘密的泄露。若一味地对所有职工施以法定的强制性竞业禁止义务，则显然过分地偏袒了企业自由原则，违背了以劳动权、生存权为基础的职工基本人权。所以，竞业禁止条款应为选择性或授权性条款，且由用人单位与职工协商选择适用。

第二，要考虑在劳动法中设立竞业禁止的限制条件。在劳动法中设立竞业禁止必须置于合理的“边界条件”限制之下，使之不与员工依法享有的平等就业权利和自由择业权利相冲突，使之不损害社会公共利益，扰乱社会经济秩序，否则应认定竞业禁止协议无效。我国竞业禁止的限制条件应该体现在目标、对象、范围、期限以及补偿等方面：一是目标要合理。竞业禁止的目标应是为了有效保护商业秘密，而不是想通过竞业禁止来限制自由贸易，破坏公平竞争。二是对象要合理。竞业禁止的对象应是本单位因职务关系知悉、掌握商业秘密的或可能掌握重要商业秘密的在职、离职员工。而那些根本没有可能接触商业秘密机会的人员不能成为竞业禁止的主体，特别是普通工人。三是范围要合理。竞业禁止的范围应与职工任职时接触或可能接触本单位的商业秘密相对应，而不能扩之整个行业领域或专业领域。四是期限要合理。竞业禁止的期限不能太长，应以商业秘密带来经济利益、所具竞争力持续的时间及职工所掌握的商业秘密的程度来综合确定。在职职工的竞业禁止一般应为劳动合同存续期间。离职员工的竞业禁止从国际上来看，国际通行惯例认为不应超过离职后 3 年至 5 年，《瑞士劳动合同法》规定最长不得超过职工退职后 3 年；《德国商法典》规定最长不得超过 2 年；《意大利民法典》对高级职员规定为 5 年，一般职员为 3 年。《深圳经济特区企业技术秘密保护条例》规定竞业限制的期限最长不得超过职工离职后 3 年；《珠海市企业技术秘密保护条例》规定一般为 2 年至 5 年，超过 5 年的，应当经市科学行政部门批准。笔者认为，与科技更新的速度相适应，离职人员的竞业禁止期限应尽量缩短，双方当事人可以在劳动合同中商定，无协议的控制在 2 年以内为好，特殊情况可以延长到 3 年至 5 年。五是补偿要合理。竞业禁止限制了有关员工的就业、择业及其劳动报酬权，根据权利义务对等原则，企业就有对在任职期间或离职后受竞业禁止的员工给予相应补偿的义务，这也是法律公平、正义原则的必然要求。

第三，要考虑在劳动法中强制规定雇主应支付给竞业禁止义务人补偿金，并明确规定补偿金的最低金额。从雇主的角度考虑，竞业禁止是保护了雇主的商业秘密；但从雇员的角度考虑，无限制的竞业禁止将牺牲雇员的择业自由权与就业权，这无疑限制或剥夺了雇员在自己最为熟悉的行业中就业的权利或机会。因此，笔者认为，应在这两者利益的冲突间找一个平衡点，以期达到两者利益的均衡，体现法律的公平与正义。无疑，给竞业禁止义务主体支付一定数额经济补偿，是解决两者矛盾的最好办法。如法国的法律按限制竞业期限的长短，规定：2 年以下的给付受雇期间报酬的 1/3 或 2/3，超过 2 年的给付全额。又如《德国民法典》第七十四条规定：竞业禁止期间，雇主应当给付雇员最后一年报酬的一半以上，作为竞业禁止给雇员造成损害的补偿，否则竞业禁止无效。

第四，要考虑在劳动法中明确规定违约责任以及雇主对损害赔偿的请求权与介入权的使用。博弈双方可以自行约定违反竞业禁止义务的损害赔偿计算方法或违约金的数额，也可以约定竞业禁止义务终止的事由和免责条款。同时，考虑第三人利益和社会交易安全，我国在立法时不应把竞业禁止义务人因违约行为而与第三人发生的民事行为作无效或可撤销处理，而由权利人行使损害赔偿请求权和介入权。所谓介入权，“是指在义务人违反竞业禁止规定时权利人有权请求将义务人因此而获利益收归己有”。这两种权利的行使，各国司法实践各不相同。有的国家规定只能择一行之，如《德国商法典》；有的国家允许重叠行使，如瑞士债务法、日本商法。我国公司法第六十一条规定：“董事、经理不得自营或为他人经营与其所任职公司同类的营业或者从事损害本公司利益的活动。从事上述营业或活动的，所得收入应归公司所有。”同时第六十三条又规定：“董事、监事、经理执行公司职务时违反法律、行政法规或者公司章程的规定，给公司造成损害的，应承担赔偿责任，”可见，对于董事、经理违反竞业禁止义务，公司法规定了公司既先可以行使介入权，不足补偿损害的，还可以行使损害赔偿请求权。笔者认为，在劳动法中确立这一条款时，应区别职工在职、离职的不同情况，有针对性、切合实际的来规定，不能搞“一刀切”。若是在职的，可优先考虑行使介入权，把职工兼职所得收归公司所有，假如行使介入权还不足以弥补损害时，可请求损害赔偿。若是离职的，那就只能行使损害赔偿请求权，因为劳动合同关系已解除或终止。

▶【法条链接】> > >

中华人民共和国劳动合同法

第二十三条　用人单位与劳动者可以在劳动合同中约定保守用人单位的商业秘密和与知识产权相关的保密事项。

对负有保密义务的劳动者，用人单位可以在劳动合同或者保密协议中与劳动者约定竞业限制条款，并约定在解除或者终止劳动合同后，在竞业限制期限内按月给予劳动者经济补偿。劳动者违反竞业限制约定的，应当按照约定向用人单位支付违约金。

中华人民共和国劳动法

第二十二条　劳动合同当事人可以在劳动合同中约定保守用人单位商业秘密的有关事项。

第五编

社会保障制度

CHAPTER 1

第一章

基本养老保险参保范围及缴费

吴习发与广东电网有限责任公司湛江供电局劳动争议纠纷案①

▶【案情简介】> > >

上诉人(原审原告):吴习发。

委托代理人:肖树生。

委托代理人:庄学武。

被上诉人(原审被告):广东电网有限责任公司湛江供电局。

法定代表人:陈晔,局长。

委托代理人:徐晓明,广东敏翔律师事务所律师。

上诉人吴习发因与被上诉人广东电网有限责任公司湛江供电局(以下简称湛江供电局)劳动争议纠纷一案,不服湛江市霞山区人民法院(2014)湛霞法民一初字第417号民事判决,向法院提起上诉。二审法院于2015年8月7日受理后,依法组成由审判员陈建业担任审判长,审判员杜友裕、钟斯宁参加的合议庭对本案进行了审理,书记员尤嘉担任记录。上诉人吴习发的委托代理人肖树生、庄学武、被上诉人湛江供电局的委托代理人徐晓明到庭参加了诉讼。本案现已审理终结。

2014年8月28日,吴习发向原审法院起诉称:吴习发是广东电网公司湛江供电局东海分局东简供电所的职工,人事和劳动关系属广东电网公司湛江供电

---

① 吴习发与广东电网有限责任公司湛江供电局劳动争议纠纷二审民事判决书,中国裁判文书网,http://wenshu.court.gov.cn/content/content? DocID = 8623b25d - a33f - 426c - b3e0 - ff4bcef10476,2015 - 09 - 30。

局管理,工资由湛江供电局发放,2013 年 7 月,经广东电网公司湛江供电局正式批准退休。吴习发在退休前的劳动关系存续期间,工作表现良好。湛江供电局对吴习发一不告知,二不说明原因和款额,三不让吴习发查证,擅自无故克扣吴习发 2013 年 2 月、4 月、5 月、6 月共 4 个月工资。工资被克扣后,吴习发多次向湛江供电局追讨,湛江供电局说不出合理合法的克扣理由。同时,在吴习发临退休前,湛江供电局也克扣了其 2013 年 2 月、4 月、5 月、6 月共 4 个月住房公积金。住房公积金是吴习发的合法财产,湛江供电局克扣吴习发的住房公积金是一种侵权行为。为此,吴习发依法提起诉讼,请求法院判令:(1)湛江供电局向吴习发支付 2013 年 2 月、4 月、5 月、6 月共 4 个月的工资 57287.16 元(以吴习发 2013 年 3 月的工资 14739.29 元为基数)及工资一倍的赔偿金;(2)湛江供电局向吴习发返还 2013 年 2 月、4 月、5 月、6 月共 4 个月的住房公积金 13296 元(以吴习发 2013 年 3 月住房公积金 3324 元为基数)及公积金一倍的赔偿金;(3)湛江供电局负担本案诉讼费。

湛江供电局辩称:

1. 吴习发与湛江供电局的劳动关系已于 2013 年 3 月 23 日终止,湛江供电局依法无须向吴习发支付 2013 年 4 月至 6 月的工资。吴习发的出生日期为 1949 年 7 月 6 日,即在 2009 年 7 月 6 日已达到法定退休年龄,吴习发原与广东电网公司湛江供电局农电公司东简供电所签订的劳动合同于 2009 年 7 月 6 日自然终止。由于吴习发的养老保险缴费年限不满 15 年,不能享受基本养老保险待遇,出于对吴习发的关怀,湛江供电局继续保持其在职状态,并按在职工资发放,直到为其缴足 15 年养老保险后多次要求其办理退休手续,并于 2012 年 5 月停止安排其工作。但吴习发认为本地养老金水平过低,要求湛江供电局将其社保关系转至省直或按照省直标准在企业补贴中补差,否则不同意办理退休。由于吴习发此要求不合理也不合法,湛江供电局无法满足其要求,吴习发在办理退休手续过程中拒不签字。

为此,湛江供电局主要负责人以及有关部门多次与吴习发沟通劝说无果后,于 2013 年 3 月 23 日通过湛江市粤西公证处向吴习发公证邮寄送达《终止劳动关系通知书》,该通知书明确从即日起终止与吴习发的劳动关系,但吴习发仍然不肯办理退休手续,直至 6 月 21 日才在《养老保险待遇申报表》上签字办理退休手续。根据《最高人民法院关于审理劳动争议案件适用法律若干问题解释》(现已失效)第十六条第一款的规定,湛江供电局终止与吴习发的劳动关系符合相关法律规定。另外,申请办理退休条件有三:一是达到国家规定的退休年龄;二是企业与本人按照规定缴纳养老保险;三是缴纳养老保险年限满15年。本案中,湛江供电局在2013年3月23日向吴习发发出《终止劳动关系通知书》时,吴习发早已达到法定退休年龄,且湛江供电局已为吴习发缴交17年10个月养老保险费,显然湛江供电局是在吴习发完全符合办理退休条件的前提下,终止与吴习发的劳动关系。湛江供电局向吴习发送达《终止劳动关系通知书》后生效,双方不存在劳动关系,吴习发主张湛江供电局克扣其2013年4月至6月的工资不成立。此外,湛江供电局从5月开始给吴习发发放的600元或500元并非工资,而是退休人员的生活补贴。湛江供电局与吴习发依法终止劳动关系,但吴习发直到2013年7月才正式退休,这是吴习发不配合办理退休手续所致,湛江供电局在办理退休手续过程中不存在过错。

2. 湛江供电局已足额支付吴习发2013年2月工资,根据工资表及吴习发的工资存折,吴习发在3月6日有一笔金额为9928.76元的工资进账,同年3月15日又有一笔4810.53元工资进账。事实上,当时人资部直到2月底才作出工资表,故该月工资延迟至3月6日发放,也就是说3月6日这笔工资实属吴习发2月的工资,而3月15日发放的工资才是吴习发3月的工资收入。由于2013年春节在2月,职工发放双薪,这也是3月6日发放的工资金额约为3月15日工资二倍的缘故。吴习发3月的工资收入应为4810.53元。

3. 吴习发主张湛江供电局克扣其2013年2月、4月、5月、6月的住房公积金缺乏事实与法律依据,且住房公积金纠纷不属于法院受理范围。

4. 吴习发的诉讼请求已超过诉讼时效,法院依法应予驳回。湛江供电局在2013年3月23日终止与吴习发的劳动关系,并从当年4月开始停发吴习发的工资,但吴习发于2014年8月27日才向法院提起诉讼,已超过一年的仲裁时效。综上,湛江供电局作为用人单位,不存在克扣没收吴习发工资及住房公积金的情况,吴习发的诉讼请求缺乏事实与法律依据,依法应驳回吴习发的诉讼请求。

原审法院经审理查明:吴习发原是湛江供电分公司农电公司东简供电所职工,人事和劳动关系属于湛江供电局管理,工资由湛江供电局发放。双方于2004年11月21日签订《劳动合同》,约定劳动合同期限为2004年11月21日起至2009年11月21日止。合同期满后,双方没有续签书面劳动合同,但吴习发仍然上班,湛江供电局也照旧发工资。2013年3月23日,湛江供电局通过特快专递 EMS 的方式向吴习发寄送《终止劳动关系》通知书，并由湛江市粤西公证处对该邮政送达进行公证。《终止劳动关系》通知书内容为："根据劳动法、劳动合同法等有关法律法规，你本人已超过法定退休年龄。根据法律规定，从即日起终止与你的劳动关系，请你按照相关法律法规规定办理退休手续，否则后果自负。如你对此有异议，可依法申请劳动仲裁。"庭审时，吴习发承认收到《终止劳动关系》通知书。2013 年 4 月起，湛江供电局停止向吴习发发放工资。吴习发对办理退休后享有的福利有异议，于 6 月 21 日才在《养老保险待遇申报表》上签名。待遇审核表中载明，吴习发出生时间为 1949 年 7 月 6 日，缴费年限为 17 年 10 月。吴习发自 2013 年 7 月起在社保部门领取退休金。吴习发认为湛江供电局克扣其工资及住房公积金，于 2014 年 7 月 29 日向湛江市劳动人事争议调解仲裁委员会申请仲裁，该委员会于 8 月 5 日作出湛江人仲案字〔2014〕126—135 号《不予受理通知书》，认为吴习发的仲裁请求不属于劳动人事争议处理范围。吴习发遂于 8 月 28 日向原审法院提起诉讼。

另查明：2014 年 8 月 13 日，广东电网公司湛江供电局更名湛江供电局。湛江供电局从 2013 年 4 月开始停发吴习发的工资后，吴习发不服，多次向湛江供电局及湛江市信访局反映情况，湛江供电局于 2014 年 1 月 20 日答复吴习发，认为湛江供电局不存在克扣吴习发工资及公积金问题。根据吴习发提供的《工资存折》和湛江供电局提供的《工资发放表》，2012 年 11 月至 2013 年 3 月吴习发的工资收入如下：2012 年 11 月 4792.73 元、2012 年 12 月 4792.73 元、2013 年 1 月 6072.89 元、2013 年 2 月 9928.76 元（含春节双薪）、2013 年 3 月 4810.53 元。

原审法院认为：本案属劳动争议纠纷，根据双方当事人的诉辩主张，本案争议问题如下：

1. 关于吴习发与湛江供电局的劳动关系终止时间及每月工资多少的问题。吴习发与湛江供电局于 2004 年 11 月 21 日签订《广东省职工劳动合同》，约定劳动期间从 2004 年 11 月 21 日起至 2009 年 11 月 21 日止，实际上吴习发的出生日期为 1949 年 7 月 6 日，在 2009 年 7 月 6 日已满 60 周岁，达到企业职工退休年龄，根据《中华人民共和国劳动合同法实施条例》第二十一条"劳动者达到法定退休年龄的，劳动合同终止"的规定，吴习发与湛江供电局的劳动合同关系于 2009 年 7 月 6 日终止。劳动合同关系终止后，吴习发继续为湛江供电局提供劳动，湛江供电局也继续向吴习发放发报酬，双方所存在的是劳务关系，湛江供电局于 2013 年 3 月 23 日通知吴习发，即日起终止与吴习发的劳动关系，通知吴习发按规定办理退休手续，并于2013年4月起停发吴习发工资，吴习发承认收到了该通知，工作到2013年3月，故从2009年8月至2013年3月吴习发与湛江供电局存在劳务关系。根据吴习发提供的工资存折及湛江供电局提供的工资发放表，吴习发平均工资约5066元左右，吴习发主张其每月工资14739.29元，与客观事实不符，不予采信。

2. 湛江供电局是否存在克扣吴习发工资的问题。吴习发与湛江供电局从2013年4月起已不存在劳务关系，吴习发也不提供劳务，故湛江供电局无须向吴习发支付2013年4月至6月的工资，故不存在克扣吴习发这几个月的工资的问题。关于吴习发2013年2月工资，根据吴习发提供的工资存折和湛江供电局提供的工资发放情况，吴习发2013年2月的工资已于2013年3月6日发放，吴习发主张湛江供电局克扣其2013年2月的工资，与事实不符，不予认定。湛江供电局已于2013年3月通知吴习发按规定办理退休手续，但吴习发2013年6月21日才同意签名申请办理养老保险待遇，致使其于2013年7月起才领取养老保险退休金，故吴习发无法领取2013年4月至6月养老退休金是其不及时签名办理造成，后果应由其自负。因此，吴习发主张湛江供电局按吴习发2013年3月的工资14739.29元为基数，向吴习发支付2013年2月、4月、5月、6月工资及一倍赔偿金，依据不足，不予支持。

3. 吴习发的起诉是否超过仲裁时效的问题。因吴习发于2014年8月28日向法院提起诉讼，其诉求的实质是其在终止劳务关系后没有及时办理退休手续所受到的损失，应适用一般民事权利二年的诉讼时效，不适用仲裁时效。吴习发的诉讼请求从2013年3月起算，没有超过诉讼时效。湛江供电局主张吴习发的请求已超过诉讼时效，不予采纳。

4. 住房公积金是否属法院管辖的问题。根据《广东省高级人民法院、广东省劳动争议仲裁委员会关于适用〈劳动争议调解仲裁法〉〈劳动合同法〉若干问题的指导意见》第三条“劳动者与用人单位因住房公积金产生的争议，不作劳动争议处理”的规定，吴习发诉求湛江供电局返还其2013年2月、4月、5月、6月住房公积金及一倍赔偿金，不属法院管辖，不予审理。

综上所述，吴习发的诉讼请求依据不足，不予支持。原审法院依据《中华人民共和国民事诉讼法》第六十四条、《最高人民法院关于民事诉讼证据的若干规定》第二条的规定，判决：驳回吴习发的诉讼请求。一审案件受理费10元，由吴习发负担。

上诉人吴习发不服原审判决，向二审法院提起上诉称：因吴习发退休前与湛江供电局一直存在劳动合同关系，系湛江供电局强行解除双方的劳动关系，湛江供电局在2013年3月单方终止劳动关系的行为应属无效，应向吴习发支付2013年2月、4月、5月、6月共4个月的工资57287.16元（以吴习发2013年3月的工资14739.29元为基数）及工资一倍的赔偿金。请求二审法院依法改判支持吴习发的上诉请求，并判令本案诉讼费由湛江供电局承担。

被上诉人湛江供电局口头答辩称：(1)湛江供电局与吴习发的劳动合同期限至2009年11月21日届满，劳动合同关系相应终止，之后双方存在的是劳务关系；(2)湛江供电局已正常发放2013年2月工资，且于3月23日向吴习发送达《终止劳动关系通知书》，不存在克扣工资的事实。综上，原审判决认定事实清楚，证据确凿，适用法律正确，应予维持；吴习发上诉无理，应予驳回。

上诉人吴习发在二审期间提交如下证据：(1)《归口管理协议书》，证明湛江供电局应从1987年1月起为吴习发缴纳社保费；不依法缴纳的，不能解除双方的劳动关系，更不能强迫吴习发退休；(2)《养老保险待遇申报表》，证明吴习发是1987年1月参加工作；(3)《社保清单》一份，证明湛江供电局从1995年6月开始为吴习发缴纳社保费，从1987年1月至1995年5月欠缴社保费8年5个月，湛江供电局不能解除吴习发的劳动关系，更不能强迫其退休。

被上诉人湛江供电局对上诉人吴习发提交的证据发表质证意见如下：对证据1、2的真实性不清楚，对证据3的真实性、合法性和关联性无异议。

被上诉人湛江供电局在二审期间未提交证据。

二审法院对以上证据经过审核认为：对该证据的真实性予以确认。

二审法院经审理查明：原审判决认定事实清楚，本院予以确认。

二审法院认为：本案系劳动争议纠纷。根据双方当事人在二审期间的诉辩意见，本案争议焦点是：(1)吴习发与湛江供电局的劳动关系何时终止；(2)湛江供电局是否应向吴习发支付2013年2月、4月、5月、6月的工资及工资一倍的赔偿金。

关于吴习发与湛江供电局的劳动关系何时终止的问题。吴习发上诉主张其退休前与湛江供电局一直存在劳动关系。虽然双方当事人约定了劳动期限从2004年11月21日起至2009年11月21日止，但吴习发于1958年10月29日出生，即在2008年10月29日达到企业职工法定退休年龄，根据《中华人民共和国劳动合同法实施条例》第二十一条“劳动者达到法定退休年龄的，劳动合同终止”的规定，双方劳动关系于2008年10月29日终止。因吴习发在劳动关系终止后继续为湛江供电局提供劳动，湛江供电局也继续向其发放工资报酬，故原审法院认定2008年10月29日后双方当事人存在的是劳务关系，并无不妥，本院予以维持。

关于湛江供电局是否应支付给吴习发2013年2月、4月、5月、6月的工资及工资一倍赔偿金的问题。吴习发主张湛江供电局克扣其2013年2月工资，湛江供电局反驳称已于2013年3月6日发放。根据吴习发提供的《工资存折》显示，吴习发除2013年3月收到的工资是14739.29元外，其他各月均约5066元，且2013年3月收到的工资分别为3月6日9928.76元、3月15日4810.53元，符合湛江供电局关于3月6日发放的工资属2月双薪工资的说法。至于吴习发主张2013年4月至6月工资的问题，湛江供电局于2013年3月23日通过湛江市粤西公证处向吴习发公证邮寄送达《终止劳动关系通知书》时，吴习发已符合办理退休手续的条件，该通知书已明确告知吴习发按照相关法律法规规定办理退休手续，否则后果自负；而吴习发亦承认在2013年3月收到该通知书，故吴习发要求湛江供电局支付本月之后的工资，没有事实和法律依据，本院不予支持。

►【案件焦点】> > >

作为社会保障制度最重要的内容之一的养老保险制度是劳动者最为重要的社会福利之一，也是社会保障法强制要求缴纳的社会保险，对于劳动者年老时的保障意义重大。但是，用人单位存在恶意不缴纳现象，从案例的角度分析可以从实践方面经行剖析。

►【学理分析】> > >

当前，基本养老保险公平问题是社会各界高度关注的热点问题。那么，我国基本养老保险应该遵循哪些公平原则？如何衡量其公平状况？无疑是需要深入研究探讨的重要问题。

一、公平的内涵与基本原则

亚里士多德认为，公正是一切“善”的源头，政治学上的“善”就是公平正义。马克思主义经济学和西方经济学两大理论体系均对公平问题作了大量研究。在众多公平理论观点中，可以发现促进或维护公平主要应该遵循如下基本原则。

（一）机会平等是社会公平的基础

这一认识不仅突出表现在马克思主义公平观、罗尔斯公平观中，也包含在自由主义公平观里。西方经济学理论中，“机会平等”是市场经济的默认前提。从凯恩斯到弗里德曼，再到罗尔斯，均在保障社会成员的机会平等上存有共识。马克思主义更是将人与人之间的平等、人本身的自由作为人类自身的目的。

（二）再分配应向弱者倾斜

由于个体在先天条件和后天因素上的不同，当其平等地参与市场竞争时，在财富分配上仍会不可避免地产生不平等的结果。这种不平等的产生，往往是个人无法主动选择的结果。因此，需要利用再分配的手段，对这些居于弱势地位的社会成员进行一定的补偿和照顾。这是对经济社会发展历史正、反两方面经验的总结。罗斯福“新政”通过扩大政府权力解决市场失灵、建立社会保障和救济制度、采用累进税率缩小贫富差距等措施，使资本主义国家走出衰退，并步入增长的黄金时代。其后的西方社会意识形态，不管是新自由主义还是保守主义，均认为偏向弱者的再分配是平衡自由竞争、维持社会制度的“必要的善”，其争执点仅仅在于再分配的程度。

（三）再分配的幅度需要考虑整体效率

倾向弱者的再分配幅度应该怎么确定？幅度过小可能达不到公平，幅度过大则可能趋向于绝对的平等，破坏效率和市场自由。阿瑟·奥肯指出，“对效率的追求不可避免地产生了各种不平等”，因此，“在平等与效率之间，社会面临着一种抉择”。主流经济学认为，公平和效率是互补的关系，都很重要而不能相互替代。当公平和效率存在冲突的时候，解决之道不可避免地存在公平和效率某种程度的妥协，即牺牲一定程度的公平换取效率，或者牺牲一定程度的效率换取公平。具体幅度的把握，则应是使公平和效率之间达到相当的均衡。①

二、我国基本养老保险的公平原则

（一）我国基本养老保险公平的现实基础

1. 独特的制度模式。我国基本养老保险采取的是社会统筹与个人账户相结合的模式，这是世界上首创的一种新型制度模式。一方面，这一制度采取由国家、单位（或集体）和个人共同筹资的模式。这意味着在养老待遇的分配上存在两个层次的再分配：一是对国家、单位（或集体）出资的再分配；二是对个人缴

---

① 龚秀全：《中国基本养老保险全国统筹的制度转换成本与路径选择》，载《人口与经济》2007年第6期。

费的再分配。第一个层次的分配具有“福利”分配性质，应该在兼顾效率的基础上更多地体现公平。第二个层次的分配不但是对初次分配的再分配，而且是对个人所缴“保费”的再分配，除了应关注公平外，要兼顾其“双重效率”。另一方面，这一制度模式下，社会统筹资金由政府统一管理运用，个人账户基金作为个人养老储蓄。退休人员的养老金一部分来源于社会统筹，另一部分来源于本人个人账户的积累。这意味着，公平与效率兼顾是这一制度模式的内在要求。

2. 法定的制度目标。保障退休者的衣、食、住、行等基本生活消费需求，是我国基本养老保险制度的根本目标。这一“保基本”的制度目标，不但多次写进从中央到地方的各级文件中，而且以法律条文的形式写入了社会保险法。根据这一法定目标，如果将基本生活消费需求分为“保基本消费”和“超基本消费”两档的话，则对所有退休者、包括缴费能力很低的弱势群体实行“保基本消费”成为制度底线。要实现这一目标，一方面，必然要求充分照顾低收入阶层的缴费负担，确保除社会救济对象以外的其他所有弱势群体都有能力参保缴费，这是“保基本”的前提；另一方面，必然要求在养老待遇分配过程中加大向弱者倾斜的再分配力度，使那些即使缴费额很低的弱势群体也能得到基本生活保障，确保“底线公平”。

3. 特殊的现实国情。首先，我国是社会主义国家，实现社会公平正义、坚持共同富裕是社会主义制度的内在要求。这决定着我国基本养老保险应充分关注公平。其次，由于自然条件、历史原因和政策照顾等因素影响，我国经济社会发展中还存在广泛的不平衡，集中表现在城乡差距、区域差距、行业差距偏大。最后，我国现在处于并将长期处于社会主义初级阶段。如果不顾现实情况，一味追求超出国力而过高的待遇水平，甚至“泛福利化”，势必造成成本转嫁、使制度陷入不可持续发展的困境。这决定着我国基本养老保险目前尚只能以“保基本”为目标，强调“底线公平”。

（二）我国基本养老保险应该遵循的公平原则

我国基本养老保险应该遵循的公平原则主要有：一是资格公平。制度规则平等地适用于所有公民，不会对单个个体或某类人群设置资格限制，每个公民平等享有与其履行义务对等的基本养老保险权利。二是底线公平。除另有救济渠道外的所有公民都能够得到保障，且在年老后都能获得满足最基本生活需求的物质待遇。这是基于我国基本养老保险的法定制度目标的必然要求。三是公平优先、偏向弱者。基本养老保险应具有较强的再分配功能，并且适度加大偏向照顾落后地区、弱势群体和低收入行业的力度。这是基于我国基本养老保险公平的现实基础的客观需要。四是兼顾效率。在公平优先的基础上,除了适度兼顾具有“福利”性质部分的分配效率外,还应注意将缴费贡献与待遇水平进行合理关联,合理体现“多缴多得”的激励原则。

三、我国基本养老保险公平的衡量指标体系

厘清我国基本养老保险应该遵循的公平原则之后,可以以此为依据,根据基本养老保险制度的内在运行规律,从资格条件、缴纳保费、领取待遇以及由政府主导的各类补助四个维度,推论并提出考察我国基本养老保险公平状况的具体指标,构建系统的衡量指标体系。

(一)资格公平

根据“资格公平”原则以及我国基本养老保险制度现实,可设立以下指标进行衡量:

1. 制度统一率。公平原则下,所有类型公民应适用同一本质属性的制度,不应以职业、户籍、区域等为条件分设不同的基本养老保险制度。如果不同人群适用不同的制度规则,则个体之间的公平较之于同一制度下的个体公平,无疑更难保证。评估一个国家或地区养老保险制度的统一程度,可采用“制度统一率”的指标。基于所有参保者适用同一本质属性制度为最佳公平的原则,“制度统一率”的计算办法可为:制度统一率 $=1\div$不同本质属性制度个数 $\times 100\%$。制度统一率越高,表明越公平;反之亦然。值得注意的是,判断制度的本质属性,不能仅看制度名称。不同的制度名称可能属于同一套规则。同一名称的大规则却可能衍生出制度属性不同的子规则,关键应看筹资模式、基金来源、待遇计算等规则内核是否相同。如果相同,则可视为制度属性相同。

2. 自由选择率。允许根据自己收入水平和养老预期,自由选择参保险种和缴费档次,应该是每个参保者平等享有的基本权利。如果人为地以职业、户籍、区域等为条件限定参保者这方面的自由,显然是不公平的。衡量公民参保时自由选择权限的大小,可设立“自由选择率”的指标,具体应从两个维度测算:其一,每一类参保者参保时可选择险种数相对于险种总数的比率,即“险种选择率”。计算公式为:险种选择率 $=$可选择险种数 $\div$险种总数 $\times 100\%$。这一指标牵涉到“可选择险种数”和“险种总数”两个变量,“险种总数”越少,或是在多险种条件下“可选择险种数”越多,都能直接提高险种选择率。险种选择率越高,则表明越公平。其二,参保者在规定缴费区间内对缴费档次的自由选择度,即

“缴费自由选择率”。测量思路为：规定缴费区间内各档次的可选择缴费人数与缴费总人数之比的加权平均值。

3. 参保率。参保对象的参保情况如何，是考察基本养老保险公平性的基础方面。对此，可用国际通用的“参保率”指标予以衡量。计算办法为：参保率＝已参保总人数÷应参保总人数×100%。参保率越高，表明越公平。

（二）缴费公平

根据基本养老保险的缴费规则和特点，可以设立以下指标衡量其公平状况：

1. 实际缴费负担指数。理想公平状态下，各参保者的缴费负担应该是相等的。但这并不是指缴费绝对额相等。这是因为，在收入水平不一的情况下，面对同样一个绝对缴费额时，各参保者的压力感会迥然不同。因此，评价参保者的缴费负担公平与否，应以其承担的缴费绝对额与某一“相对指标”的比率来度量。在我国，无论是理论界还是实务界，长期习惯选用“在岗职工平均工资”为“相对指标”评估参保者的缴费负担，这是不科学的。因为“在岗职工平均工资”是一个平均值指标，选其为“相对指标”，无法准确反映低于或高于这一指标的众多参保者的实际缴费负担。合理的办法是，以参保者“实际收入”为“相对指标”，使每个参保者的个人实际缴费负担与其个人实际收入形成一一对应的关系。与此相对应，可以设立“实际缴费负担指数”的衡量指标。计算公式应为：实际缴费负担指数＝个人年缴费总额÷个人年实际收入×100%。那么，如何权衡各参保者之间这一数值的公平性？根据我国社保部门按档次划分缴费金额、统计部门按档次划分收入水平的习惯做法，则各个收入档次所直接对应的缴费档次（如最低收入档次对应最低缴费档次、最高收入档次对应最高缴费档次），其缴费额相对其收入额之比所形成的“实际缴费负担指数”越接近，则缴费负担越公平；反之亦然。当然，最低收入档次的参保者也可选择较高缴费档次缴费，但这样形成的缴费负担指数不能拿来比较。

2. 缴费差距倍数。从基本养老保险的制度设计来看，缴费差距倍数的大小，既关系缴费负担，又关系待遇回报。当其小于实际收入倍数时，一方面会抬高低收入档次参保者的实际缴费负担，违背“公平优先、偏向弱者”的原则；另一方面会压低高收入档次的缴费额，在一定程度上影响“兼顾效率”原则。而当其大于实际收入倍数时，低收入档次参保者不会因此受惠，高收入阶层则可通过增加缴费而获利更多，导致出现过于强调效率的问题。因此，有必要设立“缴费差距倍数”指标来衡量缴费公平状况。计算公式可为:缴费差距倍数＝最高档次缴费绝对额÷最低档次缴费绝对额。因为缴费是以在现实社会中客观存在且任何制度设计者不得不承认并接受的实际收入为依据的,评估缴费差距倍数的公平性,应以实际收入差距倍数为参照。当缴费差距倍数与实际收入差距倍数越接近,则缴费差距倍数越公平。

(三)待遇公平

基本养老待遇公平作为“结果公平”环节,需要格外关注。根据基本养老保险待遇的功能和形成机理,可以设立以下指标来衡量其公平状况:

1. 区域基本生活保障率。基本养老保险待遇的根本功能是保障退休者的基本生活。因此,衡量待遇公平状况,无疑应考察退休者基本生活保障情况。但是,首先需要指出的是,从我国的实际来看,在此不宜用国际通用的“替代率”指标。因为替代率是参保者退休时的养老金领取水平与退休前工资收入水平之间的比率,完全以参保者退休前的工资收入水平为基准,其应用于我国的缺陷在于:一是将初次分配中本已偏大的差距延伸到再分配领域,沿袭了初次分配的不公;二是与低收入群体偏大的现实国情脱节,在同样替代率甚至高替代率的条件下,弱势群体由于初次分配收入低,其退休后的基本生活需求仍有可能得不到保障。根据“保基本”和“偏向弱者、底线公平”等原则,应以退休者所在区域的衣、食、住、行等最基本生活消费需求为基数,测量其领取的养老待遇对其基本生活的保障程度。根据这一思路,可设立“基本生活保障指数”的指标。计算公式为:基本生活保障指数＝退休者每月领取养老金÷区域每月最基本消费支出×100%。如果其数值达到100%,则表明该退休者实现“保基本”,享受了“底线公平”。以此为基础,考察一定区域内退休者基本生活保障的公平情况,则可以通过测算该区域内生活保障指数达到100%的退休人数占退休总人数的比例实现。与此相对应,可设立“区域基本生活保障率”的指标。计算公式为:区域基本生活保障率＝区域基本生活保障指数100%以上的退休人数÷区域退休总人数×100%。区域基本生活保障率越高,表明该区域“底线”保障越公平。根据我国区域消费实际,同一县(市、区)域内,剔除享受型等“超基本消费”项目外,包括退休者在内的城镇居民与城镇居民之间、农村居民与农村居民之间的基本生活消费需求是大致相当的。而不同县(市、区)域之间,其基本消费水平则有悬殊甚至幅度很大。因此,宜以县(市、区)域为单位选取基本生活消费值。

2. 养老金差距倍数。根据“公平优先”原则，同一消费区域内各退休者的基本养老金绝对值的差距不能太大，以免显失公平；而根据“兼顾效率”原则，差距也不能过小，陷入“平均主义”。因此，基本养老金绝对值的差距如何，应成为衡量待遇公平的一个重要方面。对此，可以通过测算区域内最高养老金绝对值与最低养老金绝对值的差距倍数进行评估。与此相对应，可设立“养老金差距倍数”的衡量指标。计算公式为：养老金差距倍数 = 区域内最高养老金绝对值 ÷ 最低养老金绝对值。那么，如何评估基本养老金差距倍数的公平状况？根据上述思路，一方面，差距倍数越小，则表明越重公平而轻效率，当差距倍数为 1 时，意味着基本养老金完全相等，处于绝对平均的地步，表现为“另一种意义上的不公平”；另一方面，差距倍数越大，则表明越重效率而轻公平，当养老金差距倍数等于甚至大于缴费差距倍数时，则表明在养老金分配环节没有调节甚至加剧了初次分配的不公，同样是不公平的。对此，可以借鉴“基尼系数”的“区间判断法”，将基本养老金差距倍数的相对公平区间设定在 1 与缴费差距倍数之间。即：1 < 养老金差距相对公平倍数 < 缴费差距倍数。具体多少倍数为较优或最优，应视缴费差距倍数和某一经济周期时点再分配目标，即对公平与效率的偏重倾向而定。

3. 缴费超额回报率。根据“偏向弱者分配”和“底线公平”的原则，缴费档次越低，虽然其缴费回报绝对值也低，但其缴费回报相对值即缴费回报率应该是越高的。对此，可以借鉴征税中的“超额税率”办法（凡税基每超过一个级距时，即分别以其超额的部分适用相应级距的税率征税），设立“缴费超额回报率”的指标予以考察。基本思路是：将缴费区间从低至高分成若干档次，逐档计算其超过前一缴费档次的超额缴费部分所带来的回报率。计算公式应为：某档次缴费超额回报率 =（其档次缴费回报额 - 前一档次缴费回报额）÷（某档次缴费额 - 前一档次缴费额）× 100%。如果从低至高各档对应的缴费超额回报率呈依次类推关系，则表明缴费回报相对公平。与此同时，各个缴费档次的缴费超额回报率均应维持在合理高位，这样才能体现“兼顾效率”原则，也才能激励参保者多缴养老保险费。值得一提的是，在计算缴费回报时，除了可采取传统的将基本养老金简单相加的统计口径外，更应采取将丧葬费、抚恤金等死亡待遇计入缴费回报总额的统计口径。因为丧葬费和抚恤金均属缴费回报范畴、且绝对额大，从这一口径统计更为客观。

（四）补助公平

各渠道投向基本养老保险领域的补助，对基本养老保险公平具有独特的影响因子功能，运用得当可以帮助熨平非公平的波动，反之则可能加剧非公平的矛盾。因此，很有必要对补助公平状况进行考察。对此，可分别从缴费和消费两个角度设立衡量指标：

1. 缴费超额补助率。各渠道投向基本养老保险领域的补助，从养老保险基金的角度看，相当于对参保者缴费的补贴。因此，应该从缴费这个维度观察补助公平状况。由于补助具有典型的“福利”性质，主要应根据“公平优先”“偏向弱者”的原则进行分配，但也不能陷入“绝对平均主义”，仍需要体现“兼顾效率”原则。按照这一思路，缴费档次越低，虽然其获得的补助绝对值也低，但其补助相对值即补助回报率应该是越高的。对此，可以仿照“缴费超额回报率”的办法，设立“缴费超额补助率”的衡量指标。计算公式应为：某档次缴费超额补助率 =（某档次补助额 - 前一档次补助额）÷（某档次缴费额 - 前一档次缴费额）×100%。其公平状况的评价办法与“超额缴费回报率”相同，但因其“福利”性质，所以依次类推的幅度应更大。但需要说明的是，长期以来，我国理论界和实践界，大多把投入养老保险领域的补助简单等同于财政补助，这是一个误区。事实上，在我国，投入基本养老保险领域的补助，除了对企业养老保险、城乡居民养老保险的财政补助等“显性补助”外，还有公共财政对机关事业单位发放的“退休金”、城乡居民参保时的集体补助和企业单位为职工按20%比例缴纳的养老保险费等，实质上都是在参保者个人缴费之外投向养老保险领域的“隐性补助”。因此，应改革现行统计补助额的做法，将“显性补助”和“隐性补助”合并计算。

2. 消费超额补助率。基本养老保险领域的各种补助，表面上虽然投在缴费环节，实质上是用来弥补其未来养老消费需求与实际缴费金额之间的差额。因此，也应该从消费的角度衡量其公平状况。根据补助所具有的“福利”性质，也应按照“公平优先”“偏向弱者”和适度“兼顾效率”的原则进行分配，即消费档次越低，虽然其获得的补助绝对值也低，但其补助相对值即补助回报率应该是越高的。同理，也可以仿照“缴费超额回报率”的办法，设立“消费超额补助率”的衡量指标。计算公式应为：消费超额补助率 =（某区域消费档次补助额 - 前一区域消费档次补助额）÷（某区域消费档次基本生活消费额 - 前一区域消费档次基本生活消费额）×100%。其公平状况的评价办法亦与“缴费超额回报率”相同。上述指标构成一套相对完整的衡量基本养老保险公平状况的指标体系。

▶【法条链接】> > >

中华人民共和国社会保险法

第十条 职工应当参加基本养老保险，由用人单位和职工共同缴纳基本养老保险费。

无雇工的个体工商户、未在用人单位参加基本养老保险的非全日制从业人员以及其他灵活就业人员可以参加基本养老保险，由个人缴纳基本养老保险费。

公务员和参照公务员法管理的工作人员养老保险的办法由国务院规定。

第十一条 基本养老保险实行社会统筹与个人账户相结合。

基本养老保险基金由用人单位和个人缴费以及政府补贴等组成。

第十二条 用人单位应当按照国家规定的本单位职工工资总额的比例缴纳基本养老保险费，记入基本养老保险统筹基金。

职工应当按照国家规定的本人工资的比例缴纳基本养老保险费，记入个人账户。

无雇工的个体工商户、未在用人单位参加基本养老保险的非全日制从业人员以及其他灵活就业人员参加基本养老保险的，应当按照国家规定缴纳基本养老保险费，分别记入基本养老保险统筹基金和个人账户。

第十三条 国有企业、事业单位职工参加基本养老保险前，视同缴费年限期间应当缴纳的基本养老保险费由政府承担。

基本养老保险基金出现支付不足时，政府给予补贴。

第十四条 个人账户不得提前支取，记账利率不得低于银行定期存款利率，免征利息税。个人死亡的，个人账户余额可以继承。

第十五条 基本养老金由统筹养老金和个人账户养老金组成。

基本养老金根据个人累计缴费年限、缴费工资、当地职工平均工资、个人账户金额、城镇人口平均预期寿命等因素确定。

中华人民共和国劳动法

第三条第一款 劳动者享有平等就业和选择职业的权利、取得劳动报酬的权利、休息休假的权利、获得劳动安全卫生保护的权利、接受职业技能培训的权利、享受社会保险和福利的权利、提请劳动争议处理的权利以及法律规定的其他劳动权利。

中华人民共和国劳动合同法

第十七条 劳动合同应当具备以下条款：

（一）用人单位的名称、住所和法定代表人或者主要负责人；

（二）劳动者的姓名、住址和居民身份证或者其他有效身份证件号码；

（三）劳动合同期限；

（四）工作内容和工作地点；

（五）工作时间和休息休假；

（六）劳动报酬；

（七）社会保险；

（八）劳动保护、劳动条件和职业危害防护；

（九）法律、法规规定应当纳入劳动合同的其他事项。

劳动合同除前款规定的必备条款外，用人单位与劳动者可以约定试用期、培训、保守秘密、补充保险和福利待遇等其他事项。

CHAPTER 2

第二章

基本医疗保险参保范围及缴费

唐涛机动车交通事故责任纠纷案[①]

▶【案情简介】> > >

上诉人(原审被告):江西省瑞通公路养护工程有限公司,住所地:南昌市经济技术开发区庐山中大道。

法定代表人:余文仁。

委托代理人:叶菊华,江西求正沃德律师事务所律师。代理权限为特别授权代理。

上诉人(原审被告):中国平安财产保险股份有限公司江西分公司,住所地:南昌市沿江北大道1397号。

负责人:程航。

委托代理人:程凯凯。代理权限为一般授权代理。

被上诉人(原审原告):唐涛,广昌县房地产交易中心职工。

法定代理人:唐垵伢,唐涛的父亲。

委托代理人:卢斌,江西宏泰律师事务所律师。代理权限为特别授权代理。

被上诉人(原审被告):欧阳骏,司机。

被上诉人(原审被告):江西省交通厅鹰潭至瑞金高速公路项目建设办公室,住所地:南昌市西湖区八一大道275号。

法定代表人:喻光华。

① 唐涛与江西省瑞通公路养护工程有限公司、中国平安财产保险股份有限公司江西分公司等机动车交通事故责任纠纷二审民事判决书,中国裁判文书网,http://wenshu.court.gov.cn/content/content?DocID=d0570e96-7f7d-4796-990b-0037d04eeaa9,2014-12-31。

委托代理人：戴佑鹏，江西求正沃德律师事务所律师。代理权限为一般授权代理。

上诉人江西省瑞通公路养护工程有限公司（以下简称瑞通养护公司）、上诉人中国平安财产保险股份有限公司江西分公司（以下简称平安保险公司）因与被上诉人唐涛、被上诉人欧阳骏、被上诉人江西省交通厅鹰潭至瑞金高速公路项目建设办公室（以下简称鹰瑞高速建设办）机动车交通事故责任纠纷一案，不服广昌县人民法院（2012）广民初字第404号民事判决，向本院提起上诉。本院依法组成合议庭审理了本案，现已审理终结。

原审法院经审理查明，2012年7月17日22时4分，欧阳骏驾驶赣M×××××号轻型自卸货车沿广昌县盱江镇莲乡大道由东往西行驶，行至莲乡大桥红绿灯路段左转弯驶向沿江路的过程中与唐涛驾驶的沿莲乡大道由西往东行驶的抚临B2428号燃油助力车相撞，造成唐涛受伤、两车不同程度受损的交通事故。该事故经交警认定，欧阳骏负主要责任，唐涛负次要责任。赣M×××××号轻型自卸货车在平安保险公司处投保了交强险和保险限额为50000元的商业三者险。鹰瑞高速建设办将其所有的赣M×××××号轻型自卸货车借给瑞通养护公司使用。欧阳骏是瑞通养护公司雇佣的司机。

原审法院还查明了以下事实：

1. 2012年7月17日至29日，唐涛在广昌县人民医院住院治疗12天，花费医疗费41169.72元。

2. 2012年7月29日至11月2日，唐涛在复旦大学附属华山医院宝山分院住院治疗96天，花费医疗费用346765.08元，其出院诊断为脑外伤术后，颅内感染，气管切开术后，肺部感染，左侧硬膜下积液，脑积水，继发性癫痫，急性胰腺炎，出院后用药及建议：（1）出院后到外院继续高压氧、抗炎等治疗；（2）如有不适，应及时就诊。

3. 2012年11月2日至2013年4月11日，唐涛在上海安泰医院住院治疗158天，花费医疗费271112.13元，出院医嘱为：……赴上级医院进一步治疗。

4. 2013年4月11日至15日，唐涛在复旦大学附属华山医院住院治疗4天，花费医疗费6313.44元，出院诊断为：（1）重型颅脑损伤；双侧急性硬模下血肿术后；（2）肺部感染；（3）继发性癫痫；（4）脑积水术后，医嘱为：建议去康复医院康复治疗。

5. 2013年4月15日至5月7日，唐涛在上海安泰医院住院治疗22天，花费医药费 21229.67 元，其医嘱为转上级医院进一步治疗。

6. 2013 年 5 月 7 日至 24 日，唐涛在复旦大学附属华山医院住院治疗 17 天，花费医疗费 135720.72 元，其医嘱为转康复医院继续治疗。

7. 2013 年 5 月 24 日至 30 日，唐涛在复旦大学附属华山医院永和分院住院治疗 6 天，花费医疗费 3810.35 元，其医嘱为转当地上级医院。

8. 2013 年 5 月 30 日至 10 月 31 日，唐涛在中国人民解放军第九医院住院治疗 154 天，花费医疗费 45445.8 元，出院诊断为：(1)重型颅脑损伤术后；(2)继发性癫痫。医嘱为：(1)继续康复治疗；(2)继续抗癫痫治疗；(3)加强家庭护理；(4)我科随诊。

9. 因本次交通事故，唐涛到上海大学附属第九人民医院、上海华山大药房有限责任公司等医院或药店购买药品，花费购药费 32191.75 元。

10. 因本次交通事故，唐涛花费住宿费 8410 元。

11. 2013 年 9 月 18 日，经当事人申请对唐涛的伤残等级、护理期、营养期、康复费、残疾辅助器具费、定残后的护理情况进行鉴定。法院依法委托江西中晟司法鉴定中心对唐涛伤残等级、护理期、营养期、康复费、残疾辅助器具费、定残后的护理情况进行鉴定，该鉴定机构作出江西中晟司鉴中心(2013)法临鉴字第 429、429+1 号鉴定意见书，其鉴定意见为：(1)被鉴定人唐涛损伤评定为一级；(2)被鉴定人唐涛护理依赖程度为完全护理依赖；(3)被鉴定人唐涛自受伤之日起，营养期限评定为 24 周；(4)被鉴定人唐涛护理依赖程度评定为完全护理依赖，住院治疗期间为贰人护理，出院后为一人护理；(5)被鉴定人唐涛康复费用参照南昌大学第一附属医院(2013111910 人身损害赔偿司法医学鉴定意见执行)。同时，于 2013 年 11 月 4 日，委托江西中康残疾辅助器具司法鉴定所对唐涛的残疾辅助器具费用进行司法鉴定，其鉴定意见为：(1)为了尽量弥补伤残带来的身心影响，根据被鉴定人的伤情，建议选配以下国产普通适用型残疾辅助器具：①高靠背可调可拆卸护理型轮椅，每台价格壹仟陆佰捌拾元整(1680.00 元)；一般情况下，轮椅适用四年左右需更换一次；②颈胸固定矫形器。价格贰仟叁佰元整(2300.00 元)；一般情况下使用一年更换一次；③防褥疮波动式凝胶坐垫每只壹仟柒佰捌拾元整(1780.00 元)，一般情况下，使用四年左右更换一次；④防褥疮充气波动式加宽防褥疮气垫床，每套价格壹仟陆佰捌拾元整(1680.00 元)，一般情况下，使用四年左右更换一次；⑤集尿器每个 120 元，每月更换一次；一次性床垫每天一片，每片 0.8 元。(2)残疾辅助器具的赔偿期限参照中国人均寿命计算。为此,唐涛花费鉴定费用6300元。

12. 2013年12月10日,申请对唐涛的二便日常护理所需的物品费用、泌尿系统检查费用及期限等依法委托鉴定机构进行鉴定。法院依法委托江西神州司法鉴定中心对唐涛二便日常护理所需的物品费用、泌尿系统检查费用及期限进行鉴定,该鉴定机构作出江西SZ司鉴中心(2014)临鉴字第F089号鉴定意见书,其鉴定意见为:被鉴定人唐涛二便护理所需的物品费用每日约柒拾元(70元),泌尿系统检查费用每月约陆佰元(600元),以上期限均限定在20年内由办案单位酌定。为此,唐涛花费鉴定费用4400元。

13. 唐涛驾驶的车牌号为抚州临时B2428号助力摩托车受损价值为叁仟元整(3000元),为此唐涛花费鉴定费200元。

14. 被抚养人唐静伊出生于2006年10月4日,其户籍性质为非农业家庭户口,其抚养人为2人。

15. 事故发生后,瑞通养护公司垫付唐涛医药费280000元,先予执行医药费270000元。平安保险公司先予执行医药费10000元。

原审认定以上事实,有唐涛提供的身份证、户口簿,道路交通事故认定书,赣M×××××号车的行驶证、欧阳骏驾驶证;M62573号车交强险、商业三者险保单,广昌县人民医院出院记录,复旦大学附属华山医院出院小结,上海安泰医院出院小结,复旦大学附属华山医院宝山分院出院小结,复旦大学附属华山医院永和分院出院小结,中国人民解放军九四医院出院记录、出院通知书、疾病诊断证明书、医药费(含外购药)发票,住宿费发票,江西中晟司鉴中心(2013)法临鉴字第429、429+1号鉴定意见书、赣残辅具鉴(2013)辅鉴字第160号鉴定意见书、江西SZ司鉴中心(2014)临鉴字第F089号鉴定意见书,广昌县价格认定中心损失估计结论书,鉴定、评估费用发票;瑞通养护公司提供的“7·17”交通事故医药费用垫付明细表(截至2012年10月29日);询问笔录及部分当庭陈述等证据。瑞通养护公司提供的广昌县盱江镇派出所证明因证据单一无其他证据予以佐证,未形成有效的证据链,不予认定。唐涛提供的广昌县房地产交易中心证明因与本案无关联性,不予认定。

原审法院认为,本案的主要争议焦点为:(1)唐涛主张的残疾辅助器具费、康复费、二便护理所需的物品费用、泌尿系统检查费用是否符合法律规定。(2)鹰瑞高速建设办是否要承担责任。(3)瑞通养护公司是否要承担责任。(4)城镇职工医疗保险已报销的医疗费能否得到支持。

一、唐涛主张的残疾辅助器具费、康复费、二便护理所需的物品费用、泌尿系统检查费用是否符合法律规定

鹰瑞高速建设办、瑞通养护公司以二便护理所需的物品费用、泌尿系统检查费用没有法律依据为由提出抗辩且其认为残疾辅助器具费、康复费、二便护理所需的物品费用、泌尿系统检查费用都应包含在伤残赔偿金中，不能作为单列项列入赔偿清单中。原审法院认为，根据《最高人民法院关于审理人身损害赔偿案件适用法律若干问题的解释》第十七条“受害人遭受人身损害，因就医治疗支出的各项费用以及因误工减少的收入，包括医疗费、误工费、护理费、交通费、住宿费、住院伙食补助费、必要的营养费，赔偿义务人应当予以赔偿。受害人因伤致残的，其因增加生活上需要所支出的必要费用以及因丧失劳动能力导致的收入损失，包括残疾赔偿金、残疾辅助器具费、被扶养人生活费，以及因康复护理、继续治疗实际发生的必要的康复费、护理费、后续治疗费，赔偿义务人也应当予以赔偿……”经审查，唐涛的损伤构成一级伤残，四肢瘫痪，大小便不能自理，在日常生活中应用到中单、卫生垫、成人纸尿裤、一次性手套、卫生纸、开塞露等物品，需定期行泌尿系统尿常规、B 超及尿培养等检查，二便所需要物品护理费用每日约柒拾元(70 元)，泌尿系统检查费用每月约陆佰元(600 元)以上费用的支出均系唐涛因伤致残的，其因增加生活上需要所支出的必要费用。另外，唐涛因交通事故致重型颅脑损伤术后，继发性癫痫；处于无意识状态，神志不清，不能言语；需要依赖残疾辅助器具改善和补偿身体缺失的部分功能以提高生活质量；长期卧床极易导致并发症，为帮助进行康复训练，提高机体抗病能力需配备辅助器具，故残疾辅助器具费是唐涛因伤致残实际发生的必要费用。综上，唐涛要求支付残疾辅助器具费、二便护理所需的物品费用、泌尿系统检查费用的诉讼请求有法有据，予以支持。瑞通养护公司以康复治疗系建议性、非必要性为由，对唐涛主张的康复费用提出抗辩。根据《最高人民法院关于审理人身损害赔偿案件适用法律若干问题的解释》第十九条规定：器官功能恢复训练所必要的康复费、适当的整容费以及其他后续治疗费，赔偿权利人可以待实际发生后另行起诉。但根据医疗证明或者鉴定结论确定必然发生的费用，可以与已经发生的医疗费一并予以赔偿。本案中，唐涛虽然对其康复费用进行了鉴定，但经审查，江西神州司法鉴定中心作出的鉴定意见书未对其康复费用的必要性进行分析说明，且其意见为建议参照南昌大学第一附属医院人身损害司法医学鉴定意见执行，而南昌大学第一附属医院人身损害司法医学鉴定意见为建议进行康复治疗两个疗程,每疗程费用约壹万贰仟元(12000 元),疗程结束后,视具体情况决定是否继续治疗,或转当地社区康复治疗,其后续治疗费用不好估算,即该康复治疗费并非确定必然发生的费用,也无法确定明确的金额,因此,对于该后续康复治疗费用,唐涛可待实际发生后再行主张。

二、鹰瑞高速建设办是否要承担责任

鹰瑞高速建设办作为赣 M×××××车的车主已为该车投保了交强险和保险限额为 50000 元的商业三者险且不计免赔,履行了投保义务。另外,其已将该车借给瑞通养护公司使用,即对该车使用情况的监督、管理义务已转移给瑞通养护公司,根据《最高人民法院关于审理道路交通事故损害赔偿案件适用法律若干问题的解释》第一条"机动车发生交通事故造成损害,机动车所有人或者管理人有下列情形之一,人民法院应当认定其对损害的发生有过错,并适用侵权责任法第四十九条的规定确定其相应的赔偿责任:(一)知道或者应当知道机动车存在缺陷,且该缺陷是交通事故发生原因之一的;……"因唐涛无证据证明鹰瑞高速建设办存在以上过错,故对唐涛要求鹰瑞高速建设办承担赔偿责任的诉讼请求,不予支持。

三、瑞通养护公司是否要承担责任

瑞通养护公司辩称,欧阳骏在本次事故中的驾驶行为不是履行公司安排的工作任务,不是职务行为且其公司没有过错不应承担责任。经查明,瑞通养护公司系赣 M×××××车的借用人、使用人,其有义务对该车的使用情况进行监督、管理。本案中,瑞通养护公司在下班期间放任其员工驾驶单位车辆,未尽到管理人的监督、管理义务,应当认定其对损害的发生有过错,应承担赔偿责任。另外,综合本案事实结合唐涛、瑞通养护公司的举证能力分析,若要由受害人唐涛举证证明欧阳骏是履行职务行为,加重了受害方的举证责任,这与《中华人民共和国侵权责任法》《中华人民共和国道路交通安全法》和《最高人民法院关于审理道路交通事故损害赔偿案件适用法律若干问题的解释》中保护受害人的本意和立法目的是不相符的。因为是否履行职务的证据,主要由雇主和雇员掌握,对受害人来说,其没有这种举证能力,举证义务应由雇主和雇员承担。从法律保护弱者利益出发,瑞通养护公司的雇员驾驶单位占有、管理、使用的车辆致人损害的,应由单位承担责任,除非单位有足够的证据证明其雇员系非职务行为。本案中,瑞通养护公司以欧阳骏在广昌县交警大队的一份询问笔录证明欧阳骏驾驶车辆的行为系非职务行为。但该笔录证据单一,亦无其他证据相互佐证，未形成有效的证据链，不予认定，故瑞通养护公司的该节抗辩理由不成立，不予采纳。

四、城镇职工医疗保险已报销的医疗费能否得到支持

鹰瑞高速建设办、瑞通养护公司认为，唐涛提供的医药费发票部分盖有医保报销的印章，说明唐涛已在城镇医保中报销，应在医疗费中剔除，已在医保里面得到了赔偿，不能重复赔偿。原审法院认为，《中华人民共和国侵权责任法》第三章虽规定了有关被侵权人对损害的发生也有过错可以减轻侵权人责任及因受害人故意、第三人行为、不可抗力、正当防卫、紧急避险造成的损害可以不承担责任情形，但唐涛的医疗费已获城镇职工医疗保险报销并不属上述情形，故不能作为减免赔偿责任的理由。另外，本案属侵权类案件，唐涛诉请鹰瑞高速建设办、瑞通养护公司赔偿本案各项损失是基于欧阳骏的侵权行为所产生的赔偿请求权。而唐涛得以报销部分医疗费系基于另一合同关系。侵权之债与合同之债属不同法律关系，故唐涛由本案交通事故所产生的医疗费是否已在城镇职工医疗保险报销与本案无关，不能作为减免侵权责任不予赔偿的理由，故鹰瑞高速建设办、瑞通养护公司对该节的抗辩理由不予采纳。

综上所述，公民的生命健康权受法律保护，造成公民健康损害的，应由侵权人赔偿由此造成的损失。本案中，欧阳骏当驾驶机动车转弯时未让直行的车辆先行且未观察前方车辆情况，在遇危险时措施不当未确保安全驾驶，其行为违反《中华人民共和国道路交通安全法》第三十八条之规定，是引发本次事故的主要原因，应负事故主要责任，唐涛当日无证驾驶且饮酒后驾驶机动车，其行为违反了《中华人民共和国道路交通安全法》第十九条和第二十二条第二款之规定，是引发本次事故的次要原因，应负事故次要责任，广昌县公安局交警大队对本次交通事故的原因分析和责任认定所依据的事实清楚，适用法律正确，应予以确认。瑞通养护公司认为抚临 B2428 号燃油助力车的车主将其车提供给唐涛驾驶，其存在过错，应承担责任，法院在判决时应予以考虑。经审查，唐涛系无证、饮酒驾驶，作为唐涛父亲的唐晓伢（本案法定代理人）应当知道其儿子没有驾驶证，却仍然放任其驾驶，应认定为对损害存在过错，应承担赔偿责任。鉴于车主唐晓伢系本案唐涛的法定代理人，其暂不宜追加为被告，故在认定各被告责任比例时将对车主的责任比例予以扣除。根据事故双方的过错程度及原因力比例，酌情确定唐涛自担 20% 的责任，车主唐晓伢（唐涛法定代理人）承担 10% 的责任，欧阳骏承担 70% 的赔偿责任。平安保险公司作为肇事车辆赣M×××××的交强险及商业三者险的承保方，根据《中华人民共和国道路交通安全法》第七十六条“机动车发生交通事故造成人身伤亡、财产损失的，由保险公司在机动车第三者责任强制保险责任限额范围内予以赔偿”，《中华人民共和国保险法》第六十五条“保险人对责任保险的被保险人给第三者造成的损害，可以依照法律的规定或者合同的约定，直接向该第三者赔偿保险金”。之规定，平安保险公司应在商业第三者责任保险赔偿限额范围内直接赔偿唐涛的损失。虽然抚临B2428号燃油助力车的车主不是唐涛，但车主唐晓伢(其法定代理人)，自愿将该车的债权请求权转让给唐涛，不违反法律规定，故唐涛主张要求各被告赔偿车辆损失的诉讼请求应予以支持。因唐涛系单位职工，有固定的工资收入，根据《最高人民法院关于审理人身损害赔偿案件适用法律若干问题的解释》第二十条：“……受害人有固定收入的，误工费按实际减收的收入计算……”唐涛无证据证明其收入减少了，故其主张各被告支付误工费的诉讼请求不予支持。

依照《最高人民法院关于审理人身损害赔偿案件适用法律若干问题的解释》及唐涛的诉求和当事人确认，确定唐涛的各项经济损失为：(1)医疗费903758.66元；(2)护理费，出院前护理费为73398元，出院后护理费311410元；(3)交通费酌定15000元；(4)住院伙食补助费23210元；(5)营养费5040元，具体计算为：30元/天×24周×7天/周；(6)住宿费8410元；(7)残疾赔偿金475186.83元；(8)装配残疾辅助器具费229580元；(9)二便护理所需的物品费用511000元(70元/天×20年×365天)，根据唐涛提供的江西神州鉴定中心作出的(2014)F089号鉴定意见结合原告病情予以确认；(10)泌尿系统检查费用144000元(600元/月×20年×12月)，根据唐涛提供的江西神州鉴定中心作出的(2014)F089号鉴定意见结合唐涛病情予以确认；(11)抚州临时B2428号助力摩托车损失费用3000元；(12)鉴定费用10900元；(13)精神抚慰金30000元。以上合计2743893.49元。

综上所述，原审法院依照《中华人民共和国侵权责任法》第三条、第六条、第十六条、第十九条、第二十二条、第四十八条、第四十九条，《最高人民法院关于审理道路交通事故损害赔偿案件适用法律若干问题的解释》第一条、第十四条、第十六条，《最高人民法院关于审理人身损害赔偿案件适用法律若干问题的解释》第十七条、第十九条、第二十条、第二十一条、第二十二条、第二十四条、第二十五条、第二十六条、第二十八条，《中华人民共和国保险法》第六十五条，《中华人民共和国民事诉讼法》第六十四条第一款、第一百四十四条之规定，判决如下：

1. 唐涛因本次交通事故产生的医药费903758.66元、出院前护理费73398元、交通费15000元、住院伙食补助费23210元、营养费5040元、住宿费8410元、残疾赔偿金475186.83元（含被扶养人生活费）、抚临B2428号助力摩托车损失费3000元、鉴定费用10900元、精神抚慰金30000元，合计1547903.49元，由中国平安财产保险股份有限公司江西分公司在第三者责任强制保险限额内直接支付给唐涛122000元，该款于判决书生效之日起五日内一次性付清（事故发生后，中国平安财产保险股份有限公司江西分公司先予执行医药费10000元，在执行过程中一并结算）。

2. 超出部分1425903.49元（1547903.49元－122000元）的70%计998132.44元由江西省瑞通公路养护工程有限公司赔偿，该款由中国平安财产保险股份有限公司江西分公司在第三者责任商业保险限额范围内直接支付给唐涛50000元，余额948132.44元（998132.44元－50000元）由江西省瑞通公路养护工程有限公司承担，该款于判决书生效之日起五日内一次性付清（事故发生后，江西省瑞通公路养护工程有限公司预先垫付唐涛医药费280000元、先予执行医药费270000元，在执行过程中一并结算）。

3. 唐涛因本次交通事故产生的出院后20年（自2013年11月11日至2033年10月31日止）护理费311410元、二便护理所需的物品费用511000元、泌尿系统检查费用144000元，合计966410元的70%计676487元由江西省瑞通公路养护工程有限公司赔偿，平均每年支付33824.35元，其中2013年11月11日至2014年11月10日的护理费、二便护理所需的物品费用、泌尿系统检查费用，于判决书生效之日起五日内一次性付清，剩余19年（自2014年11月11日起至2033年10月31日止）的护理费、二便护理所需的物品费用、泌尿系统检查费用，由江西省瑞通公路养护工程有限公司每年支付33824.35元，该款于每年1月1日前支付。

4. 唐涛因本次交通事故产生的装配残疾辅助器具费229580元的70%计160706元由江西省瑞通公路养护工程有限公司赔偿，该款分四次付清，其中40706元于判决书生效之日起五日内一次性支付，余额120000元分别于2018年、2022年、2026年的1月1日前支付，每次支付40000元。以上需要履行的款项，交广昌县人民法院指定的履行款账户，户名：广昌县财政局，账号：×××

2045,开户行:广昌县农村信用合作联社营业部(备注:转法院及案号)。如果未按判决指定的期间履行给付金钱义务,应当按照《中华人民共和国民事诉讼法》第二百五十三条之规定,加倍支付迟延履行期间的债务利息。

5. 驳回唐涛对欧阳骏、江西省交通厅鹰潭至瑞金高速公路项目建设办公室的诉讼请求。

6. 驳回唐涛的其他诉讼请求。案件受理费 22959.64 元,由唐涛承担 2959.64 元,江西省瑞通公路养护工程有限公司承担 17000 元,中国平安财产保险股份有限公司江西分公司承担 3000 元。

一审宣判后,上诉人瑞通养护公司、平安保险公司不服,上诉至法院。上诉人瑞通养护公司上诉请求撤销原判,发回重审。其上诉的事实和理由是:(1)一审判决被上诉人欧阳骏不承担责任错误。欧阳骏在本次事故中的驾驶行为不属于职务行为,欧阳骏在接受广昌交警大队询问时陈述,事故发生时欧阳骏晚上十点左右从酒店泡脚后回家的路上。道路交通事故认定书也认定欧阳骏负本次事故主要责任,唐涛负次要责任,一审判决也采信了该认定,据此唐涛起诉欧阳骏承担侵权赔偿责任乃天经地义,面对上诉人资不抵债、没有偿债能力的现状,一审判决对唐涛而言也是一种侵害。(2)一审遗漏当事人,程序严重违法。一审判决虽然认定唐晓伢(唐涛父亲)对唐涛的损害存在过错且应当承担赔偿责任,但在程序上却不追加唐晓伢为被告或第三人,导致上诉人无法将唐晓伢列为被上诉人,要求对其作出责任畸轻的一审判决予以改判,损害了上诉人的合法权益。(3)一审判决事故责任划分错误,偏袒被上诉人唐涛一方。本案是机动车之间发生的道路事故,根据道路交通安全法第七十六条双方都有过错的,按照各自的过错比例分担责任。分担责任并非减轻责任,过错比例不能悬殊太大,结合唐涛无证、酒后驾驶的违章事实分析,原判认定唐涛承担 20% 的责任,与其过错程度明显不符。唐晓伢放任唐涛无证驾驶机动车,一审判决仅认定其承担 10% 的责任,明显偏低。(4)一审判决支持唐涛获得法外(或额外)利益违反法律规定。一审认定的医疗费中,部分费用已经在城镇医保报销,侵权责任法第二十条确立损害赔偿填平原则,被侵权人不因受到侵害而获得额外利益。根据社会保险法第四十二条规定理解,就医保报销的费用,医保机构有权向第三人追偿,被侵权人不能另行要求第三人给付。(5)一审判决赔偿二便护理所需的物品费用和泌尿系统检查费用,适用法律错误。根据侵权责任法第十六条规定,二便护理所需的物品费用和泌尿系统检查费用不属于独立赔偿项目,应视为包含在其他项目之中,一审判决适用《最高人民法院关于审理人身损害赔偿案件适用法律若干问题的解释》第十七条的规定错误。

上诉人平安保险公司上诉请求撤销原判,异议金额为4680元,诉讼费均由被上诉人承担。其上诉的事实和理由是:(1)营养费计算标准过高,按照30元/天计算不合理,根据江西省平均水平营养费应按20元/天计算为宜。(2)一审判决上诉人承担诉讼费3000元不合理,不符合法律规定。

被上诉人唐涛答辩称:(1)一审判决由瑞通养护公司承担赔偿责任,而没有判欧阳骏赔偿责任是正确的,因为欧阳骏是该公司的职工,在2012年7月17日事故发生前,欧阳骏是在鹰瑞高速公路南丰路段抢修公路,到晚上的时候他们是在南丰白舍吃的饭,吃完饭负责带班的人要欧阳骏第二天早上去广昌那边接人继续到南丰来抢修公路,欧阳骏是根据带班的工区长指示、安排第二天到广昌接民工过来去南丰继续抢修公路,因为欧阳骏是广昌人,所以那天吃完饭欧阳骏就回广昌了,因为劳动了一天晚上比较劳累,第二天又要去接人,所以就到广昌莲花国际大酒店泡了下脚,之后准备回家,就在回家的途中发生交通事故。从这个过程来看,这个是属于一种职务行为,他是从事于日常生活工作所需要的活动,而且是在合理的时间和线路上,根据最高人民法院关于审理工伤保险行政案件的相关规定第六条第(三)项,发生事故是属于上下班途中,在上下班途中发生事故是工伤,造成别人伤害也是属于职务行为。根据侵权责任法第三十四条规定,用人单位的工作人员因执行职务行为造成他人损害的,用人单位承担侵权责任。(2)一审没有遗漏当事人,程序合法,唐晓伢是唐涛的父亲,也是法定代理人,事实上车辆也不是唐晓伢提供的,是唐涛自己擅自拿这个车子去驾驶,唐晓伢当时在广东深圳做事,不在广昌,况且即使有过错,一审判决也确认了其承担10%的责任,一审判决也没有增加上诉人的责任。(3)一审判决事故责任划分正确,根据道路交通安全法第七十六条规定双方都有过错的,按照各自过错比例分担责任,事故认定书也认定了欧阳骏承担主要责任,唐涛承担次要责任,从这个责任划分来看,欧阳骏承担的责任明显程度应大得多,一审判决主要责任人承担70%,次要责任人承担20%,这个责任划分没有错。(4)一审判决对城镇医保报销的医疗费没有核减是符合法律规定的,并没有增加上诉人的负担。侵权责任法第二十条规定是为了保护被害人,使被害人得到最好的赔偿,同时也是为了惩罚侵权人,因此其确认的损害赔偿原则是损失全额赔偿,并不是填平原则。根据最高人民法院人身损害赔偿司法解释第十二条规定,表明因用人单位以外的第三人侵权造成劳动者的人身损害又属于工伤事故的可以获得双重赔偿,并不能减轻用人单位以外的第三人的侵权责任。根据社会保险法第二十三条规定因为基本的医疗保险用人单位和职工要按照一定比例缴纳,并不是国家社会福利制度的一部分,而是国家为了保护职工的利益不受侵害的强制性规定,该法第三十条还规定应由第三人承担的医疗费用,不纳入基本医疗保险支付范围,事实上第三人造成的应由第三人承担,作为唐涛受害后,也不是医疗保险基金先行支付,也不是垫付,这个规定也是为了保护受害人得到及时的治疗,并不能减轻侵权人的责任。(5)一审判决赔偿唐涛护理所需的物品费用和泌尿系统检查费用,适用法律正确,符合侵权责任法第十六条规定。在本案中,唐涛是为了治疗后康复所需要上述两项费用,是合理费用,最高人民法院人身损害赔偿司法解释第十七条也有明确规定。(6)营养费符合法律规定,也符合本市的生活水平,以每人每天 30 元计算不算高。(7)一审法院判决保险公司承担诉讼费 3000 元符合法律规定,根据《诉讼费用交纳办法》第二十九条规定诉讼费由败诉方承担。作为保险公司,在交强险和商业险都应当承担诉讼费用,保险公司也没有将该承担的保险费按时支付,判决其承担诉讼费有事实法律依据。综上所述,一审判决适用法律正确,认定事实清楚,请求二审法院依法驳回两上诉人的上诉请求。

被上诉人欧阳骏答辩称:被上诉人欧阳骏在本案中驾车行为属职务行为,欧阳骏是听从瑞通养护公司安排于 2012 年 7 月 17 日晚驾车回广昌,以便第二天清晨接送公司养护人员回鹰瑞高速南丰路段进行公路抢修。本案事发当天,因暴雨鹰瑞高速南丰路段塌方,欧阳骏就听从公司安排在该路段进行铲泥等公路抢修,劳累一天,晚上在白舍吃饭后,欧阳骏便被安排回广昌接送公司养护人员回高速公路,晚上行驶至广昌莲花大桥路段时发生交通事故,仍然属于履行职务或者与履行职务有内在联系的行为。欧阳骏在本案的驾车行为属职务行为,故不应承担任何责任。原判认定事实清楚,适用法律正确,应予维持。

被上诉人鹰瑞高速建设办没有发表答辩意见。

二审期间,各方当事人均没有提供新的证据。

二审审理查明,各方当事人对原审查明的事实均没有异议,法院对原审查明的事实予以确认。但上诉人瑞通养护公司认为一审遗漏"事发当时,欧阳骏的驾驶行为是在履行职务还是个人行为"的事实,一审判决在"法院认为"部分阐述不对,欧阳骏的驾驶行为不属于职务行为。

二审法案经调解,未能达成协议。

二审法院认为,本案的争议焦点为:

其一,关于被上诉人欧阳骏在本次事故中的驾驶行为是否属于职务行为,及欧阳骏是否应承担赔偿责任的问题。

上诉人瑞通养护公司认为,欧阳骏的驾驶行为是个人行为。即便要承担责任,上诉人也是承担机动车管理人的管理过错责任。欧阳骏是受该单位带班负责人安排第二天接人的事实,没有证据证明。欧阳骏事发前去酒店泡脚这个行为改变了职工上下班途中的性质,不属与职务有关联的行为。

二审法院认为,本案事故肇事车辆的实际使用人是上诉人瑞通养护公司,肇事司机即被上诉人欧阳骏也是上诉人聘用的驾驶员,相对于不特定的第三人而言,有理由相信被上诉人欧阳骏是在执行上诉人瑞通养护公司安排的工作任务,欧阳骏驾驶行为符合履行职务行为的表象。事故发生后,被上诉人欧阳骏也坚称是为了从事上诉人瑞通养护公司安排的工作任务才驾驶车辆回广昌并发生交通事故。对此,二审法院认同一审判决的认定,相对受害人即被上诉人唐涛而言,欧阳骏的驾驶行为是否是职务行为,应由上诉人瑞通养护公司与被上诉人欧阳骏承担相对应的举证责任。上诉人瑞通养护公司虽然提供了广昌县公安交警大队的一份询问笔录,以证明欧阳骏驾驶车辆的行为系非职务行为,但该笔录证据单一,没有其他证据印证,不能形成有效的证据链。且根据该笔录,本案事故也是发生在被上诉人欧阳骏泡脚行为之后,上诉人瑞通养护公司对此也没有提交证据,证明本案事故发生地点不属于被上诉人欧阳骏驾车行驶的合理路线,不能排除被上诉人欧阳骏泡脚后驾驶的行为属于从事职务行为过程。

综上所述,二审法院对上诉人瑞通养护公司的此项上诉主张不予支持,对被上诉人欧阳骏主张在本案事故中的驾驶行为属于职务行为的意见予以采信,根据《中华人民共和国侵权责任法》(现已失效)第三十四条第一款"用人单位的工作人员因执行工作任务造成他人损害的,由用人单位承担侵权责任"之规定,被上诉人欧阳骏在本案中不承担赔偿责任。

其二,关于未将唐晓伢列为本案一审被告是否属于遗漏当事人,违反法定审理程序的问题。

上诉人瑞通养护公司认为,一审应当释明唐涛是否追加唐晓伢为被告,经释明后其不同意,法院也应当追加唐晓伢为第三人参加本案诉讼。

二审法院认为，唐晓伢是本案被上诉人唐涛的法定代理人，法律上可代表唐涛行使有关民事权利和承担有关民事义务，保障唐涛的民事权益。一审未将唐晓伢列入一审被告符合民事诉讼法律精神，不属于遗漏当事人，违反法定审理程序的情形。且一审也根据案情扣除了一定的责任份额，对上诉人瑞通养护公司承担责任比例并不产生影响。

其三，关于一审判决对本次事故责任划分比例是否错误的问题。

上诉人瑞通养护公司认为，本案应由欧阳骏承担主要责任，唐涛承担次要责任，瑞通养护公司承担机动车管理人管理相应过错责任，唐晓伢也应承担机动车所有人的过错责任，四者的比例从大到小应按此顺序划分。唐涛是无证驾驶、酒后驾驶，判其承担20%的责任明显偏低。

二审法院认为，被上诉人欧阳骏因执行上诉人瑞通养护公司安排的工作任务导致本案事故发生，相应的侵权赔偿责任应由用人单位即上诉人瑞通养护公司承担，故法院对上诉人瑞通养护公司认为其承担的是机动车管理人管理责任的主张不予支持。关于一审因唐晓伢未作为本案当事人而扣除10%的损失是否比例合理的问题。二审法院认为，根据《中华人民共和国侵权责任法》（现已失效）第四十九条的规定“因租赁、借用等情形机动车所有人与使用人不是同一人时，发生交通事故后属于该机动车一方责任的，由保险公司在机动车强制保险责任限额范围内予以赔偿。不足部分，由机动车使用人承担赔偿责任；机动车所有人对损害的发生有过错的，承担相应的赔偿责任”，机动车所有人或管理人承担相应管理过错赔偿责任，前提是该责任可归属于其所有或管理的机动车一方。根据本案交通事故认定书，欧阳骏负事故的主要责任，承担70%的赔偿责任并不过高，唐涛负事故的次要责任，由其驾驶的机动车一方承担30%的责任较为合理。唐晓伢作为唐涛驾驶车辆的机动车所有人，如存在机动车维护管理过错，也只能减轻唐涛承担的责任比例，并不能减轻欧阳骏一方的责任比例。故一审法院根据各方过错判定由上诉人瑞通养护公司承担70%的赔偿责任，法院予以维持。

其四，关于上诉人瑞通养护公司应否赔偿被上诉人唐涛在医保机构已报销医疗费的问题。

上诉人瑞通养护公司认为，已经报销的费用不能重复赔偿，医保机构可随时向侵权责任人进行追偿。如果直接判决给唐涛的话，受害人得到了双重赔偿或者额外利益，也将导致医保机构追偿不能。

二审法院认为，被上诉人唐涛虽然在医保机构报销了部分医疗费用，但这并不能减轻上诉人瑞通养护公司的赔偿责任,故法院对上诉人瑞通养护公司的此项抗辩主张不予支持。关于已报销医疗费如何追偿,属被上诉人唐涛与医保机构之间的法律关系,与本案处理无关。

其五,关于被上诉人唐涛有关二便护理所需的物品费用和泌尿系统检查费用的诉请能否支持的问题。

上诉人瑞通养护公司认为,二便护理所需的物品费用和泌尿系统检查费用,不属于侵权责任法第十六条所列的赔偿项目,类似费用应当包括在残疾赔偿金的范围内,这种费用是生活性费用,不属于治疗或康复的费用。

二审法院认为,被上诉人唐涛因本次交通事故致使大小便不能自理,需要定期进行泌尿系统尿常规、B超及尿培养等检查,二便护理和泌尿系统检查产生的费用属于其治疗与康复所必需的合理费用,根据《中华人民共和国侵权责任法》第十六条“侵害他人造成人身损害的,应当赔偿医疗费、护理费、交通费等为治疗和康复支出的合理费用,以及因误工减少的收入。造成残疾的,还应当赔偿残疾生活辅助具费和残疾赔偿金。造成死亡的,还应当赔偿丧葬费和死亡赔偿金”之规定,一审判决支持被上诉人唐涛有关二便护理所需的物品费用和泌尿系统检查费用符合法律规定,法院予以维持。此外,上诉人瑞通养护公司辩称二便护理所需的物品费用和泌尿系统检查费用包括在残疾赔偿金的范围内,而本案中被上诉人唐涛的二便护理所需的物品费用、泌尿系统检查费用明显高于其残疾赔偿金,故上诉人的此项辩称意见于理不合,也不符合法律规定,法院不予采纳。

其六,关于一审判决被上诉人唐涛营养费是否过高的问题。

上诉人平安保险公司认为,营养费计算标准过高,应按20元/天计算。

法院认为,一审判决根据本市生活水平按每天30元计算被上诉人唐涛的营养费符合日常生活实际,法院予以维持。

其七,关于上诉人平安保险公司应否承担一审诉讼费的问题。

上诉人平安保险公司认为,根据法律规定保险公司不应承担诉讼费用。

法院认为,上诉人平安保险公司参与本案诉讼,是基于其承保了本案肇事车辆赣M×××××号轻型自卸货车的机动车交通事故强制责任险和商业三者险,根据法律规定和保险合同约定需要承担赔偿责任,但其并不是实际侵权行为人,不应承担一审案件受理费。一审判决分担一审案件受理费不当,应予纠正,一审判决由上诉人平安保险公司负担的案件受理费3000元应由上诉人瑞通养护公司负担。

综上所述,法院认为,原判认定事实清楚,适用法律正确。

▶【案件焦点】> > >

作为社会保障制度最重要的内容之一的医疗保险制度是劳动者最为重要的社会福利之一,也是社会保险法强制要求缴纳的社会保险,对于劳动者患病时的保障意义重大,但是用人单位存在恶意不缴纳现象,从案例的角度分析可以从实践方面径行剖析。医疗保险的意义最为明显,其与劳动者的现实生活直接相关。

▶【学理分析】> > >

一、城乡医疗保险法律制度统一模式的理论争议

关于城乡居民医疗保险法律制度统一的方式选择问题是近年来学术界争议的热点问题。总体来说,面对我国现有的新型农村合作医疗、城镇居民医疗保险、城镇职工医疗保险三大板块构成的基本覆盖城乡的医疗保险制度,如何进行整合统一学术界主要分为三类典型的观点。第一类观点是当前鉴于我国的国情,三种医疗保险制度在一定时期内还是应当继续保持下去,暂时这三项制度还不适宜于统一为全国范围的城乡居民医疗保险制度,但同时三项制度之间可以建立衔接规范体系以弥补三项制度在运行当中的弊病。第二类观点主要倾向于把城镇居民医疗保险制度和新农村合作医疗保险制度先统一为城乡居民基本医疗保险制度,同时与城镇职工基本医疗保险制度之前也建立必要的衔接制度。这类观点的提出是考虑到当前经济社会条件下,城镇职工基本医疗保险在筹资、基金管理、服务和待遇方面与另外两项制度还是有很大的区别的,现阶段将三项医疗保险制度进行全面的"大统一"是不合时宜的,也不现实;而新农合与城镇居民医疗保险两项制度本身在内容设计、运作实际等方面具有相似性,实现两者之间的统一也具有必要的社会经济基础,因此为了适应城镇化进程的要求,统筹城乡发展的需要,在基础医疗保障方面体现全民的公平的价值定义,有必要将城镇居民医疗保险制度和新型农村合作医疗相统一。第三类观点认为,城镇居民医疗保险和新型农村合作医疗保险制度的统一应该缓步进行,而不能操之过急。因为现阶段中国在城乡之间,不同地域之间的经济社会发展不平衡,城乡居民在医疗保险意识观念、需求、消费等方面存在着很大的差

异性。城乡医疗保险法律制度的盲目统一极易造成城乡居民因为医疗资源利用水平的高低而造成的矛盾,继而出现城乡的不公平。因此在两项制度统一的问题上应当充分考虑相关因素,而不宜盲目地统一。

单独以城乡经济社会条件巨大的差异性作为保障城乡居民医疗健康的两套基本医疗保险制度之依据是不合理的。事实上,在更多具体的医疗保险地域内,城乡居民之间的社会经济基础、收入差距并不是非常的悬殊,随着城镇化进程的不断推进,越来越多的农村居民与城镇居民融合在了一起,有了相近的社会经济环境、就业机构或者更多条件的接近。这些经济社会条件的相近也为两项制度统一奠定了基础。笔者认为更合理的划分还是应当从居民的"职业性",即是否属于正式的职业者或者说就业人员。因为城镇职工基本医疗保险保障的是正式的就业者,而另外两项制度则保障的是非正式的就业者。保障就业者和非就业者的医疗健康的制度方面在筹资方式、服务待遇、基金管理等很多方面存在着很大的差异性,他们之间的统一是不切合现阶段的经济社会发展实际的。而比较现实的做法则可以考虑在全国范围内的非职业居民的医疗保险法律制度的统一,即将制度设计相近的新农合和城镇居民医疗保险法律制度相统一,建立城乡居民基本医疗保险制度。

二、城乡居民基本医疗保险法律制度的统一的可行性

(一)城乡居民基本医疗保险法律制度的统一的社会经济基础相似

尽管从客观层面来说,城乡居民在收入、消费水平和城乡地区的发展还是存在着明显的差距,但是如果我们一个具体的基本医疗保险统筹区域作为样本,实际上该区域的城乡居民所依靠的社会经济基础是相近的,城乡居民之间的收入差距也逐渐地接近或者说不明显。随着我国40多年来经济改革的加快发展,我国城乡"常规的"或"标准化"的"正式就业者",在数量上已被"非正式"或"非标准化"机构、临时性、随意性、非全日制、移民工人和劳务承包、劳务派遣的劳动者所超越。同一统筹区域内城乡居民基本医疗保险所依据的经济社会条件的相似性,是城乡居民基本医疗保险法律制度统一的社会经济基础。

(二)城乡居民基本医疗保险统一的具体操作的可行性

新型农村合作医疗和城镇居民基本医疗保险在具体的制度设计和运作模式都比较相似,两项制度在筹资方式,筹资水平,医疗保险待遇等主要方面都很接近,并且随着城镇化进程的推进,城乡居民收入差距在逐步接近,两类群体身份界限正在消失,对于城乡居民采用两套不同的医疗保险模式,一来没有什么现实的积极意义,二来城乡居民基本医疗保险法律制度的统一有助于减少医疗资源的浪费和管理上的不协调。城乡居民基本医疗保险法律制度的统一,是统筹城乡发展,提高医疗整体服务水平,公正公平实现社会和谐发展的要求。具体说来:

1. 新型农村合作医疗和城镇居民基本医疗保险制度都属于我国医疗社会保险的基本范畴。保障的群体之间在各自的权利、义务、法律责任是一致的。

2. 新型农村合作医疗和城镇居民基本医疗保险保障的都是没有正式职业的人群,即非职工性质的群体,而在一个特定的统筹区域内,这两类人群的收入,就业情况其实大抵相近并没有大的差别,政府在保障居民医疗健康方面理应从社会公平的角度出发给以相同的待遇。

3. 两项制度在内容方面是基本相同的,尽管新型农村合作医疗和城镇居民基本医疗保险制度在名称上是不同的,但实际考察中两项制度在参保方式、筹资手段、基金的管理、基金运营、医疗服务待遇等方面是相似的。

三、城乡居民基本医疗保险法律制度统一的总体框架

(一)城乡居民基本医疗保险法律制度统一的总体目标

统一的城乡居民医疗保险制度应是惠及全体城乡居民,极具社会价值的制度,体现在公平公正的在筹资、管理、支付、服务等领域实现统一,使他们不因为户籍、收入情况、所在地域的限制而有差别的享受最基本的医疗保障。这项制度是在统筹城乡发展的政策背景之下,通过政府、社会、个人的互助共济以分散社会的风险。统一城乡居民医疗保险法律制度的总体目标是将新型农村合作医疗和城镇居民基本医疗保险两项相似的制度统一,通过制度与政策在深度权衡的基础之上优化改进,形成更加高效合理的城乡统一的医疗保险法律制度,实现一定的统筹区域内的城乡居民在医疗保障水平、医疗服务水平,筹资标准和受益水平上的基本一致,使和谐的概念在基本医疗保障方面得到深刻的诠释。

(二)城乡居民基本医疗保险法律制度统一路径思考

1. 对现在的医疗保险保障的人群进行更合理的划分。依据居民的身份划分医疗保险服务人群存在着一定的局限性,并且也不符合当前城乡统筹发展、公平公正实现和谐发展的目标。笔者的观点在于:现阶段一方面可以将城镇居民基本医疗保险和新型农村合作医疗统一成城乡居民基本医疗保险法律制度,另一方面按照是否正式从业的划分标准,将城乡职工、农民工、公有或者非公有的单位的职工纳入城镇职工基本医疗保险的体系中去,最终形成以城乡居民医疗保险法律制度和城乡职工基本医疗保险法律制度的新“二元”医疗保险制度结构。这种以居民是否从业为标准划分医疗保险对象的意义，在于统一城乡非职工基本医疗保险法律制度之后，不仅能够扩大医疗保险的覆盖范围，而且使得城乡居民能够在缴费、支付、就医等方面享受到公平的待遇。同时也弥补了原有碎片化、分割化运行传统医疗保险制度的缺陷，避免了医疗保险制度分设，管理体制分散所带来的医疗资源的不合理配置。

2. 建立规范城乡居民基本医疗保险制度的法律规范。居民的医疗健康是国家保障居民生存和发展权的最基本的内容，目前我国并没有一部以规范医疗公平，维护医疗保险领域制度的统一法律，实施中的《中华人民共和国社会保险法》针对医疗保险也没有更加细致的规定，在城乡居民基本医疗保险方面只是在第二十二条规定了省、自治区、直辖市人民政府根据实际情况，可以将城镇居民社会养老保险和新型农村社会养老保险合并实施的指导性条文。因此，可以在吸收国外相对成熟的城乡医疗保险法的基础上结合中国具体的国情建立城乡统一的“城乡居民基本医疗保险条例”，加强法律体系建设，以法律的形式明确规定城乡居民基本医疗保险的管理。

3. 建立统一的城乡居民医疗保险制度的配套服务体系。前文已经提到城镇居民基本医疗保险和新型农村合作医疗除了在名称上的差别以外，事实上在具体的制度设计、筹资方式、医疗待遇等方面存在着相似之处，或者说并没有大的差别。因此在政策方面可以将城镇居民基本医疗保险和新型农村合作医疗在一定的统筹区域内统一起来，形成基金筹资、基金管理、医疗保险服务方面的统一的城乡居民医疗保险配套服务体系。(1)整合经办机构，可以由劳动和社会保障部门来统一管理现有的城镇居民基本医疗保险和新型农村合作医疗。(2)建立统一规范的医疗保险服务体系，实现统一的管理，统一筹资标准、统一保险服务标准，规范医疗保险服务流程。(3)提高社会城乡居民医疗保险服务人员的综合素质。由于城乡和不同地区地域性差异医疗保险从业人员综合素质参差不齐，有必要定期对相关人员进行培训以提高他们的服务水平，进而保证城乡居民医疗保险的实施效果。

▶【法条链接】> > >

中华人民共和国社会保险法

第二十三条 职工应当参加职工基本医疗保险，由用人单位和职工按照国家规定共同缴纳基本医疗保险费。

无雇工的个体工商户、未在用人单位参加职工基本医疗保险的非全日制从业人员以及其他灵活就业人员可以参加职工基本医疗保险,由个人按照国家规定缴纳基本医疗保险费。

第二十四条 国家建立和完善新型农村合作医疗制度。

新型农村合作医疗的管理办法,由国务院规定。

第二十五条 国家建立和完善城镇居民基本医疗保险制度。

城镇居民基本医疗保险实行个人缴费和政府补贴相结合。

享受最低生活保障的人、丧失劳动能力的残疾人、低收入家庭六十周岁以上的老年人和未成年人等所需个人缴费部分,由政府给予补贴。

第二十六条 职工基本医疗保险、新型农村合作医疗和城镇居民基本医疗保险的待遇标准按照国家规定执行。

第二十七条 参加职工基本医疗保险的个人,达到法定退休年龄时累计缴费达到国家规定年限的,退休后不再缴纳基本医疗保险费,按照国家规定享受基本医疗保险待遇;未达到国家规定年限的,可以缴费至国家规定年限。

第二十八条 符合基本医疗保险药品目录、诊疗项目、医疗服务设施标准以及急诊、抢救的医疗费用,按照国家规定从基本医疗保险基金中支付。

第二十九条 参保人员医疗费用中应当由基本医疗保险基金支付的部分,由社会保险经办机构与医疗机构、药品经营单位直接结算。

社会保险行政部门和卫生行政部门应当建立异地就医医疗费用结算制度,方便参保人员享受基本医疗保险待遇。

第三十条 下列医疗费用不纳入基本医疗保险基金支付范围:

(一)应当从工伤保险基金中支付的;

(二)应当由第三人负担的;

(三)应当由公共卫生负担的;

(四)在境外就医的。

医疗费用依法应当由第三人负担,第三人不支付或者无法确定第三人的,由基本医疗保险基金先行支付。基本医疗保险基金先行支付后,有权向第三人追偿。

中华人民共和国劳动法

第三条第一款 劳动者享有平等就业和选择职业的权利、取得劳动报酬的权利、休息休假的权利、获得劳动安全卫生保护的权利、接受职业技能培训的权利、享受社会保险和福利的权利、提请劳动争议处理的权利以及法律规定的其他劳动权利。

中华人民共和国劳动合同法

第十七条 劳动合同应当具备以下条款:

(一)用人单位的名称、住所和法定代表人或者主要负责人;

(二)劳动者的姓名、住址和居民身份证或者其他有效身份证件号码;

(三)劳动合同期限;

(四)工作内容和工作地点;

(五)工作时间和休息休假;

(六)劳动报酬;

(七)社会保险;

(八)劳动保护、劳动条件和职业危害防护;

(九)法律、法规规定应当纳入劳动合同的其他事项。

劳动合同除前款规定的必备条款外,用人单位与劳动者可以约定试用期、培训、保守秘密、补充保险和福利待遇等其他事项。

CHAPTER 3

第三章

失业保险参保范围及缴费

李章华诉昆明市西山区团结供销合作社劳动合同纠纷案[①]

▶【案情简介】> > >

上诉人(原审原告):李章华。

委托代理人:何遇秋,广益法律服务所法律工作者,特别授权代理。

上诉人(原审被告):昆明市西山区团结供销合作社。

委托代理人:崔云、陈琮元,云南华序律师事务所律师,特别授权代理。

上诉人李章华因与上诉人昆明市西山区团结供销合作社劳动合同纠纷一案,不服昆明市西山区人民法院(2013)西法民初字第4561号民事判决,向二审法院提起上诉。二审法院于2014年2月13日受理后依法组成合议庭进行审理,现已审理终结。

原审法院经审理确认的本案事实是:被告昆明市西山区团结供销合作社系集体所有制企业。原告李章华于1974年12月到被告处工作,担任售货员。1990年4月26日,被告调资领导小组会议记录记载:"李章华,从1989年12月10日签棋台合同那天,不去棋台,不服从分工,直至今日(4月26日)共旷工136天。"1990年5月18日,被告召集原告等人开会就短款及工作安排等问题进行讨论并制作会议记录,其中有原告发言表示"5月19日来上班追款"的记载。1994年12月18日,被告向西山区供销合作社联合社提交《关于对长期旷工熊桂英等三名职工除名声明的报告》。1995年3月22日,西山区供销合作社联合

---

① 李章华诉昆明市西山区团结供销合作社劳动合同纠纷二审民事判决书,中国裁判文书网,http://wenshu.court.gov.cn/content/content?DocID=5e6832ea-2fb1-4487-9419-651537ed5ef8,2014-07-08。

社人事保卫科向区社理事会提交《关于团结供销社三名职工除名的报告》。1995 年 3 月 30 日，西山区供销合作社联合社办公室批复如下："经理事会 25 日讨论，先登《云南日报》声明其限期回单位，如在限期内仍未回单位，再作除名处理。如在通知期内回单位的本人写出检查，补清按停薪留职规定交清款项后另行安排。"4 月 6 日，被告工会向西山区供销合作社联合社提交该报告。10 日，西山区供销合作社联合社作出《关于对团结供销社熊桂英等三名职工除名的批复》[(1995)西供字第 3 号文件]，内容为："你社报来'关于对长期旷工的熊桂英等三名职工除名的请示'，经区社理事会 1995 年 3 月 25 日讨论认为，熊桂英、王思富、李章华三名职工，自 1992 年底以来，就离开单位从事其他职业，也不向单位办理有关手续，旷工已达 390 天以上。根据国务院《企业职工奖惩条例》(现已失效)的有关规定，以上三人已具备了除名处理的条件，决定：一、同意团结供销社意见，对熊桂英、王思富、李章华三人作除名处理。二、转走以上三人粮户等一切关系。三、在《云南日报》上登报声明其处理决定。"此文件抄送：区劳动人事局、区工会，发：区社人事保卫科、本人。1995 年 7 月 8 日，被告在《云南日报》上刊登对原告作出除名决定的《郑重声明》。2013 年 9 月 18 日，原告向昆明市西山区劳动人事争议仲裁院申请仲裁，请求裁决：1. 恢复李章华与昆明市西山区团结供销合作社之间的劳动关系；2. 昆明市西山区团结供销合作社补发李章华从 1995 年至今的工资；3. 昆明市西山区团结供销合作社为李章华办理社会保险。经查，该仲裁院认为原告的请求事项不符合该院的受理条件，决定不予受理。

原审法院认为：劳动者的合法权益受法律保护。本案中，原告系被告单位的职工，被告对原告作出的除名决定，关系到原告的重大劳动权益，应当依法进行处理。根据《企业职工奖惩条例》(现已失效)第二十条第二款的规定："职工受到行政处分、经济处罚或者被除名，企业应当书面通知本人，并且记入本人档案。"据此规定，被告单位作出除名决定后，应当书面告知原告本人。而根据庭审查明的事实，昆明市西山区供销合作联合社在《关于对团结供销社熊桂英等三名职工除名的批复》中，已再次明确要求被告将此文件送达原告本人，但被告并未按照法律规定及上级主管部门的要求将该除名处理决定送达原告，违反了上述法律的规定，故其作出的除名决定不符合法律程序，应当予以撤销。至于被告在《云南日报》上刊登除名决定的行为，因被告未能举证说明不能直接向原告送达除名决定的原因，抑或是证明其已采取了其他送达手段仍未能向原告进行送达，故被告直接采取登报公告的形式并不符合法律的规定，对此主张不予支持。对于原告要求被告补发工资的主张,因原告自1995年以后就未到单位上班,被告没有对原告进行劳动管理,原告也没为被告提供劳动,故基于双方长期以来未履行劳动关系存续期间权利义务的事实,对原告要求被告补发工资的主张不予支持。据此,根据《最高人民法院关于审理劳动争议案件适用法律若干问题的解释》(现已失效)第二十条、《企业职工奖惩条例》(现已失效)第二十条、《中华人民共和国民事诉讼法》第六十四条之规定,判决如下:(1)撤销被告昆明市西山区团结供销合作社对原告李章华作出的除名决定,原告李章华与被告昆明市西山区团结供销合作社存在劳动关系。(2)驳回原告李章华的其他诉讼请求。

原审判决宣判后,上诉人李章华、昆明市西山区团结供销合作社均不服,向二审法院提起上诉,李章华请求:撤销昆明市西山区人民法院(2013)西法民初字第4561号民事判决第二项,依法改判。主要事实与理由:原审法院只确认双方当事人存在劳动关系,却驳回要求支付工资的诉请不当,李章华没有到昆明市西山区团结供销合作社上班,未提供劳动的原因不是李章华故意不去,而是昆明市西山区团结供销合作社生产经营困难,让李章华回家等待。既然双方当事人存在劳动关系,因单位的原因造成劳动者待岗,应按规定发放基本工资或生活费。

昆明市西山区团结供销合作社针对李章华的上诉答辩称:李章华没有向单位办理任何手续,自动离开单位,截至1994年已累计旷工390天,本单位的上级单位于1995年作出了职工除名批复,李章华长达数年没有为本单位提供劳动,且已经对其作出除名决定,所以不属于本单位的员工,不存在法律意义上的劳动关系,双方的劳动关系已经终止;李章华在长达18年的时间内没有为本单位提供劳动,其不符合相关法律规定的劳动仲裁及诉讼的时效,法院不应再保护其权利。

上诉人昆明市西山区团结供销合作社请求:撤销昆明市西山区人民法院(2013)西法民初字第4561号民事判决第一项,驳回李章华的全部诉讼请求,由李章华承担本案的诉讼费。主要事实与理由:(1)李章华在1992年底没有向单位办理任何手续,自动离开单位,截至1994年已累计旷工390天,本单位的上级单位昆明市西山区供销合作社联合社于1995年作出了职工除名批复,李章华拒绝签收批复,后以登报的形式向其送达除名决定,原审法院片面地理解《企业职工奖惩条例》,认为单位没有书面送达李章华属程序违法,判令撤销除名决定是错误的。李章华长达数年没有为本单位提供劳动,且已经对其作出除名决定，所以不属于本单位的员工，不存在法律意义上的劳动关系，双方的劳动关系已经终止，原审认定双方存在劳动关系缺乏法律依据。(2)李章华在长达18年的时间内没有为本单位提供劳动，其不符合相关法律规定的劳动仲裁及诉讼的时效，法院不应再保护其权利。

李章华针对昆明市西山区团结供销合作社的上诉答辩称：李章华没去上班是由于李章华没有承包到门市，无工作可做，回家待岗，并非旷工。本案不应当适用《企业职工奖惩条例》，而应当适用劳动法，根据相关法律，除名应召开职工代表大会，昆明市西山区团结供销合作社没有召开职工代表大会是违法的，且当时上级单位针对昆明市西山区团结供销合作社除名申请的答复是先登报告知，是否先登报告知李章华不清楚。

原审法院确认的案件事实除上诉人李章华认为"1990年4月26日，被告调资领导小组会议记录记载：李章华，从1989年12月10日签棋台合同那天，不去棋台，不服从分工，直至今日(4月26日)共旷工136天"。与事实不符外，双方当事人对原审认定的其他案件事实均无异议，本院依法予以确认。另，上诉人昆明市西山区团结供销合作社要求补充确认因李章华拒签除名决定才登报的。

上诉人昆明市西山区团结供销合作社针对其上诉请求提交失业保险审批登记表复印件一份，失业申请登记证明书复印件一份，欲证明李章华在办理失业保险时就知道自己被除名。经质证，李章华认为失业保险是昆明市西山区团结供销合作社办理的，以上证据均为昆明市西山区团结供销合作社单方制作，其并不清楚办理失业保险的原因是除名。二审法院认为，双方当事人对该失业保险是谁向相关行政部门申请办理的存在分歧，现无其他证据佐证该保险是由李章华直接向相关行政部门申请办理的，即无法证明李章华在办理失业保险时就知道自己被除名，故本院对该证据材料不予采信。针对上诉人李章华的事实异议，因1990年4月26日调资领导小组会议记录为昆明市西山区团结供销合作社单方制作，李章华并不认可，故本院对其不予确认；针对昆明市西山区团结供销合作社要求补充确认的事实，昆明市西山区团结供销合作社并无充分证据证实李章华存在拒签的行为，且李章华对此亦不予认可，故本院不予补充确认。

综上所述，本案经二审法院二审审理查明的案件事实除对"1990年4月26日，小组会议记录记载：李章华，从1989年12月10日签订棋台合同那天，不去棋台，不服从分工，直至今日(4月26日)共旷工136天"不作确认外，其他案件事实与原审判决认定的案件事实一致。

归纳双方当事人的诉辩主张，本案的争议焦点为：昆明市西山区团结供销合作社与李章华之间的劳动关系如何处理？昆明市西山区团结供销合作社是否应补发李章华1995年至今的工资及为其缴纳社会保险？

二审法院认为：《最高人民法院关于民事诉讼证据的若干规定》第二条规定，当事人对自己提出的诉讼请求所依据的事实或者反驳对方诉讼请求所依据的事实有责任提供证据加以证明。没有证据或者证据不足以证明当事人的事实主张的，由负有举证责任的当事人承担不利后果。本案中，昆明市西山区团结供销合作社的上级单位昆明市西山区供销合作社联合社（1995）西供字第3号文件，要求在《云南日报》上登报声明对李章华等三人的除名处理决定，并在下方标注发给区社人事保卫科和本人，现昆明市西山区团结供销合作社认为李章华拒签除名决定，采取登报的方式送达，因昆明市西山区团结供销合作社并无充分、有效的证据证实直接向李章华送达过除名决定并遭到拒签，且李章华对此不认可，昆明市西山区团结供销合作社应承担举证不能的不利后果，因昆明市西山区团结供销合作社没有履行向李章华送达除名决定的义务，故法院对昆明市西山区团结供销合作社提出的李章华已于1995年被除名的主张不予采纳。本案当事人均认可1995年之后李章华未再为昆明市西山区团结供销合作社提供劳动，昆明市西山区团结供销合作社未给李章华发放工资，现有的证据亦无法显示双方办理过保留劳动关系的手续，实际上双方当事人自1995年之后即未再享受或履行劳动权利义务，双方的劳动关系于1995年已实际解除，李章华要求恢复劳动关系、补发工资及缴纳社会保险无事实与法律依据，法院不予支持。

▶【案件焦点】> > >

劳动者存在失业风险，由于主客观的限制这是很容易出现的，为了解决劳动者在失业的情况下如何生活，社会保障制度强制性地要求用人单位为其员工缴纳失业保险金，以防止劳动者在失业情况下无法生活的问题。

▶【学理分析】> > >

我国自实施失业保险制度以来，经济健康发展，人民生活水平不断提高，良好的经济环境为提高失业人员的保障水平创造了条件，失业保险制度在很大程度上也促进了经济发展和生产效率的提高。但与此同时，一个不容忽视的现象是，经济增长方式转变使结构性失业问题越发突出，就业方式日趋多样化寻致失业人口构成多元化。这些表明我国在企业转制与经济转轨时期建立起来的失业保险制度所应对的形势已发生重大转变，以正规就业为基础、以城镇国有企业为主要覆盖范围的失业保险制度面临政策调整，并亟待有效发挥其促进就业和预防失业的调控功能。笔者认为，应增强失业保险制度灵活性与保障性、有效发挥失业保险调控功能。

一、我国失业保险制度运行中存在的不足

随着改革开放以来特别是近几年来国民经济的发展，经济结构变化和经济增长方式转变的直接影响之一就是就业结构的变化，结构性失业问题越发突出。就业方式日趋多样化导致失业人口构成多元化，灵活就业成为市场化就业的常态。同时，呈现出失业群体低龄化、失业人员结构多元化和失业长期化的特点，这些变化使得现行的失业保险制度的不足更加明显。

第一，缴费环节缺乏对用人单位和失业者积极就业的经济激励。

现有的失业保险制度缺乏对失业者积极就业的经济激励，制度的灵活性不足，对用人单位抑制失业得不到有效激励。

(1)统一的缴费率没有体现现实差别。我国失业保险的缴费率是以企业工资总额为基准的，《失业保险条例》规定，城镇企事业单位按照本单位工总额的2%缴纳失业保险费，城镇企业事业单位职工按照本人工资的1%缴纳失业保险费。从企业经营状况看，无差别的缴费率忽视了企业之间在雇佣水平上的差异性，效益好的用人单位由于支付较高的工资，因而要承担较高的失业保险费。这类单位员工面临的失业风险相对较小，由此形成“多支出少失业”，影响缴费主体的积极性。从行业看，雇人多、利润低的劳动密集型企业吸纳的就业人口越多，缴纳的保险费越多，企业负担则越重；而技术密集型和资本密集型的高科技企业及一些新兴服务行业，雇人少、利润高、失业风险较为集中，但缴纳的保险费反倒少。从失业保险促进就业的主要功能来看，不利于促进就业。

(2)失业保险未能体现个人所有权，没有个人缴费记录，缴纳的义务和享受的权益失衡，就业关系变动后无法携带缴费记录，许多用人单位和个人由此认为缴纳失业保险费只是付出没有回报，所以不愿缴纳失业保险费。

(3)在企业效益不佳的情况下，失业保险对企业特别是中小企业支持力度不够，导致这些企业在经济效益好转的情况下缴纳失业保险的意识不强。

第二，失业保险政策未能有效覆盖失业人口的失业风险，政策执行力度有待进一步加强。

根据《失业保险条例》的规定，领取失业保险金有着严格的限制条件，大量失业者都因不具备资格而被排斥在失业保险保障之外。失业保险制度的实际覆盖面过窄，导致需要保障的人却无法得到救济。来自人力资源和社会保障部的统计数据显示，2008—2009 年，全国城镇登记失业率分别达到 4.2% 和 4.3%，为近年来的高点，但年末领取失业保险金的人数却有大幅下降，仅占登记失业人员的 25.5%，领取失业保险金人数逆势减少。究其原因，笔者认为，在于失业保险制度改革落后于现实经济环境的发展变化，导致现实中各地出台的扩面政策由于缺乏法律支持而执行力弱化。

(1)《失业保险条例》规定，领取失业保险金的基本条件之一是"非因本人意愿中断就业的"。而对于流动就业的劳动者来说，从现实条件看，以此作为领取失业金条件的规定较为苛刻。比如，对于大学毕业生来说，虽然政府出台种种措施促进其就业，但由于他们没有缴纳过失业保险费，所以与失业保险金无缘。

(2)《失业保险条例》规定，单位招用的农民合同制工人连续工作满 1 年，并且本单位已缴纳失业保险费，劳动合同期满未续订或者提前解除劳动合同的，由社会保险经办机构根据其工作时间长短，对其支付一次性生活补助。由于农民工流动性较大，他们在工作了几年后，也许还达不到连续工作满 1 年的规定，而一些用人单位特别是一些中小型企业和私营企业，为降低人工成本，也没有给农民工缴纳失业保险费，客观上导致目前一些农村外出务工人员在失业后不能领取失业保险金。

第三，在失业保险待遇计发、资金支出和保险金领取方面，存在着公平性不足、支出项目限制严格、缺乏灵活性和人性化等问题。

(1)失业保险待遇计发的公平性有待进一步提高。失业保险金待遇只体现了缴费时间和领取期限的长短，待遇发放水平并不与失业保险的缴费水平挂钩，而是在最低生活保障水平和最低工资标准之间确定，在领取期内发放等额失业金。失业保险金的这种给付只与标准工资单项挂钩的固定支付模式，不仅不利于失业保险的公平性，而且会抑制失业者重返劳动力市场的积极性。

(2)保险金领取缺乏人性化和灵活性设计。一般来说，人们在 20 岁到 40 岁期间失业后容易找到工作，失业期短，对失业保险金的依赖程度不高；而 40 岁以后失业，不易找到工作，家庭负担沉重，此时对失业保险金的依赖程度很高。现行政策规定逾期不领失业保险金则视为自动放弃，这在很大程度上无法满足人们对失业保险的现实需求。

第四，跨省转移失业保险的渠道并不畅通。

我国的社会保险关系已经户籍化，制度规定当地户籍应在当地参保，而相关津贴也必须回户籍所在地领取。人如果流动，只要户口没有随人一起流动，那么缴费人便须回到户籍所在地领取保险金。《失业保险条例》规定，城镇企业事业单位成建制跨统筹地区转移，失业人员跨统筹地区流动的，失业保险关系随之转移。但对于已缴纳的失业保险费是否与失业保险关系一并转移，该条例没有作出统一规定。

第五，不合理的巨额失业保险基金结余。

失业保险实行现收现付，其管理遵循“以支定收、收支平衡、略有节余”的原则。《失业保险条例》实施10年多来，失业保险基金以年均25%以上的速度递增，到2009年底，失业保险基金累计结余已达到1524亿元。一方面是需要扶助的失业人群在扩大，另一方面是庞大的失业保险基金“用不出去”，形成巨额基金结余。

巨额基金结余的形成，根本原因在于失业保险缴费与受益关系的不对称，包括缴费主体与受益主体错位，以及参保、缴费与受益关系的不对称。

二、调整我国失业保险政策的具体思路

如上所述，我国目前失业保险制度存在的主要问题在于失业保险参保、缴费与受益关系的不对称，并由此形成的不合理巨额基金结余。对于基金结余的消化和吸收，至少可以有五种选择：一是降低缴费率，减缓基金收入增长速度；二是提高待遇计发标准，加快基金支出；三是进行投资，避免基金贬值；四是扩大基金支出项目，加大再就业培训补贴；五是完善制度，增强制度功效，保障失业风险集中的用人单位和人群，将失业人员有效纳入失业保险保障范围。换言之，失业保险巨额基金结余的消化和吸收、安排和使用，主要取决于建立失业保险制度的目标。笔者认为，基金结余的形成有着复杂的历史背景和现实因素，还有制度不完善和政策落实不够的因素，不能简单地通过降低缴费率和提高待遇标准来消化基金结余，更不应该急于通过投资进行保值。在目前失业保险参保、缴费与受益主体错位、关系不对称的情况下，基金结余应通过完善制度、调整政策、进行制度创新，切实提高失业保险的保障功能和促进再就业功能来解决。笔者从我国失业保险制度存在的问题和面临的挑战，以及国际失业保险制度改革趋势出发，提出以下政策建议。

1. 加强失业保险制度对劳动者积极就业的经济激励，增强制度的灵活性。首先，提前就业可获就业补助，即在法定享受失业保险给付期限内，因提前找到工作可得到一部分尚未支付的保险金。其次，对愿意从事低技能工作者给予工资补贴。实施提前就业补助政策，要求失业保险基金有较高的支付能力。从长期看，在保证失业保险基金的收支平衡前提下，还可以采用失业保险金随时间递减支付的模式。比如，在累计缴费时间 1 年以上、不满 2 年的情况下，平均给付模式的发放方式为，失业人员可以领取 3 个月失业保险金，待遇金额为最低工资标准的 70%，而随时间递减支付模式下，3 个月的领取金额依次递减分别为最低工资标准的 80%、70%、60%。相比较而言，虽然失业保险基金总的支出不变，但随着领取期限加长，保险金待遇与最低工资水平的差距逐渐拉大，能激励有再就业能力的失业者提前就业，同时保证缺乏再就业能力的弱势群体的福利水平不变。最后，为了配合失业保险金随时间递减支付模式的实行和应急政策的实施，待遇领取的期限可以进一步细化，采用“星期”为单位，以增强待遇递减时间区间的可调整性和准确性。

2. 修订《失业保险条例》，完善现行制度，扩展制度的保障功能，促进劳动力自由流动。为促使失业保险制度改革更好地适应社会经济环境的变化和就业形式的改变，笔者建议对《失业保险条例》从以下几个方面进行修订：

(1)将单位招用的农民合同制工“连续工作满 1 年”改为“累计工作满 1 年”，使由此而享受失业保险金待遇的农民工更多一些。

(2)将“非因本人意愿中断就业的”作为领取失业金条件的规定进一步细化，在政策实施时注重客观上本人是否失业，而不是侧重于非因本人意愿中断就业。

(3)应规定失业保险基金当年使用率的上限，或者累计结余的最大规模，以突出当年的资金尽量用在失业人员的生活保障和就业促进上的政策理念。

(4)允许失业期间可以暂时不领失业保险金，到需要时再申领，领取时间由失业者决定，如同存款，可以累计计算。

3. 化解缴费与受益不对称的矛盾，建立失业保险个人账户制。针对经常在就业与失业之间流动的失业群体推行个人参保制，建立失业保险名义个人账户制度，雇主和雇员所缴费用全部计入参保人员个人账户。失业风险小的正规就业人员个人账户结余或者在退休时一次性退还本人，或者划转进入养老金个人账户。名义个人账户与实际个人账户制度的区别在于资金社会统筹的功能是否依然有效。名义个人账户建立在失业保险基金实行现收现付运行方式的基础上,建立失业保险名义个人账户既保证参保人的合理利益,又不失失业保险的统筹互济的功能。名义个人账户主要有三个方面作用:一是明确个人参保时的缴费标准和缴费记录,满足合并计算缴费年限的需要;二是方便失业保险关系的转移接续;三是作为失业保险最终返还时的计发标准。名义个人账户的制度设计通过个人参保制打破了失业保险覆盖范围的旧边界,能有效满足农民工等灵活就业群体高流动性的要求,体现权利与义务相对应的原则,并为迅速实现失业保险制度覆盖面的扩大提供条件。通过建立失业保险的名义个人账户,有利于更新一部分参保人员心中"只贡献、不受益"的想法,以及"重养老、轻失业"的做法,从而有利于建立失业保险征缴的长效激励机制。

4. 扩大失业保险基金支出规模,增加促进就业支出项目。失业保险基金用于预防失业促进就业的支出范围应包括:一是对失业者促进就业的补贴。失业保险基金支出的方向,应更多地面向企业,通过组织提高失业者个人地位,进而提高保险基金支出的效用。二是对企业预防失业的支出,以抑制解雇。建立以失业补贴方式鼓励企业在不景气时期减少裁员的机制,将风险防范提前到企业。一方面,对企业暂缓征收失业保险金,结合实际降低企业缴费标准;另一方面,通过失业保险机制,资助某些特定企业,帮助改善就业环境,减少离职、跳槽等情况,抑制企业的解雇行为。

5. 探索失业保险跨省市转移的发展模式,探索在不同地区之间可以接续转移失业保险关系,使失业保险金的领取不受户籍制约。失业保险参保职工跨统筹地区发生工作变动的,失业保险关系应随之转移,缴费年限合并计算,并按迁入地标准核定失业保险待遇,实现在工作地领取失业金,而不是现行规定的户口所在地。参保人失业期间到外地居住,可凭失业保险关系转移证明,到新居住地领取失业金。这样既方便又实惠,以更好地体现权利与义务相对应的性质,促进劳动力的合理自由流动。

▶【**法条链接**】> > >

失业保险条例

第十条 失业保险基金用于下列支出:

(一)失业保险金;

(二)领取失业保险金期间的医疗补助金;

（三）领取失业保险金期间死亡的失业人员的丧葬补助金和其供养的配偶、直系亲属的抚恤金；

（四）领取失业保险金期间接受职业培训、职业介绍的补贴，补贴的办法和标准由省、自治区、直辖市人民政府规定；

（五）国务院规定或批准的与失业保险有关的其他费用。

第十四条 具备下列条件的失业人员，可以领取失业保险金：

（一）按照规定参加失业保险，所在单位和本人已按照规定履行缴费义务满1年的；

（二）非本人意愿中断就业的；

（三）已办理失业登记，并有求职要求的。

失业人员在领取失业保险金期间，按照规定同时享受其他失业保险待遇。

中华人民共和国社会保险法

第四十四条 职工应当参加失业保险，由用人单位和职工按照国家规定共同缴纳失业保险费。

中华人民共和国劳动法

第五条 国家采取各种措施，促进劳动就业，发展职业教育，制定劳动标准，调节社会收入，完善社会保险，协调劳动关系，逐步提高劳动者的生活水平。

中华人民共和国劳动合同法

第十七条 劳动合同应当具备以下条款：

（一）用人单位的名称、住所和法定代表人或者主要负责人；

（二）劳动者的姓名、住址和居民身份证或者其他有效身份证件号码；

（三）劳动合同期限；

（四）工作内容和工作地点；

（五）工作时间和休息休假；

（六）劳动报酬；

（七）社会保险；

（八）劳动保护、劳动条件和职业危害防护；

（九）法律、法规规定应当纳入劳动合同的其他事项。

劳动合同除前款规定的必备条款外，用人单位与劳动者可以约定试用期、培训、保守秘密、补充保险和福利待遇等其他事项。

CHAPTER 4

第四章

农民工的社会保险

吴俊祥等与北京峪信金桥劳务服务有限公司劳动争议案[①]

▶【案情简介】>>>

上诉人(原审原告):吴俊祥。

上诉人(原审被告):北京顺达通汇企业管理有限责任公司两河舫餐饮分公司,住所地:北京市顺义区后沙峪地区。

法定代表人:唐旭东,总经理。

委托代理人:张金澎,北京市卓代律师事务所律师。

原审被告:北京峪信金桥劳务服务有限公司,住所地:北京市顺义区后沙峪地区。

法定代表人:王洪敏,董事。

委托代理人:马晓蕾,女,北京峪信金桥劳务服务有限公司文员。

上诉人吴俊祥、上诉人北京顺达通汇企业管理有限责任公司两河舫餐饮分公司(以下简称两河舫餐饮分公司)、原审被告北京峪信金桥劳务服务有限公司(以下简称峪信金桥公司)劳动争议一案,不服北京市顺义区人民法院(2013)顺民初字第00513号民事判决,向本院提起上诉。法院受理该案后,依法组成由法官高峙担任审判长,法官张弘、法官赵卉参加的合议庭进行了审理。本案现已审理终结。

吴俊祥在一审中起诉称:2011年9月,两河舫餐饮分公司负责人看到吴俊

---

① 吴俊祥等与北京峪信金桥劳务服务有限公司劳动争议二审民事判决书,中国裁判文书网,http://wenshu.court.gov.cn/content/content?DocID=d85bc3a3-f983-431c-984e-428d453a57da,2015-05-04。

祥的求职信息与吴俊祥取得联系。经过电话洽商,双方达成如下协议:签订正式劳动合同、月工资 5500 元,合同期内包吃包住、五险一金。电话约定吴俊祥于 2011 年 10 月 10 日到两河舫餐饮分公司报到,安排住宿。自吴俊祥 2011 年 10 月 15 日办理入职参加工作,每月 15 日发放上月工资。2012 年 2 月 14 日,吴俊祥收到两河舫餐饮分公司单方面无故辞退通知书。其间两河舫餐饮分公司一直未与吴俊祥签订劳动合同。2012 年 2 月 15 日,两河舫餐饮分公司以银行打卡形式给吴俊祥发放 1 月 1 日至 1 月 31 日工资 5500 元,尚欠 2012 年 2 月 1 日至 12 月 20 日的工资。期间,吴俊祥除有事请假 13.5 天外,两河舫餐饮分公司从未安排吴俊祥休息、休假,也未按照法律规定支付假日工资。吴俊祥每天加班半个小时(47 天),或者加班 1 小时(27 天),或者加班 16 小时(2012 年 1 月 3 日至 9 日),2012 年 2 月 7 日、8 日、11 日、12 日值班。吴俊祥认为两河舫餐饮分公司的行为严重违反法律,侵犯了吴俊祥的合法权益,因此,吴俊祥诉至法院,要求判令:(1)双方自 2011 年 10 月 15 日至 2012 年 12 月 20 日存在劳动关系;(2)继续履行劳动合同,回两河舫餐饮分公司继续上班;(3)两河舫餐饮分公司支付 2012 年 2 月 1 日至 12 月 20 日拖欠工资 58667 元以及经济补偿金 14667 元;(4)两河舫餐饮分公司支付 2011 年 10 月 15 日至 2012 年 9 月 15 日未签订劳动合同双倍工资差额 60500 元及经济补偿金 15125 元;(5)两河舫餐饮分公司支付 2011 年 10 月 15 日至 2012 年 2 月 14 日日常加班、休息日加班、法定节假日加班、值班加班工资 30240 元及经济补偿金 7560 元;(6)两河舫餐饮分公司支付 2011 年 10 月 15 日至 2012 年 12 月 20 日期间未缴纳社会保险补偿金 16500 元及经济补偿金 4125 元;(7)两河舫餐饮分公司支付 2011 年 10 月 15 日至 2012 年 12 月 20 日期间员工餐补助款 7500 元及经济补偿金 1875 元;(8)两河舫餐饮分公司支付因仲裁起诉、法律咨询和交通、委托律师、复印打字、刻录光盘的费用共计 4110 元;(9)两河舫餐饮分公司支付违规代扣工服押金 300 元。

两河舫餐饮分公司在一审中答辩称:第一,吴俊祥反复提出仲裁,先后申请四次,第一次申请仲裁时就已经明确确认劳动关系已经解除,并要求主张补偿金。但在之后的仲裁以及包括本案庭审,吴俊祥都要求继续履行劳动合同,同时称没有签订劳动合同,前后矛盾。吴俊祥历次申请仲裁,仲裁后又申请撤诉,反反复复,这是恶意诉讼。第二,吴俊祥与两河舫餐饮分公司不存在劳动关系,两河舫餐饮分公司于 2011 年 7 月与峪信金桥公司签订三年期劳务派遣协议,吴俊祥为该单位职工,与两河舫餐饮分公司是用工关系。吴俊祥的工资、保险均由峪信金桥公司负责,仲裁委已经作出认定,吴俊祥没有任何事实与理由,否认客观事实却不能提供相应证据,仲裁裁决意见应予采纳。第三,吴俊祥所述不是事实,2011 年 12 月 15 日并不是用工开始时间,当日吴俊祥领取了工作服进行厨艺考核。吴俊祥经考核后来到两河舫餐饮分公司工作的时间为 2012 年 1 月 1 日。由于两河舫餐饮分公司的饭店 1 月 18 日才正式开业,2012 年 1 月 1 日至 18 日期间吴俊祥没有工作,而是试菜,但两河舫餐饮分公司饭店开业后一个月内两河舫餐饮分公司发现吴俊祥不能胜任工作,不服从管理,并提出两河舫餐饮分公司无法满足的要求如给予饭补等。在此情况下,两河舫餐饮分公司在吴俊祥正式工作不到一个月的 2 月 13 日提出辞退要求,将其退回派遣单位。两河舫餐饮分公司已经将吴俊祥工作期间所有劳动报酬、加班费、经济补偿金以及劳务派遣费用等支付给峪信金桥公司,并由峪信金桥公司支付给吴俊祥。两河舫餐饮分公司不欠吴俊祥任何费用。吴俊祥称其工资为 5500 元不是事实,该 5500 元是两河舫餐饮分公司辞退吴俊祥后由峪信金桥公司支付的,这笔费用包括工资、加班费、经济补偿金等。吴俊祥的月基本工资为 1260 元,两河舫餐饮分公司已经支付其加班费和经济补偿金。第四,两河舫餐饮分公司为吴俊祥提供食宿,吴俊祥为厨师,要求饭补没有依据,且厨师职业特殊,两河舫餐饮分公司无法为吴俊祥调整更合适的岗位,这也是双方用工关系无法继续的原因。第五,两河舫餐饮分公司为用工单位,依法本案应当追加峪信金桥公司为共同当事人,但是吴俊祥执意不申请,仲裁委释明后仍我行我素,执意起诉两河舫餐饮分公司,两河舫餐饮分公司已经不堪其扰,请法院依法判决。

峪信金桥公司在一审中答辩称:吴俊祥所述在两河舫餐饮分公司上岗时间不对,峪信金桥公司推荐其上岗面试时间为 2011 年 12 月 15 日。2012 年 1 月 18 日,两河舫餐饮分公司正式开业,吴俊祥正式入职。2 月 13 日,峪信金桥公司接到两河舫餐饮分公司不再聘用的辞退申请书,峪信金桥公司与吴俊祥联系,双方协议离职。吴俊祥陈述 5500 元的月工资不正确,这其中包括 1 月 18 日至 31 日以及 2 月的工资,还包括加班费、解除补偿金等共计 5500 元。峪信金桥公司招聘吴俊祥的工资是最低工资 1260 元加上加班费。

一审法院审理查明:吴俊祥主张与两河舫餐饮分公司存在在劳动关系。为此,吴俊祥提交辞退通知书、就餐证以及工服押金条。辞退通知书于 2012 年 2 月 13 日出具,内容为:"本单位职工吴俊祥因技术未到达公司要求标准,不能胜任本职工作,故辞退。”2011 年 12 月 15 日,两河舫餐饮分公司代扣吴俊祥工服款 300 元,并为吴俊祥出具收据。2012 年 3 月 7 日,吴俊祥申请仲裁,要求确认与两河舫餐饮分公司自 2011 年 10 月 15 日至 2012 年 2 月 13 日存在劳动关系;要求两河舫餐饮分公司支付未签订劳动合同双倍工资差额、加班费、社会保险补偿金、违法解除劳动合同赔偿金等。后吴俊祥撤回申请。2012 年 6 月 19 日,吴俊祥再次申请仲裁,要求确认双方自 2011 年 10 月 15 日至 2012 年 6 月 19 日存在劳动关系、继续履行劳动合同,支付拖欠工资等。后吴俊祥再次撤回申请。2012 年 8 月 21 日,吴俊祥第三次申请仲裁,要求确认自 2011 年 10 月 15 日至 2012 年 8 月 15 日存在劳动关系、继续履行劳动合同等。后吴俊祥再次撤回申请。2012 年 9 月 25 日,吴俊祥第四次申请仲裁,要求确认双方自 2011 年 10 月 15 日至 2012 年 9 月 15 日存在劳动关系,要求两河舫餐饮分公司继续履行劳动合同、两河舫餐饮分公司支付 2012 年 2 月 1 日至 15 日拖欠工资 41250 元、2011 年 10 月 15 日至 2012 年 9 月 15 日未签订劳动合同双倍工资差额 60500 元、2011 年 10 月 15 日至 2012 年 2 月 14 日加班工资 30744 元、2011 年 10 月 15 日至 2012 年 9 月 15 日未缴纳社会保险补偿金 13200 元、2011 年 10 月 15 日至 2012 年 9 月 15 日员工补助款 5500 元。12 月 20 日,顺义仲裁委作出京顺劳仲字(2012)第 4733 号裁决书,驳回吴俊祥的全部申请请求。吴俊祥不服仲裁裁决,起诉至一审法院。

两河舫餐饮分公司称吴俊祥与其不存在劳动关系,吴俊祥系峪信金桥公司于 2011 年 12 月 15 日派遣至其单位工作。为此,两河舫餐饮分公司提交劳务服务协议、参保职工四险缴费情况表、代扣工服押金收据、《关于吴俊祥的派遣说明》、花名册。劳务服务协议为峪信金桥公司与两河舫餐饮分公司于 2011 年 7 月 1 日签订,内容为峪信金桥公司向两河舫餐饮分公司派遣合同制工人 50 人。参保职工四险缴费情况表显示峪信金桥公司为吴俊祥缴纳了 2012 年 1 月的社会保险。收据为两河舫餐饮分公司代扣工服款 300 元。《关于吴俊祥的派遣说明》系两河舫餐饮分公司出具,内容为吴俊祥系该单位从社会招聘于 2011 年 12 月 14 日派遣至两河舫餐饮分公司应聘厨师岗位,因不胜任该岗位,2012 年 2 月 13 日被退回,其工资保险等待遇均由其公司负责。花名册由峪信金桥公司出具,为派遣至两河舫餐饮分公司的人员名单,包括吴俊祥。吴俊祥对劳务服务协议不予认可,称没有自己签名,不是三方协议;对参保职工四险缴费情况表不予认可,称峪信金桥公司没有资格为其缴纳社会保险;对收据真实性认可,但称自己2011年10月15日就上班了；对《关于吴俊祥的派遣说明》以及花名册均不认可，称两河舫餐饮分公司不能出具其入职申请表等证据，无三方劳务派遣协议。峪信金桥公司对两河舫餐饮分公司出示的上述证据均无异议。

就吴俊祥的入职情况，吴俊祥称两河舫餐饮分公司负责人看到其在报纸上登记的求职信息联系其本人，由唐旭东接待，在两河舫餐饮分公司面试，口头约定工资标准为月工资5500元，包吃包住，五险一金，无约定试用期；工作内容为烤全羊、烤羊腿、羊排等；入职时间为2011年10月15日。峪信金桥公司则称由公司出纳张建平上网招聘的吴俊祥，12月15日让其到两河舫餐饮分公司面试，口头约定1—3个月试用期，工资为打卡发放。两河舫餐饮分公司称2011年12月15日吴俊祥开始到其餐厅试菜，1月1日开始在两河舫餐饮分公司下的三友轩工作并开始记录考勤。为此，两河舫餐饮分公司提交2011年9月至2012年1月的考勤。考勤表显示2011年9月至12月期间无吴俊祥考勤记载，从2012年1月开始有吴俊祥考勤情况，考勤表有总经理唐旭东和厨师长张栗涛的签名。吴俊祥对2011年9月至12月的考勤不认可，认为没有签字确认，称没有考勤不代表不在那里上班，对2012年1月记载的考勤情况认可。经核实该月吴俊祥共出勤25天(包括2012年1月1日1天)，休息6天。

关于工资情况，吴俊祥称自己月工资为5500元，每月15日现金领取上月工资；最后一笔工资2012年1月1日至31日的工资通过银行打卡发放。为此，吴俊祥提交工资条三张、邮政储蓄银行打卡记录。工资条显示吴俊祥序号为12号，10月工资为3117元；11月应付工资5605.56元、扣个税105.56元、扣工服300元、实发工资5200元；12月实付工资5500元、应付工资5605.56元、代扣个税105.56元。邮政储蓄银行显示2012年2月15日，吴俊祥的账户(×××)现转5500元。经该院依法查询，该笔款项汇入人为吕艳丽。两河舫餐饮分公司对工资条的真实性不认可，称是伪造的；对银行打卡记录及查询结果真实性认可，但不认可证明目的，称工资是由两河舫餐饮分公司打给峪信金桥公司，由峪信金桥公司再向吴俊祥发放；银行打卡发放的5500元包括2012年1月的工资、加班费等。峪信金桥公司质证意见同两河舫餐饮分公司，同时认可5500元是自己打的，但称是通过经理王昕怡的个人账户打的。在该院出示查询结果后，峪信金桥公司称吕艳丽为自己单位文员，主要负责增减员、保险、发放工资等，记不清楚为何是通过吕艳丽的个人账户打卡发放吴俊祥5500元了。

两河舫餐饮分公司称吴俊祥的工资由峪信金桥与吴俊祥约定。峪信金桥公司称吴俊祥的工资是由出纳张建平与吴俊祥口头约定的,试用期工资不低于国家标准。为此,两河舫餐饮分公司提交《关于发放吴俊祥工资及补偿说明》。《关于发放吴俊祥工资及补偿说明》显示吴俊祥1月工资1260元、春节加班费522元、周六日加班费926.72元、提前30日通知离职补偿1260元、2月工资638元、周六日加班费232元、经济补偿630元、劳务费50元,总计5518.72元。峪信金桥公司对此予以认可,称因为考虑到整数问题以及吴俊祥离职原因,就取整打卡发放5500元。吴俊祥对此均不予认可。

吴俊祥称自己提供实际劳动至2012年2月14日并存在平时、周六日、法定节假日加班及值班。两河舫餐饮分公司称吴俊祥提供实际劳动至2012年2月13日,2月14日吴俊祥就不再干活并开始找单位。为此,两河舫餐饮分公司提交2012年1月和2月的考勤表。1月考勤表显示吴俊祥存在4天法定节假日加班(元旦和春节)、3天周六日加班;2月的考勤表显示吴俊祥出勤至2月13日,共出勤11天,休息2天。吴俊祥对2月的考勤表不予认可。

关于吴俊祥的劳动关系解除情况,吴俊祥称2012年2月13日唐旭东总经理口头辞退,2月14日收到书面通知,整个2月自己都在找两河舫餐饮分公司主张不能辞退自己。两河舫餐饮分公司认可2月13日口头通知吴俊祥,2月14日发的书面通知。为此,吴俊祥提交与唐旭东、人事部刘主任的录音录像。录音录像中提到工服、更衣柜钥匙已经被厨师长收回,唐旭东认为吴俊祥达不到标准,不同意吴俊祥继续工作,双方就补偿事宜未达成一致意见。两河舫餐饮分公司对录音录像不予认可,称录像不清楚,不知道和谁录的,录音内容基本上都是吴俊祥个人在说,而且录音是未经对方允许偷录的。峪信金桥公司对录音也不认可。庭审中,两河舫餐饮分公司不同意继续履行劳动合同,称因为吴俊祥不能胜任工作,公司不可能提供其他工作岗位给吴俊祥。

一审法院判决认定:关于本案的争议焦点,吴俊祥是否与两河舫餐饮分公司存在劳动关系,根据《关于确立劳动关系有关事项的通知》规定,用人单位招用劳动者未订立书面劳动合同,但同时具备下列情形的,劳动关系成立。(1)用人单位和劳动者符合法律、法规规定的主体资格;(2)用人单位依法制定的各项劳动规章制度适用于劳动者,劳动者受用人单位的劳动管理,从事用人单位安排的有报酬的劳动;(3)劳动者提供的劳动是用人单位业务的组成部分。从庭审查明的事实看,吴俊祥对自己入职情况、工资发放、考勤及工作管理情况的表述均直接与两河舫餐饮分公司相关,且两河舫餐饮分公司直接收取吴俊祥的工服费用并直接解除与吴俊祥的劳动关系，两河舫餐饮分公司和峪信金桥公司均未提交证据，证明招聘吴俊祥入职时以峪信金桥公司名义进行招录且与峪信金桥公司建立劳动关系，峪信金桥公司也未提交证据，证明其与吴俊祥签订过劳动合同或将工资发放、保险缴纳情况明确告知过吴俊祥，故该院对峪信金桥公司与两河舫餐饮分公司称吴俊祥与峪信金桥公司存在劳动关系，并派遣至两河舫餐饮分公司的辩解不予采信。《最高人民法院关于审理劳动争议案件适用法律若干问题的解释》（现已失效）第十三条规定，因用人单位作出的开除、除名、辞退、解除劳动合同、减少劳动报酬、计算劳动者工作年限等决定而发生的劳动争议，用人单位负举证责任。两河舫餐饮分公司未能提交证据证明吴俊祥的入职时间，应当承担不利后果。故该院对吴俊祥主张的入职时间予以认可。吴俊祥在与两河舫餐饮分公司存在劳动关系的情况下以吴俊祥技术不达标、不胜任本职工作为由解除劳动关系，但其并未提交证据予以证明，故两河舫餐饮分公司应当承担举证不能的不利后果，两河舫餐饮分公司系违法解除。吴俊祥虽主张双方继续履行劳动合同，但从庭审查明的事实看，吴俊祥主要是对解除与其劳动关系后的补偿事宜不满，多次向两河舫餐饮分公司主张权利，并且多次申请仲裁，并在 2012 年 3 月 7 日申请仲裁时明确主张过违法解除劳动合同赔偿金，两河舫餐饮分公司则在事件发生后多次明确拒绝吴俊祥继续工作，考虑到吴俊祥的工作性质以及后续执行情况，不宜判决双方继续履行劳动合同，吴俊祥可向两河舫餐饮分公司另行主张违法解除劳动关系赔偿金。综上，考虑本案案情以及两河舫餐饮分公司于 2014 年 2 月 14 日向吴俊祥送达辞退通知书的事实，该院确认吴俊祥与两河舫餐饮分公司自 2011 年 10 月 15 日至 2012 年 2 月 14 日存在劳动关系。

《中华人民共和国劳动合同法》第八十二条规定，用人单位自用工之日起超过一个月不满一年未与劳动者订立书面劳动合同的，应当向劳动者每月支付二倍的工资。两河舫餐饮分公司未与吴俊祥签订劳动合同，应当支付其 2011 年 11 月 15 日至 2012 年 2 月 14 日期间未签订劳动合同双倍工资差额。吴俊祥主张其工资为 5500 元/月，两河舫餐饮分公司未提交证据证明吴俊祥的工资水平，故该院对吴俊祥主张的工资水平予以采信并以此为基数依法核算。

吴俊祥主张的 2012 年 2 月 1 日至 12 月 20 日拖欠的工资，根据两河舫餐饮分公司提交的 2012 年 2 月的考勤表，吴俊祥虽对此不予认可，但其并未提交证据予以反驳，该院对此予以采信，从考勤表上看，2014 年 2 月 1 日至 2 月 14 日期间，吴俊祥共出勤 11 天(含 2 天周六日)，故两河舫餐饮分公司应支付吴俊祥 2012 年 2 月 1 日至 14 日期间工资。具体数额由该院依法核算。对于吴俊祥主张的 2012 年 2 月 15 日至 12 月 20 日的工资，因吴俊祥未提供实际劳动，该院不予支持。

吴俊祥主张的 2011 年 10 月 15 日至 2012 年 2 月 14 日的加班工资，其并未提交证据证明其存在延时加班以及关于值班工资的约定，故该院对吴俊祥主张的延时加班工资以及值班工资不予支持。根据两河舫餐饮分公司提交的 2012 年 1 月和 2 月的考勤表，吴俊祥所述休息情况基本与考勤表相符，故该院根据吴俊祥的陈述，以及考勤表可以确认吴俊祥共存在周六日加班 22.5 天、法定节假日加班 4 天，该院依法核算两河舫餐饮分公司应当支付的周六日及法定节假日加班工资。

吴俊祥主张的拖欠工资、未签订劳动合同双倍工资差额及加班工资的 25% 经济补偿金，因该项请求应依据劳动合同法第八十五条的规定先经劳动行政部门处理，故该院对吴俊祥要求支付 25% 经济补偿金的请求不予支持。

吴俊祥主张的代扣工服押金 300 元，两河舫餐饮分公司同意返还，该院对此予以确认。

吴俊祥主张的未缴纳社会保险补偿金，因《中华人民共和国社会保险法》从 2011 年 7 月 1 日开始实施，农民工的社会保险可以补缴，故该院对吴俊祥主张的未缴纳社会保险补偿金及 25% 经济补偿金不予支持。

吴俊祥主张员工用餐补助款，其未提交证据证明其与两河舫餐饮分公司就此有过约定，故该院对吴俊祥主张的员工用餐补助款及 25% 经济补偿金不予支持。

吴俊祥主张的因仲裁起诉法律咨询、交通、委托律师、复印打字、刻录光盘等费用于法无据，该院不予支持。

综上所述，依照《中华人民共和国劳动合同法》第八十二条、《最高人民法院关于审理劳动争议案件适用法律若干问题的解释》(现已失效)第十三条之规定，判决：(1)吴俊祥与两河舫餐饮分公司自 2011 年 10 月 15 日至 2012 年 2 月 14 日期间存在劳动关系；(2)两河舫餐饮分公司于判决生效之日起 7 日内给付吴俊祥 2012 年 2 月 1 日至 2 月 14 日期间工资 2275.86 元；(3)两河舫餐饮分公司于判决生效之日起 7 日内给付吴俊祥 2011 年 11 月 15 日至 2012 年 2 月 14 日期间未签订劳动合同双倍工资差额 16275.86 元；(4)两河舫餐饮分公司于判决生效之日起7日内给付吴俊祥2011年10月15日至2012年2月14日期间周六日加班工资11379.31元、法定节假日加班工资3034.48元;(5)两河舫餐饮分公司于判决生效之日起7日内返还吴俊祥工服押金300元;(6)驳回吴俊祥的其他诉讼请求。如未按本判决指定的期间履行金钱给付义务,应依照《中华人民共和国民事诉讼法》第二百五十三条之规定,加倍支付迟延履行期间的债务利息。

吴俊祥、两河舫餐饮分公司均不服一审法院判决,向二审法院提起上诉。

吴俊祥的主要上诉理由是:吴俊祥与两河舫餐饮分公司于2011年10月15日建立劳动关系,约定吴俊祥工资标准为每月5500元。两河舫餐饮分公司没有与吴俊祥订立书面劳动合同,没有缴纳社会保险。2012年2月14日,两河舫餐饮分公司无理由辞退吴俊祥,吴俊祥当即拒绝,并提起仲裁。因此双方劳动关系一直存续。吴俊祥与峪信金桥公司不存在劳动关系,吴俊祥与两河舫餐饮分公司不存在派遣合同关系。综上,请求撤销一审判决第(一)项、第(二)项、第(三)项、第(四)项、第(六)项,改判如下:(1)吴俊祥与两河舫餐饮分公司自2011年10月15日至2014年12月15日存在劳动关系并继续履行;(2)两河舫餐饮分公司向吴俊祥支付拖欠工资189750元及经济补偿金47437.5元;(3)两河舫餐饮分公司支付吴俊祥自2011年11月15日至2012年10月15日期间未签订劳动合同差额60500元及经济补偿金;(4)两河舫餐饮分公司支付吴俊祥自2011年10月15日至2012年2月14日期间周六日加班工资11379.31元、法定假日加班工资3034.48元、日常加班工资、值班工资16330.21元及25%的经济补偿金;(5)两河舫餐饮分公司支付自2011年10月15日至2014年12月15日,少数民族饭菜补助款及经济补偿金19000元及25%的经济补偿金;(6)判令两河舫餐饮分公司与吴俊祥签订书面固定期限或无固定期限劳动合同;(7)峪信金桥公司向吴俊祥支付精神损失费5万元,并书写致歉信;(8)两河舫餐饮分公司支付吴俊祥精神损失费5万元;(9)两河舫餐饮分公司支付吴俊祥自2012年2月14日至今的法律咨询费、交通费、委托律师费、复印打字费,刻录光盘费、冲洗照片费、邮政快递费、购买法律书籍费62648元;(10)两河舫餐饮分公司补缴2011年10月至2014年12月的保险,并支付相应数额的25%经济补偿金;(11)两河舫餐饮分公司支付吴俊祥自2011年至2015年每年300元过节费、500元年终奖。一、二审案件受理费由两河舫餐饮分公司承担。

两河舫餐饮分公司的主要上诉理由是:吴俊祥2012年12月起诉后,一审法院直到2014年才出具一审判决书,一审法院程序违法。本案是劳务派遣关系,两河舫餐饮分公司提交了劳务派遣协议,且吴俊祥的保险由峪信金桥公司缴纳、工资由峪信金桥公司发放。上述事实足以证明双方存在派遣关系。因吴俊祥不服从管理、不胜任工作,两河舫餐饮分公司将其退回派遣单位峪信金桥公司,不能等同于两河舫餐饮分公司与吴俊祥解除劳动合同。吴俊祥2011年11月14日到峪信金桥公司,两河舫餐饮分公司于2011年11月15日给吴俊祥发的工作服,双方派遣关系自该日成立,吴俊祥主张2011年10月15日与两河舫餐饮分公司成立劳动关系,没有事实依据。吴俊祥的工资标准为1260元,峪信金桥公司支付吴俊祥的5500元中,包括其工资、加班费以及解除劳动合同的补偿金。双方派遣关系已经处理完毕,两河舫餐饮分公司无须对吴俊祥承担任何责任。在适用法律上应当适用劳动合同法,不应适用原劳动部的文件。综上,请求撤销一审判决第(一)项、第(二)项、第(三)项、第(四)项,除同意退还吴俊祥工服押金300元外,改判驳回吴俊祥其他的全部诉讼请求。一、二审案件受理费由吴俊祥承担。

吴俊祥针对两河舫餐饮分公司的上诉理由答辩称:吴俊祥于2011年10月10日到两河舫餐饮分公司报到、办理手续,2011年10月15日正式工作。开始与两河舫餐饮分公司协商的工资是5500元,2011年10月、11月、12月工资都是两河舫餐饮分公司以现金形式发放的。吴俊祥完全不知道峪信金桥公司。吴俊祥与两河舫餐饮分公司存在劳动关系。自2011年10月15日至现在都存在劳动关系。请求驳回两河舫餐饮分公司的上诉请求。

两河舫餐饮分公司针对吴俊祥的上诉理由答辩称:本案中存在劳务派遣的法律关系,吴俊祥没有任何证据否认两河舫餐饮分公司与峪信金桥公司存在劳务派遣关系。吴俊祥被峪信金桥公司派遣到两河舫餐饮分公司下属三友轩餐饮公司,后因吴俊祥不服从管理、不能胜任工作,两河舫餐饮分公司将吴俊祥退回峪信金桥公司。两河舫餐饮分公司给吴俊祥出了辞退通知书,并且将所有工资都结算了。两河舫餐饮分公司不应承担任何责任。请求驳回吴俊祥的上诉请求。

峪信金桥公司同意两河舫餐饮分公司的上诉主张和答辩意见。

二审法院经审理查明的事实与一审法院查明的事实一致。

上述事实,有当事人陈述、辞退通知书、押金条、考勤表、仲裁申请书、仲裁裁决书等证据在案佐证。

二审法院认为:关于劳动关系一节。两河舫餐饮分公司提交劳务服务协议没有吴俊祥的确认,不能就此得出峪信金桥公司派遣吴俊祥到两河舫餐饮分公司工作的结论。仅凭峪信金桥公司2012年1月为吴俊祥缴纳社会保险、2012年2月向吴俊祥支付工资的事实,亦不能得出峪信金桥公司与吴俊祥存在劳动关系的结论。两河舫餐饮分公司收取吴俊祥工服押金、作出辞退吴俊祥决定的行为,可以认定两河舫餐饮分公司与吴俊祥存在管理与被管理的关系,一审法院据此认定吴俊祥与两河舫餐饮分公司存在劳动关系,符合劳动关系确认的要件,理由正当,法院予以确认。两河舫餐饮分公司关于其与吴俊祥存在劳务派遣关系的上诉主张,缺乏事实和法律依据,本院不予支持。

关于劳动关系存续时间一节。2012年2月14日,两河舫餐饮分公司向吴俊祥交付《辞退通知书》,以吴俊祥技术未达到标准,不能胜任工作为由,将吴俊祥辞退。该《辞退通知书》应当理解为两河舫餐饮分公司作出解除与吴俊祥之间劳动合同的意思表示。两河舫餐饮分公司关于该《辞退通知书》仅仅是其将吴俊祥退回峪信金桥公司的上诉主张,显然没有合理性,二审法院不予支持。因两河舫餐饮分公司不能举证证明吴俊祥存在不能胜任工作的事实,该解除行为属于违法解除。一审法院对解除合同的性质认定正确,二审法院予以确认。两河舫餐饮分公司关于峪信金桥公司与吴俊祥协商一致解除合同的上诉主张,没有事实依据,二审法院不予支持。一审法院综合考虑吴俊祥于2012年3月7日申请仲裁时明确主张违法解除劳动合同赔偿金的事实、两河舫餐饮分公司明确拒绝吴俊祥继续工作的情况,以及后续执行情况等具体情事,为了稳定劳动关系,认定两河舫餐饮分公司与吴俊祥之间的劳动关系于2012年2月14日解除,不支持吴俊祥继续履行劳动合同的诉讼请求,符合《劳动合同法》的立法本意和本案具体情况,二审法院予以确认。就两河舫餐饮分公司违法解除劳动关系的赔偿问题,吴俊祥可以另行主张。

吴俊祥关于双方2012年2月14日后仍存在劳动关系,并继续履行劳动合同、签订书面固定期限劳动合同或无固定期限劳动合同的上诉主张,缺乏合理性、可行性,二审法院不予支持。

关于入职时间一节。用人单位依法对劳动关系的建立承担证明责任。本案中,两河舫餐饮分公司以其收取吴俊祥工服押金的时间作为吴俊祥入职时间,显然缺乏依据。两河舫餐饮分公司应当承担举证不能的不利后果。一审法院据此认可吴俊祥关于入职时间的陈述,理由正当,二审法院予以确认。两河舫餐饮分公司关于吴俊祥于2011年12月15日入职的上诉主张,没有事实与法律依据,二审法院不予支持。

关于工资标准一节。用人单位依法对劳动者工资标准承担证明责任。两河舫餐饮分公司、峪信金桥公司陈述,吴俊祥月工资标准为1260元加上加班费。2012年2月15日,峪信金桥公司支付吴俊祥的5500元,并非当月工资,其中还包括2012年1月18日至1月31日以及2月的工资、加班费、解除补偿金等共计5500元。但两河舫餐饮分公司、峪信金桥公司对该陈述不能提交证据予以证明。在吴俊祥对此不予认可的情况下,不能据此认定吴俊祥的工资标准为1260元加上加班费。一审法院依照证明责任,采信吴俊祥关于月工资标准为5500元的陈述,理由正当,二审法院予以确认。两河舫餐饮分公司关于吴俊祥月工资标准为1260元的上诉主张没有事实依据,二审法院不予支持。

基于吴俊祥月工资标准为5500元的判断,两河舫餐饮分公司关于峪信金桥公司已于2012年2月15日支付吴俊祥加班费、解除劳动合同经济补偿金,进而双方劳动关系已经全部了结的上诉主张,没有事实依据,二审法院不予支持。因两河舫餐饮分公司不能举证证明支付吴俊祥2012年2月1日至14日工资,应当承担不利的法律后果。一审法院支持该期间的工资,理由正当,二审法院予以确认。因双方劳动合同已于2012年2月14日解除,吴俊祥要求两河舫餐饮分公司支付劳动关系解除后的工资,没有法律依据,二审法院不予支持。

关于加班工资一节。两河舫餐饮分公司提交的考勤表,可以认定吴俊祥存在加班的事实。一审法院依照两河舫餐饮分公司提交的考勤表,认定吴俊祥加班,并据此计算加班工资,理由正当,二审法院予以确认。两河舫餐饮分公司关于已经支付加班工资的上诉主张,没有事实依据,二审法院不予支持。劳动者依法对加班的事实承担证明责任。吴俊祥主张的超出两河舫餐饮分公司考勤表显示的加班时间,吴俊祥没有提供证据予以证明,应当承担不利的法律后果。吴俊祥关于支付加班工资的上诉主张,没有事实依据,二审法院不予支持。

关于未签订书面劳动合同双倍工资差额一节。如前所述,两河舫餐饮分公司于2011年10月15日与吴俊祥建立劳动关系后,其应当依法与吴俊祥订立书面劳动合同。两河舫餐饮分公司没有与吴俊祥订立书面劳动合同,依法应当支付吴俊祥未签订书面劳动合同双倍工资差额。因双方劳动合同于2012年2月14日解除,两河舫餐饮分公司应当支付2011年11月15日至2012年2月14日期间,未签订书面劳动合同双倍工资差额。两河舫餐饮分公司关于其与吴俊祥不存在劳动关系，以及吴俊祥入职时间较短来不及签订合同，其不应支付未签订书面劳动合同双倍工资差额的上诉主张，没有事实和法律依据，二审法院不予支持。因双方劳动关系已经解除，吴俊祥关于两河舫餐饮分公司应当支付至2012年10月15日未签订书面劳动合同双倍工资差额的上诉主张，缺乏事实和法律依据，二审法院不予支持。

关于少数民族饭菜补助一节。首先，吴俊祥没有提交证据证明，其与两河舫餐饮分公司存在该补助的约定；其次，吴俊祥亦没有提交证据证明，支付该补助的法律依据。吴俊祥关于支付少数民族饭菜补助的上诉主张，没有事实和法律依据，二审法院不予支持。

吴俊祥关于两河舫餐饮分公司支付其拖欠工资、未签订劳动合同双倍工资差额及加班工资等25%经济补偿金的上诉主张，因吴俊祥未依法先行请求劳动行政部门处理，二审法院对此均不予支持。

社会保险的补缴问题并非人民法院的受案范围，吴俊祥关于两河舫餐饮分公司为其补缴社会保险并支付经济补偿的上诉主张，二审法院不予支持。

当事人均认可一审法院关于返还吴俊祥代扣工服押金300元的判项，二审法院不持异议。

综上，吴俊祥、两河舫餐饮分公司的上诉理由不能成立，二审法院不予支持。

▶【案件焦点】>>>

农民工的权益保护一直是劳动法和社会保障法的重点和难点，农民工合法权益受到侵害，自我救济能力由于受到知识水平和学历的限制更加困难，为此，我国出台了专门的农民工社会保险规定，为农民工社会保险权益的维护提供了法律支撑。

▶【学理分析】>>>

一、农民工有权利获得社会保险制度的保护

所谓农民工，就是长期生活在城镇长期从事第二、第三产业劳动，以此来获得主要收入，但户口在农村、户籍身份是农民的劳动者。从20世纪80年代起，随着改革开放力度的加大，越来越多农民，告别传统田园生活，拥入都市。农村富裕劳动力进城务工、就业是工业化与现代化的必然趋势，是加速推进城市化

建设的必然结果。农民工有权利获得社会保险制度的保护。

获得社会保险的保护，是宪法赋予农民工的一项权利。我国宪法第四十五条第一款规定："中华人民共和国公民在年老、疾病或者丧失劳动能力的情况下，有从国家和社会获得物质帮助的权利。……"显然，这里所说的公民也包括农民工在内，宪法还规定，将"建立健全同经济发展水平相适应的社会保险制度"，这是我国政治、社会、经济生活中的一件大事，是我国社会保险发展史上的重要的里程碑，意义非常重大。农民工也应该像他们身边的城市居民一样，在年老、疾病或者丧失劳动能力时，有从国家和社会获得物质帮助的权利。

二、农民工社会保险制度的现状及其成因分析

由于农民工数量多、劳动力市场供大于求的现状造成买方市场，拖欠农民工工资的现象屡有发生。农民工的待遇本来就低，给予他们的社会保险也少。下面，笔者就谈谈农民工的社会保险现状，主要就农民工工伤保险制度、医疗保险制度、养老保险制度展开分析。

（一）农民工工伤保险制度

现行政策法规对农民工工伤保险有如下规定：

劳动法规定：用人单位和劳动者必须依法参加社会保险，缴纳社会保险费。劳动者在退休、患病、负伤、因工伤残或者患职业病、失业、生育时，依法享受社会保险待遇。工伤保险条例要求各类企业、有雇工的个体工商户应当参加工伤保险，为本单位全部职工或者雇工缴纳工伤保险费。未参保期间用人单位职工发生工伤的，用人单位要按照条例规定的工伤保险待遇项目和标准支付费用。条例在"附则"中特别强调：与用人单位存在劳动关系（包括事实劳动关系）的各种用工形式、各种用工期限的劳动者都在参保范围。职业病防治法规定：职业病，是指用人单位劳动者在职业活动中，因接触粉尘、放射性物质和其他有毒、有害物质等因素而引起的疾病。关于职业病病人保险问题，法律明确规定，用人单位必须依法参加工伤保险。职业病病人除依法享受工伤保险待遇，依照有关民事法律，尚有获得赔偿的权利的，有权向用人单位提出赔偿要求。《非法用工单位伤亡人员一次性赔偿办法》对非法用工单位伤亡人员的赔偿范围和标准，单位拒不支付一次性赔偿及有关争议如何处理等问题，作出了明确规定。《关于非全日制用工若干问题的意见》规定：用人单位应当按照国家有关规定为建立劳动关系的非全日制劳动者缴纳工伤保险费。从事非全日制工作的劳动者发生工伤，依法享受工伤保险待遇；被鉴定为伤残5—10级的，经劳动者与用人单位协商一致,可以一次性结算伤残待遇及有关费用。

(二)农民工养老保险制度

《关于完善城镇职工基本养老保险政策有关问题的通知》规定:参加养老保险的农民合同制职工,在与企业终止或解除劳动关系后,由社会保险经办机构保留其养老保险关系,保留其个人账户并计息,凡重新就业的,应接续或转移养老保险关系;也可按照省级政府的规定,根据农民合同制职工本人申请,将其个人账户个人缴费部分一次性支付给本人,同时终止养老保险关系,凡重新就业的,应重新参加养老保险。农民合同制职工在男年满60周岁、女年满55周岁时,累计缴费年限满15年以上的,可按规定领取基本养老金;累计缴费年限不满15年的,其个人账户全部储存额一次性支付给本人。《关于非全日制用工若干问题的意见》规定:从事非全日制工作的劳动者应当参加基本养老保险,原则上参照个体工商户的参保办法执行。对于已参加过基本养老保险和建立个人账户的人员,前后缴费年限合并计算,跨统筹地区转移的,应办理基本养老保险关系和个人账户的转移、接续手续。符合退休条件时,按国家规定计发基本养老金。

三、如何构建我国农民工社会保险制度

(一)农民工社会保险制度必须以法律的形式出现,而不能以政策的形式出现

社会保险法不仅能够明确规定受保险人的范围、缴纳保险费的原则和标准、获得社会保险待遇的条件以及待遇标准,而且规定社会保险机构为受保险人提供咨询、解释和说明以及提供社会保险待遇的义务和责任,规定社会保险机构对基金的管理和监督,以及在受保险人的权利受到侵犯时提供法律救济的职能等问题,因而对于国家和受保险人都具有约束力。而政策就不具有法律的以上特征,容易受国家政治、经济等情况变化的影响。

(二)建立符合我国目前经济发展水平、符合农民工实际状况的社会保险制度

先来看一下上海和苏州这两个地方的农民工社会保险制度:

上海在其推出的《上海市外来从业人员综合保险暂行办法》中规定:凡符合条件的单位和个人必须办理综合保险。这个险种是比较符合农民工实际情况的,强调了医疗和工伤保险,为工伤事故发生较频繁的同时又收入微薄的农民工提供了保障。但是它也有不完善的地方。比如说,这个险种的养老保险发放

方式是否真有保障作用，以及这个险种的缴费比例与本地居民相差悬殊，难以给农民工真正的市民待遇，难以实现将来的社会保险市级统筹。

苏州则规定：凡在该市城镇各类企业和个体工商户中工作的外埠员工（包括农民临时工、费用工、合同工等），都必须根据该市城镇企业职工养老保险制度的规定，参加基本养老保险。这个社会保险体系确实是给予了农民工完全的城镇居民待遇。可是工伤保险和大病保险才是农民工社会保险问题的当务之急。

相对而言，笔者比较赞同上海模式。在各种社会保险制度中，当务之急是尽快确立农民工的工伤保险制度和医疗保险制度。完善和落实农民工参加社会保险的相关政策，将有稳定劳动关系的农民工全部纳入工伤保险范围。以大病医疗为重点，推进农民工参加城镇基本医疗保险。因为从农民工工伤事故到农民工职业病群体，以及由此而导致的各种各样的劳资纠纷，均决定了针对农民工的工伤保险制度应当作为最基本的社会保险项目优先得到确立，这种保险项目不存在账户积累与保险关系接转问题，成本亦不高，对农民工是一种职业风险的分散机制，对用人单位则是符合国际惯例和建立在劳动法基础之上的工伤赔偿机制。

（三）政府职能部门应发挥其作用

农民工权益保障问题是转型社会任何一级政府必须处理好的问题。笔者认为，政府应该做到如下几点：

1. 职能部门发挥政府监管职能，首先，要规范劳动合同，要求劳动合同中明文写入用工者（企业）必须为农民工办理工伤保险和医疗保险、养老保险，其他险种则可酌情办理；其次，劳动合同必须认真贯彻执行，若有企业不予实施，政府监管部门可对其进行严重的行政处罚。

2. 政府应该作出公开承诺。政府应承诺当农民工在遭遇工伤或者大病时，已参保的农民工可切实享受到保险。

3. 政府应该从财政上对农民工社会保险予以支持。这主要体现在保费支付比例问题上。首先，由于农民工自身收入非常微薄，政府和用工者应该支付保费总额中的绝大部分，农民工则只需要支付剩余的一小部分。其次，对于政府来说，在它应该支付的款项范围内，应该保证其保费的到位。为此，政府可以考虑从其社会保障专项费用中设立一笔专门用，以支付农民工的医疗保险和大病保险。

（四）加强对农民工的宣传工作

目前，农民工对于社会保险制度存有疑虑，有些缴纳保险后还要去退保。作为政府部门，在制度设计和依法强制推行社会保险制度的同时，切实做好对农民工的思想宣传工作，让农民工切实了解体会到社会保险制度的必要性，自愿自主地去投保。

（五）利用农民工留在农村的土地、非农资产

用农民工留在农村的土地、非农资产来解决城市农民工社会保障问题，成立专门针对进城农民工的社会保险体系，由这种社会保险体系对进城农民工在原村社所拥有的土地经营权、非农资产进行集中托管。托管者一方面将这部分农民工土地经营权集中起来，以招标的方式寻找经营者；另一方面经营好集中起来的非农资产，托管者以所取得的收入和租金收入、红利收入，支付进城农民工的社会保险费用。这类似于目前发达国家的共同投资基金、养老基金等。这种结合的条件是土地承包期延长30年不变、30年后也没有必要再变的政策，使土地承包权具有物权的属性。这不仅可为社会保障提供资金来源，而且可以解决土地规模经营问题。

（六）在技术上予以改进

在创造了良好的制度环境之后，我们就需要相应的技术手段来实行。这实际上就是“金保工程”的实行与完善。省级或国家劳动保障部门应开发全省或全国通用社会保险信息系统操作平台，系统要保证各项社会保险业务都能进行操作，如保险登记、缴费、支付、转移等，并进行联网。各市县负责建立当地的资源数据库并上传，且不断保持数据库的更新。

另外，就具体操作而言，为了便于管理，每个农民工都只能拥有一个社会保险登记号，可以随时在其所在县市进行登记。并以此保险关系为依据，进行缴费，转移与接续等。全省或全国应发行通用的农民工社会保险登记证、缴费卡、社会保险转移接收表。

总而言之，农民工为城市的建设、为社会主义现代化建设作出了突出的贡献。因此，解决农民工社会保险问题刻不容缓，且任重而道远。

▶【法条链接】> > >

中华人民共和国社会保险法

第十二条　用人单位应当按照国家规定的本单位职工工资总额的比例缴

纳基本养老保险费,记入基本养老保险统筹基金。

职工应当按照国家规定的本人工资的比例缴纳基本养老保险费,记入个人账户。

无雇工的个体工商户、未在用人单位参加基本养老保险的非全日制从业人员以及其他灵活就业人员参加基本养老保险的,应当按照国家规定缴纳基本养老保险费,分别记入基本养老保险统筹基金和个人账户。

失业保险条例

第十四条 具备下列条件的失业人员,可以领取失业保险金:

(一)按照规定参加失业保险,所在单位和本人已按照规定履行缴费义务满1年的;

(二)非因本人意愿中断就业的;

(三)已办理失业登记,并有求职要求的。

失业人员在领取失业保险金期间,按照规定同时享受其他失业保险待遇。

第十五条 失业人员在领取失业保险金期间有下列情形之一的,停止领取失业保险金,并同时停止享受其他失业保险待遇:

(一)重新就业的;

(二)应征服兵役的;

(三)移居境外的;

(四)享受基本养老保险待遇的;

(五)被判刑收监执行或者被劳动教养的;

(六)无正当理由,拒不接受当地人民政府指定的部门或者机构介绍的工作的;

(七)有法律、行政法规规定的其他情形的。

第十六条 城镇企业事业单位应当及时为失业人员出具终止或者解除劳动关系的证明,告知其按照规定享受失业保险待遇的权利,并将失业人员的名单自终止或者解除劳动关系之日起7日内报社会保险经办机构备案。

城镇企业事业单位职工失业后,应当持本单位为其出具的终止或者解除劳动关系的证明,及时到指定的社会保险经办机构办理失业登记。失业保险金自办理失业登记之日起计算。

失业保险金由社会保险经办机构按月发放。社会保险经办机构为失业人员开具领取失业保险金的单证,失业人员凭单证到指定银行领取失业保险金。

第二十一条 单位招用的农民合同制工人连续工作满1年，本单位并已缴纳失业保险费，劳动合同期满未续订或者提前解除劳动合同的，由社会保险经办机构根据其工作时间长短，对其支付一次性生活补助。补助的办法和标准由省、自治区、直辖市人民政府规定。